Beltz Taschenbuch 614

W0041111

Theo Gehm

Kommunikation im Beruf

Hintergründe, Hilfen, Strategien

4., vollständig überarbeitete Auflage
unter Mitarbeit von Ingeborg Sachsenmeier

Beltz Taschenbuch 614

4., vollständig überarbeitete Auflage 2006
3., unveränderte Auflage 1999
2., überarbeitete Auflage 1997

© 1994 Beltz Verlag Weinheim und Basel
www.beltz.de
Herstellung: Lore Amann
Satz: Druckhaus »Thomas Müntzer«, Bad Langensalza
Druck: Druck Partner Rübelmann, Hemsbach
Umschlaggestaltung: Federico Luci, Odenthal
Umschlagabbildung: Picture Press, Hamburg
Printed in Germany

ISBN 3-407-22614-4

Inhaltsverzeichnis

Ein Überblick 9

Teil 1
Kommunikation und Gesprächsführung

Warum Gesprächsführung lernen? 16

Theorien zwischenmenschlicher Kommunikation 26

Die (mindestens) vier Aspekte einer Botschaft 26

Senden und Empfangen.
Ein einfaches Modell für einen komplizierten Vorgang 30

Senden auf vielen Kanälen.
Die Vielfalt nonverbaler Kommunikation 33

Das Training nonverbaler Kommunikation 46

Alles wird verwertet und vor allem Auffälliges.
Die »Attribution« von Information 51

Ordnungsfindung über alles. Dissonanz und die Folgen 60

Signale aus dem Inneren.
Die Rolle unserer Gefühle im Kommunikationsprozess 63

Gesprächsführung als Bedeutungsfindung
und die Konsequenzen 67

Übung zur Wahrnehmung von Gesprächspartnern 71

Gesprächsführungstechniken 72

Wann Gesprächsführungstechniken einsetzen? 72

Ziele sind Auswege aus dem Chaos.
Zielorientierte Gesprächsvorbereitung 77

Übung zur Gesprächsvorbereitung 94

Binnenstruktur von Gesprächen.
Die fünf Phasen eines Gesprächs 95

Übung zur Strukturierung von Gesprächen 105

Die zeitliche Strukturierung von Gesprächen.
Pausenverhalten, Rekapitulieren und Türöffner 105

Übung zur zeitlichen Strukturierung von Gesprächen 113

Frageformen und ihr gezielter Einsatz 113

Übung zum Frageverhalten 122

Ich-Aussagen und die Bedeutung der eigenen
Gefühle in schwierigen Gesprächssituationen 122

Übung zum Einsatz von Ich-Aussagen 127

Rückmeldungen geben und empfangen 128

Übungen für den Umgang mit Rückmeldungen 134

Selbstschutz in Gesprächen. Techniken zum Umgang
mit Killerphrasen und endlosen Gesprächen 134

Übungen zum Umgang mit Distraktoren
und zum Beenden von Gesprächen 138

Öffnende Gesprächsführung und »aktives Zuhören« 138

Gesprächsführungstechniken. Ein Resümee 150

Teil 2
Schwierige Gesprächssituationen

Mitarbeiter gewinnen und halten 156

Motivation und Demotivation.
Zwei Faktoren und die Arbeit, die wir mit beiden haben 158

Übung zur Unterscheidung von
Motivatoren und Hygienefaktoren 164

Ursachen für Arbeitsunzufriedenheit oder
was zu einem befriedigenden Arbeitsleben gehört 164

Übung zu den Ursachen von Arbeitsunzufriedenheit 167

Von unserem Umgang mit Unzufriedenheit 171

Übungen zu unserem Umgang mit Unzufriedenheit 175

Was motiviert und was nicht und wann und warum 175

Übungen zur Bestimmung der Motivationsstruktur 179

Wie man Motivationsgespräche führt. Ein Resümee 180

Übung zur Vorbereitung von Motivationsgesprächen 182

Konfliktbewältigungsgespräche 183

Kooperation oder Konflikt. Warum wir (häufig) nicht
zusammenarbeiten, auch wenn wir das wollen 183

Ein Alltagskonflikt und was dahinter stecken kann.
Ein Fallbeispiel 190

Regeln für das Leiten von Konfliktbewältigungsgesprächen 192

Aus jeder Mücke einen Elefanten machen?
Wann Konfliktbewältigungsgespräche notwendig sind 203

Übung zum besseren Verständnis von Konflikten 210

Mitarbeiterbesprechungen 211

Hilfsmittel für das Leiten von Mitarbeiterbesprechungen 212

Tipps zum Umgang mit Störungen 221

Sich selbst als Diskussionsteilnehmer leiten 224

Übungen zur eigenen Gesprächsleitung 233

Führung und Gesprächsführung 234

Führung als Aufgabe.
Warum Führung so wichtig und so schwierig ist 234

Der Mythos von der Führungspersönlichkeit –
und was daran wahr ist 242

Die drei Bestandteile individueller Autorität. Ein Hilfsmittel
Ihre Führungssituation zu beurteilen 247

Übung zur Bestimmung der eigenen Führungssituation 252

Wie viel Kontrolle braucht der Mensch? Ein Modell zur
situationsangepassten strategischen Führung 252

Übung zum Bestimmen der Angemessenheit
von Führungsstilen 264

Schlussbemerkungen 265

Literaturverzeichnis 268

Bildnachweis 273

Ein Überblick

Liebe Leserin, lieber Leser,

Als ich zum ersten Mal ein Seminar über Probleme bei Gesprächen im beruflichen Alltag anbot, war ich erstaunt, wie viele und welche unterschiedlichen Interessenten es hierfür gab. Im Nachhinein wundert mich das weniger: Wir verbringen einen Großteil unserer Zeit in der Arbeitswelt, und während im privaten Leben zumindest grundsätzlich die Möglichkeit besteht, sich die Gesprächspartner auszusuchen, sind wir hier mit irgendwelchen und immer wieder neuen Menschen konfrontiert und müssen mit ihnen zurechtkommen. Dies häufig unter schwierigen Bedingungen: Dazu gehören Terminhetze, neue und wechselnde Aufgaben, aber auch eingefahrene und scheinbar kaum zu ändernde Verhaltensgewohnheiten der Mitarbeiter, vor allem aber Gespräche, die keine echten sind. Aneinandervorbeireden und -vorbeischweigen in unterschiedlichen Formen sind im beruflichen Alltag manchmal so selbstverständlich, dass man das schon gar nicht mehr als Problem erlebt.

Das vorliegende Buch soll helfen, hier etwas zu ändern. Zunächst ist es eine *Klärungshilfe:* Ich möchte versuchen, Ihnen verständlich zu machen, warum es manchmal so schwierig ist oder zu sein scheint, offen, freundlich und dennoch effektiv miteinander zu reden, und warum dies bisweilen so scheinbar mühelos gelingt. Davon ausgehend, gebe ich Ihnen einige *Ratschläge* an die Hand, die Ihnen helfen sollen, sich bei Gesprächen effektiver und sicherer zu verhalten, und ich werde versuchen, dabei zu erklären, warum diese Ratschläge Hilfe bringen.

Dieses Buch soll aber kein bloßer »Tippgeber« sein. Sie sollen nach der Lektüre dieses Buches auch nicht »alles ganz anders« und jetzt »endlich richtig« machen. Ganz im Gegenteil: Menschen, auch Menschen im Betrieb, sind verschieden. Wenn sich alle »richtig«

und dabei gleich verhielten, würde etwas Wichtiges zerstört, nämlich das Besondere, das jeder Mensch darstellt. Es geht mir darum,
Hilfsmittel vorzustellen, mit denen unterschiedliche und ganz individuelle Menschen in einer freundlichen und dennoch selbst bestimmten Form miteinander umgehen können.

Hier können schon *kleine Änderungen* hilfreich sein. Mehr noch,
häufig ist es ausreichend, *sensibel* für die Prozesse zu werden, die bei
zwischenmenschlicher Gesprächsführung ablaufen, für die man
zwar ein gewisses Gespür hat, aber die man oft nicht genau benennen und daher auch nur selten bewusst steuern kann. Ich möchte
Ihnen zunächst einfach helfen zu verstehen, was »eigentlich passiert«, wenn zwei Menschen miteinander reden. In den Kommuni-
kationswissenschaften und der Psychologie sind eine Reihe interessanter Gedanken und Theorien entwickelt worden, die dazu beitragen können, hier klarer zu sehen.

Einige dieser Theorien und einige Untersuchungen, die zur Entwicklung dieser Theorien geführt haben, werde ich Ihnen vorstellen.
Sie müssen aber keine Vorlesung befürchten: Kurt Lewin, einer der
ersten Psychologen, die sich mit dem Thema Gesprächsführung im
betrieblichen Alltag auseinander gesetzt haben, und der viele Untersuchungen auf diesem Gebiet durchgeführt hat (von denen ich
Ihnen einige vorstellen werde), hat einmal gesagt, dass »nichts so
praktisch ist wie eine gute Theorie«. Ich habe versucht, die prakti-
schen und damit die spannenden unter den vielen psychologischen
Theorien zur Gesprächsführung darzustellen.

Ein solcher Ausflug in die Theorienwelt kann Ihnen auch einen
Eindruck davon geben, wie psychologische Theorien entstehen.
Häufig gibt es ja die Vorstellung von den Psychologen, die anderen
auf mystische Weise »in die Seele schauen« oder »in sich selbst hi-
neinsehen« und so ihre Theorien entwickeln. Das viel realistischere
Bild, dass sich Fachleute überlegen, wie sie bestimmte Annahmen
beweisen können, und daraufhin Untersuchungen durchführen,
kommt viel seltener vor. Diese Sichtweise vermittelt aber eine deut-
lichere Vorstellung davon, welche Aussagen wirklich begründet getroffen werden und darum brauchbar sein können.

Das Buch gliedert sich in *zwei Teile*, einen eher allgemeinen, in
dem ich die Grundlagen darlege, und einen speziellen, in dem es um

besonders schwierige Gesprächsführungssituationen geht. Im *ersten Teil* werde ich Ihnen zunächst kurz erläutern, warum etwas so scheinbar selbstverständlich Einfaches wie das Führen von Gesprächen im betrieblichen Alltag in den letzten Jahren ein so wichtiges Thema geworden ist und warum viele Menschen gerade in unserer Zeit Rat und Unterstützung auf diesem Gebiet suchen.

Im nächsten Kapitel geht es um die Informationsverarbeitungsprozesse, die ablaufen, wenn wir miteinander reden. Das Führen von Gesprächen ist ein ziemlich komplizierter Vorgang, in dem jeder Mensch mit seinem ganz besonderen Erfahrungshintergrund und seiner eigenen Geschichte versucht, einem anderen mit meist ganz anderen Erfahrungen und auch einer zumeist ganz anderen Art, Dinge zu verstehen und wahrzunehmen, eine Nachricht zu übermitteln. Die Worte, die wir hier austauschen, sind nur ein kleiner Bestandteil dieses Prozesses. Gesichtsausdruck, einzelne Bewegungen oder Nuancen im Tonfall erscheinen oft viel wichtiger. Bei dieser Fülle von Einflussfaktoren muss eine Vielzahl von Informationsverarbeitungsschritten stattfinden, damit wir überhaupt zu einer Verständigung kommen können. Das Kapitel *Theorien zwischenmenschlicher Kommunikation* soll Ihnen einen Überblick über diese Vorgänge geben und damit auch die Möglichkeit, deren Fehlerquellen und Chancen besser zu verstehen.

Ein Verständnis dieser Prozesse erlaubt es natürlich, die eigenen Gespräche effektiver zu gestalten. Und davon handelt der zentrale Teil dieses Buches, das Kapitel über *Gesprächsführungstechniken*. Hier stelle ich Ihnen eine Reihe praktischer Hilfsmittel zur Gesprächsgestaltung vor. Diese Techniken können natürlich keine Wunder bewirken und sollten darum nicht überschätzt werden. Manche benutzen wir ohnehin intuitiv, ohne uns deren Bedeutung bewusst zu sein. Auf der anderen Seite habe ich in vielen Seminaren und nicht zuletzt immer wieder auch bei meinen eigenen Gesprächen die Erfahrung gemacht, dass sich schwierige Situationen gezielter und selbstbewusster angehen lassen, wenn diese Hilfsmittel bewusst eingesetzt werden. In vielen Fällen können sie der entscheidende Anstoß für neue Entwicklungen und friedlichere Formen der Konfliktbewältigung sein. Eine Reihe von *Übungen* soll Ihnen helfen, ein Gefühl dafür zu bekommen, worauf jeweils zu achten ist.

Im *zweiten Teil des Buches* werden *besonders schwierige Gesprächssituationen* erörtert, da es für bestimmte Gespräche wichtig ist, einige Besonderheiten zu beachten. Dazu gehören die Themenbereiche *Motivation von Mitarbeitern*, das *Leiten von Konfliktbewältigungsgesprächen* sowie das *Verhalten in Mitarbeiterbesprechungen*. Im letzten Kapitel werde ich zudem das Thema *Führung und Gesprächsführung* ansprechen, denn Gespräche im betrieblichen Alltag werden entscheidend dadurch geprägt, dass unterschiedliche Mitarbeiter nicht nur unterschiedliche Aufgaben, sondern auch unterschiedliche Möglichkeiten und unterschiedlich viel Macht haben. Das macht das Verständnis füreinander und das Arbeiten miteinander oft schwierig. Daher erläutere ich Ihnen einige Befunde zum Führungsverhalten und versuche dabei, Ihnen zu zeigen, was Führung und vor allem gute Führung ausmacht. Die Bedeutung guten Führungsverhaltens zu verstehen ist meiner Meinung nach ein wichtiger Hintergrund zum bewussten Gestalten von Gesprächen im beruflichen Alltag und kann helfen, viele für alle Seiten schmerzhafte Konflikte zu vermeiden.

Insgesamt ist dies aber kein Buch nur für Führungskräfte. Ich möchte mit diesem Buch ganz unterschiedliche Menschen ansprechen, denn Schwierigkeiten mit Gesprächen im Betrieb kommen auf allen Ebenen vor, und die Probleme – so meine Erfahrung – sind meist ähnlich: Mitarbeiter beschweren sich darüber – und das in der Regel zu Recht –, wie Führungskräfte mit ihnen umgehen, aber ebenso oft klagen Führungskräfte – und auch das wiederum berechtigterweise –, wie schwierig es sei, an die Mitarbeiter heranzukommen und mit ihnen vernünftig zu reden. Der betriebliche Kleinkrieg kennt viele Fronten, und keine ist besonders schön. Dieses Buch soll helfen, insgesamt zu einem besseren Miteinander zu kommen. Ich hoffe, dass es dadurch auch dazu beiträgt, das Vorurteil abzubauen, dass Gesprächsführungskurse, Rhetorikseminare oder einzelne Kommunikationstechniken nur etwas für »die da oben« seien.

Natürlich gilt dies für Männer und Frauen im Betrieb gleichermaßen. Dazu noch eine persönliche Anmerkung. Ich habe mich beim Schreiben dieses Buches bemüht, auch die weibliche Form oder zumindest geschlechtsneutrale Formulierungen zu benutzen. Besonders beim Aufschreiben der Beispiele ist mir jedoch aufgefallen, dass dieselbe kurze Szene einen anderen Charakter gewinnt, je nachdem ob eine weibliche Sprecherin oder ein männlicher Sprecher einen Satz zu einem männlichen Adressaten oder einer weiblichen Adressatin sagt. Ich habe versucht, ein gewisses Gleichgewicht herzustellen, bin mir aber nicht sicher, ob dies immer geglückt ist. Schon deshalb nicht, weil viele Beispiele mit Herrn Maier und Herrn Schulze eher meine reale Berufspraxis und meine Erfahrungen mit meist ausschließlich männlichen Seminarteilnehmern widerspiegeln als solche mit Frau Schmidt oder Frau Fischer.

Eines kann auch dieses Buch nicht: Gespräche ersetzen. Gespräche leben davon, dass Fragen und Rückfragen möglich sind und beantwortet werden. Auch mir haben bei der Arbeit an diesem Buch Fragen und Kritik am meisten geholfen. Es waren vor allem die Fragen und Rückfragen meiner Seminarteilnehmer und die Anmerkungen einiger kritisch lesender Kollegen, die dazu beigetragen haben, dass der vorliegende Text schöner und verständlicher geworden ist als die ersten Entwürfe. Ihnen – und besonders den kritisch nachbohrenden Fragern – möchte ich danken. Mein Dank gilt auch den vielen Menschen, die mir bei der Realisierung des Buchprojekts geholfen haben, ganz besonders meinen Freunden Thomas Merz, Stefan Dreier und Elfi Vith, die mir in der schwierigen Anfangsphase des Schreibens in vielen Punkten eine große Unterstützung waren, Frau Gisela Haus für ihre freundliche erste Korrektur des Manuskripts, Frau Ingeborg Sachsenmeier vom Beltz Verlag für viele Ideen sowie ihr wirklich außergewöhnliches Engagement und ihre Begeisterung bei der Realisierung des gesamten Projekts, Herrn Klaus Gehm für ein wichtiges und langes Gespräch über seine Berufspraxis, Herrn Ekki Hofmann aus Freiburg für seine Hilfe bei der Auswahl der Fotos und nicht zuletzt meiner Krankengymnastin Sabine Bachem, die mir sehr direkt die aufrechte Haltung am Schreibtisch erleichtert hat.

Die erste Auflage dieses Buchs entstand in den Tagen des ersten Golfkriegs 1991. Das damals entstandene Buch habe ich den Opfern dieses Krieges gewidmet, der immer noch nicht beendet ist und der für mich – unabhängig von den politischen Auslösebedingungen – immer auch Ausdruck der Sprach- und Verständnisprobleme zwischen unterschiedlichen Kulturen war. Seitdem sind einige Jahre vergangen. Nachdem ich über Jahre als Trainer in Betrieben tätig war und lange Zeit an der Universität vor allem im Bereich Sozial- und Kommunikationspsychologie unterrichtet hatte, leite ich seit 1997 eine psychotherapeutische Praxis. Nicht nur wegen der vielen Rückmeldungen von Ihnen, liebe Leser oder Rezensenten, war mir die vorliegende Neuauflage wichtig. Auch im Bereich Psychotherapie merke ich immer wieder, wie schwierig und durchaus auch verletzend Auseinandersetzungen im beruflichen Alltag sein können. Nach wie vor hoffe ich, dass dieses Buch einen Beitrag zur Überwindung von Sprachlosigkeit zwischen unterschiedlichen Weltbildern leisten kann.

Teil 1:
Kommunikation und Gesprächsführung

Warum Gesprächsführung lernen?

Viele Menschen stehen Seminaren über Gesprächsführung mit Skepsis gegenüber. Die Einstellungen reichen von der Befürchtung, manchmal auch der Erwartung, dass dadurch »alles ganz anders« werden könnte, bis zu der – freilich selten so direkt ausgesprochenen – Vermutung, dass die Psychologie eine reine Geschwätzwissenschaft sei, die bestenfalls Ratschläge erteilt, die man sich mit einem gesunden Menschenverstand auch selbst geben könne. Dieses Misstrauen wird besonders bei betrieblichen Weiterbildungen noch dadurch verstärkt, dass die Teilnehmer in vielen Fällen nicht selbst über ihre Teilnahme entscheiden können. Vielmehr gehört es bei einigen Firmen »einfach dazu«, für bestimmte Positionen bestimmte Weiterbildungsmaßnahmen anzubieten, besonders für das obere und mittlere Management sind Kommunikationsseminare dann kaum zu umgehen.

Ich finde, diese Zweifel sollten ernst genommen werden. Man kann sich wirklich fragen, warum Menschen Gesprächsführung lernen sollten, wo sie doch ihr ganzes Leben – und sicher nicht nur ineffektiv – kommuniziert haben, und warum Gesprächsführung gerade heute zum *Lernstoff* geworden ist, wo man doch vorher anscheinend viele Jahrhunderte ohne spezielle Schulungen ausgekommen ist. Selbst das Argument, dass die Rhetorik, also die Lehre von der Redekunst, bereits im griechischen und römischen Altertum eine große Bedeutung hatte, zieht nicht recht: Zwar scheinen einige Ratgeber über das Halten von erfolgreichen Reden direkt von den Klassikern abgeschrieben zu sein. Etwa von Cicero, der im ersten Jahrhundert vor Christus durch sein Hauptwerk »Über den Redner« und durch seine berühmten eigenen Reden große Bedeutung erhielt und der auch die damals im Wesentlichen griechische Fachsprache ins Lateinische übertrug, oder von Quintillian, der im ersten Jahrhundert nach Christus einen zwölfbändigen »Lehrgang der Beredsamkeit« verfasste. Es stimmt, dass die Rhetorik lange Zeit sogar wie eine Wissenschaft behandelt und gelehrt wurde. Sie hatte jedoch eine andere Funktion als heute: Die Lehre von der Redekunst war damals eine akademische Disziplin für vergleichsweise wenige Menschen. Ihre Bedeutung lässt sich vor allem dadurch erklären, dass es »Redeprofis«, wie beispielsweise Anwälte, damals nicht gab, und es zählte zu den Fähigkeiten eines »idealen Bürgers«, für sich selbst sprechen zu können. Damals wurde – wie vor allem von Platon betont – die Beherrschung der Sprache, die die Gedanken klärt, als *der* Weg zum Herausarbeiten der Wahrheit angesehen. Dies lässt sich wiederum dadurch erklären, dass die Naturwissenschaften, die heute als der verlässlichste Weg zur Wahrheit angesehen werden – was natürlich auch nicht unproblematisch ist –, damals noch nicht sehr weit entwickelt waren.

Warum boomen also heute Kommunikationstrainings und -hilfen? Antworten finden sich, wenn man sich einmal einige charakteristische Merkmale unserer heutigen Lebens- und Arbeitswelt ins Bewusstsein ruft. Am auffälligsten und möglicherweise entscheidendes Merkmal unserer heutigen Arbeitswelt sind die enormen technischen Entwicklungen, die in den letzten Jahren in fast allen Bereichen zu vorher nie da gewesenen Veränderungen geführt haben. Neue Technologien und Verfahren verändern in immer schnellerem Wechsel vertraute Arbeitsformen. Roboter und Maschinen übernehmen Tätigkeiten, die über Hunderte von Jahren von Menschen verrichtet wurden, und das häufig besser, als wir es könnten.

Einige Merkmale unserer modernen Arbeitswelt

- Enorme technische Entwicklungen
- Vernetzung von Märkten
- Raumübergreifend vorgehende und organisierte Unternehmen
- Vielfalt von Aspekten, die bei Entscheidungen gleichzeitig zu beachten sind
- Individualisierung unserer Gesprächspartner
- Unsicherheit und Unvorhersagbarkeit neuer Entwicklungen

Dies bedeutet natürlich, dass sich die Mitarbeiter ständig auf neue technische Verfahren einzustellen haben. Hierbei ist auffallend, dass nicht nur ein Verfahren durch ein neues abgelöst wird, sondern dass diese neuen Verfahren meist komplizierter sind und viel mehr Möglichkeiten bieten als ihre Vorgänger. Dadurch wiederum verändert sich die Art der Anforderungen an die einzelnen Mitarbeiter: Es gibt immer weniger Routinetätigkeiten, denn diese werden, wo möglich, von Maschinen übernommen. Für den einzelnen Mitarbeiter reicht es also nicht mehr aus, »ein für alle Mal« sein Handwerk zu lernen, sondern er muss sich dauernd auf Neues einstellen. Dadurch wird vor allem die Fähigkeit zur Gesprächsführung besonders wichtig. Da wir uns – an ganz unterschiedlichen Arbeitsplätzen – über neue Verfahren und Vorgehensweisen informieren müssen, müssen wir – viel öfter als zuvor – mit Menschen reden, die uns diese nahe bringen.

Fazit: Die enormen technischen Entwicklungen erhöhen die Notwendigkeit, Gespräche zu führen.

Ebenso ist die Anzahl der Aspekte, die bei jeder einzelnen betrieblichen Entscheidung zu beachten sind, enorm. Das Festlegen auf ein neues Produkt oder eine Form der Fertigung kann heute in der Regel nicht mehr allein unter marktwirtschaftlichen Überlegungen getroffen werden, sondern es ist eine Vielzahl weiterer Gesichtspunkte zu beachten. Dazu gehören:

- Fragen des Umweltschutzes,
- komplizierter werdende rechtliche Rahmenbedingungen,
- arbeitsrechtliche Bestimmungen und nicht zuletzt
- Fragen der sozialen Verantwortung gegenüber Mitarbeitern.

Da diese Vielfalt von wichtigen Gesichtspunkten immer größer wird, können Einzelne kaum noch einen Überblick über alle Aspekte behalten. Die Sachkenntnis eines einzelnen Mitarbeiters wird daher immer mehr zum Spezialwissen, das Wissen anderer Mitarbeiter wird benötigt. Dies kann Spezialisten in eine schwierige Situation bringen. Spezialisten »leben ja gerade davon«, dass sie genau Bescheid wissen. Wenn dieses Einzelwissen jetzt nicht mehr ausreicht und neue Anforderungen an eine solche Person herantreten, muss sie – um ihre Spezialistenstellung halten zu können – etwas ganz Neuartiges tun: nämlich Gespräche führen. Dies führt zu einer deutlichen Änderung der gewohnten Rolle. Aus einem, der »Bescheid weiß«, muss einer werden, der »Fragen stellen« kann. Diese Veränderung kann, vor allen Dingen dann, wenn man sich nicht über diesen Prozess im Klaren ist, Ängste auslösen.

Dieses Schicksal betrifft insbesondere Führungskräfte: Während eine Führungskraft traditionellerweise in vielen Gebieten ihr Handwerk »von der Pike auf« gelernt hat, wird sie nun mit ganz neuen Entwicklungen konfrontiert. Dadurch ändert sich das ganze Berufsbild. Vom Experten, der noch selbst wissen konnte, wie Prozesse im Einzelnen ablaufen, wird eine Führungskraft mehr und mehr zum bloßen Vermittler zwischen Fachkräften, deren Spezialbereiche selbst bei großem Einsatz häufig kaum noch zu überblicken sind. Dadurch wird die Führungskraft ebenfalls zum Fragenden: Sie muss sich Detailkenntnisse von Mitarbeitern »abholen« und dabei natürlich auch Wissenslücken zugeben. Das ist eine ungewohnte Rolle: Gerade die Person, die entscheiden muss, muss zugleich Rat suchen.

Vielfalt und Strukturen in einer unübersichtlichen Welt

Die Notwendigkeit, sich auf neue Gesprächspartner einstellen zu können, wird zusätzlich vergrößert durch die *zunehmende Vernetzung von Märkten:* Das Spezialisieren auf einzelne Produkte und immer komplizertere Produktionsabläufe bringt es mit sich, dass Firmen gezielt unterschiedliche Zulieferer aussuchen und je nach Produktionsänderung auch wechseln müssen. Ebenso wird versucht, neue Kundenkreise gezielt anzusprechen und sich auf diese einzustellen. Betriebe mit begrenztem und vertrautem Zulieferer- und Abnehmerkreis werden seltener. Die meisten Unternehmen operieren überregional, viele mittlerweile international.

Aber mehr noch: Die Unternehmen selbst sind meist raumübergreifend organisiert: Die »Konzernmutter« sitzt weit weg, und die »Tochterfirma« wächst dann alleine auf, häufig recht »stiefmütterlich« behandelt und in ihrem Bewegungsdrang eingeschränkt. Auch das bedeutet selbstverständlich neue Anforderungen an die einzelnen Mitarbeiter. Wir müssen uns vermehrt mit Gesprächspartnern auseinander setzen, mit denen wir eben nicht »gemeinsam aufgewachsen« sind und mit denen wir manchmal nicht einmal die Sprache teilen. Erschwert wird dies natürlich noch dadurch, dass diese Kommunikation in vielen Fällen nicht einmal »Auge in Auge«, sondern über Telefon, E-Mail, Videokonferenzen und ähnliche Hilfsmittel ablaufen muss. Was dies für die Fähigkeit zur Gesprächsführung bedeutet, ist leicht einzusehen: Man hat sich auf neue und häufig wechselnde Gesprächspartner einzustellen, und dies über weite Distanzen. Dabei ist klar, dass gute Gespräche und Arbeitskontakte vor allem dann möglich sind, wenn eine gewisse gefühlsmäßige Nähe besteht. Zu fragen bleibt, wie diese möglich sein soll, wenn die Menschen, mit denen man zu tun hat, oftmals wechseln.

Schwieriger werden Gespräche im betrieblichen Alltag auch dadurch, dass man es mit Gesprächspartnern zu tun hat, die selbst immer verschiedener werden, da sich die traditionellen Rollenbilder ändern: Die Frau ist schon lange nicht mehr mit Selbstverständlichkeit der sichere Hort der Familie und der Mann ebenso nicht mehr der Ernährer, der »hinaus ins feindliche Leben« geht. Aber auch das Gegenteil stimmt nicht: Keinesfalls alle Frauen suchen für sich persönliche und berufliche Emanzipation oder zumindest nicht um den hohen Preis, der dafür vielfach heute noch zu bezahlen ist. Und ebenso wenig suchen alle Männer zunehmend Selbstverwirklichung auf Kosten der Karriere. Vielmehr *überlagern sich unterschiedliche Wertvorstellungen.* Der Soziologieprofessor Ulrich Beck und seine Frau, die Professorin für Sozialpsychologie Elisabeth Beck-Gernsheim, haben bereits 1990 in einem sehr spannend geschriebenen, wenn auch nicht ganz einfach zu lesenden Sammelband die Veränderungen im Lebensverständnis und insbesondere in den Vorstellungen und Wünschen nach Glück und Liebe beschrieben. Demnach erleben wir heute eine *Zeit ungeheurer Individualisierung.* Feste Rollenbilder scheint es in viel geringerem Umfang als in der Vergangenheit zu geben. Jeder versucht nach seiner eigenen Fasson selig zu werden, weil die überlieferten Vorbilder wanken und neue feste Orientierungspunkte nicht in Sicht sind, ja bei dem ungeheuer schnellen Wandel, in dem wir leben, auch gar nicht in Sicht sein können. Oder wie die Autoren im Klappentext selbst formulieren: »Männer und Frauen werden mehr und mehr die Gesetzgeber ihrer eigenen Lebensform.« (Beck/Beck-Gernsheim 1990)

Dieser Trend zur eigenen Wertvorstellung bezieht sich keinesfalls nur auf das Verständnis der Geschlechterrollen. Einst sehr stabile Vorstellungen vom Wert von Bildung und Ausbildung sind durcheinander geraten: Der Taxifahrer hat heute nicht selten einen Doktorhut, und der EDV-Spezialist kann ein Selfmade-Mann oder eine Selfmade-Frau ohne größere Allgemeinbildung sein. Gefragt sind immer häufiger Flexibilität und Durchsetzungsvermögen und nicht mehr die traditionellen Ausbildungsgänge.

All dies trägt zur Verschiedenheit der Mitarbeiter bei, mit denen wir zu tun haben. Wir sind zudem konfrontiert mit dem Verhandlungspartner aus Portugal, dem türkischen Lehrmädchen, der japanischen Geschäftsdelegation, der Mitarbeiterin oder dem Mitarbeiter, die sich endlich emanzipieren wollen und alle Rollen in Frage stellen, Kollegen aus dem ehemaligen »Ostblock«, deren ganze Berufserfahrung in eine andere Richtung weist als die im Westen, und schließlich auch noch mit der Führungskraft, die nach einem schlechten Kommunikationstraining vollkommen die Orientierung verloren hat.

Erschwert werden all diese Entwicklungen zusätzlich dadurch, dass in unserem betrieblichen Alltag so viele Veränderungen gleichzeitig ablaufen, andererseits aber auch »alles mit allem« zusammenzuhängen scheint. Dadurch werden die Auswirkungen von Entscheidungen sehr schnell unkalkulierbar.

Dies zeigen vor allem Untersuchungen aus dem Bereich der *Systemtheorie*. Innerhalb der Systemtheorie wird an unterschiedlichen Anwendungsfeldern untersucht, wie sich Systeme, bei denen »eins vom anderen abhängig ist«, verhalten, wenn bestimmte Einflussgrößen auftreten. Vielleicht das bekannteste Beispiel für ein Arbeitsgebiet der Systemtheorie ist die Untersuchung der Atmosphäre. Wie die langen und kontroversen Diskussionen um Grenzwerte immer wieder zeigen, sind die Auswirkungen von bestimmten Eingriffen in ein solches System außerordentlich kompliziert und schwer zu beschreiben. Andere Beispiele für komplexe Systeme sind Familien oder Arbeitsgruppen. Auch innerhalb dieser »sozialen Systeme« haben Einflüsse auf eines der Mitglieder ebenfalls – und wiederum auf schwer vorhersagbare Weise – Auswirkungen auf die anderen und das gesamte System. Einen guten Überblick über Modelle und Überlegungen innerhalb der Systemtheorie gibt beispielsweise das GEO-Heft »Chaos und Kreativität« vom Mai 1990.

Bei dem Versuch zu beschreiben, wie komplex manchmal Zusammenhänge werden können, ist der Begriff *Schmetterlingseffekt* geprägt worden:

> Es lässt sich durch Untersuchungen belegen, dass schon kleinste Temperaturunterschiede in einer Region (und ins Extrem gedacht: der Schlag eines Schmetterlingsflügels) bei ansonsten gleichen Bedingungen dazu führen können, dass sich der gesamte Verlauf der Wetterentwicklung total verändert.

In gleichem Maße können bereits minimale Unterschiede in wirtschaftlichen oder sozialen Prozessen zu vollkommen unterschiedlichen Auswirkungen führen. Praktisch heißt das: Auch in der wirtschaftlichen »Großwetterlage« kann eine einzelne Entscheidung, etwa das Ergreifen einer Marktchance für einen Kleinbetrieb, zu grundlegend neuen Entwicklungen führen. Diese sind aber, weil so viele Einflussgrößen eine Rolle spielen, nur selten voraussagbar. Das große System Wirtschaft scheint so kompliziert zu sein, dass minimale

Veränderungen in den Ausgangsbedingungen dazu führen können, dass bei ähnlichen Startbedingungen Entwicklungen langfristig betrachtet zu Erfolg, aber auch zu Misserfolg führen können.

> **Fazit:** Wir scheinen in einer Zeit zu leben, in der Unsicherheit hinsichtlich der Folgen unseres Handelns zu unseren Arbeitsbedingungen gehört.

Das sehen wir im Großen leicht ein: Keiner weiß beispielsweise genau, wie sich ein Attentat egal ob in einer Krisenregion oder in einer Metropole auf die Marktlage oder die Beschäftigungszahlen in der Bundesrepublik auswirkt. Das Gleiche gilt im Kleinen: Es kann – da viele Einflussgrößen eine Rolle spielen – kaum eindeutige Voraussagen dafür geben, ob eine Produktionsumstellung in einer Abteilung die Arbeitszufriedenheit senkt oder ob die damit verbundenen Chancen nicht gleichzeitig neue Talente wecken. Und es gilt auch im zwischenmenschlichen Bereich: Weil hier vieles eine Rolle spielt, ist schwer absehbar, ob ein ausführliches Gespräch mit Herrn Meier und Frau Schulze über die dauernden Reibereien in der Abteilung nicht mehr Porzellan zerschlägt, als Schaden verhütet. Auch hier können aus einem einzigen Wort zur rechten Stelle oder aber zur Unzeit eine ganz neue Atmosphäre, neue Möglichkeiten, aber ebenso schlimme Verwicklungen folgen.

Es gibt Wissenschaftler, die aus entsprechenden Überlegungen schließen, dass unsere Welt so kompliziert ist, dass Veränderungen überhaupt nur in Ausnahmefällen gezielt in die Wege geleitet werden können, weil Systeme auf ungemein komplexe Art mit ihren eigenen Gesetzen auf Änderungsversuche reagieren. Entsprechende Überlegungen wurden schon sehr früh, beispielsweise von dem Bielefelder Sozialwissenschaftler Niklas Luhmann (zum Beispiel in seinem Buch über »Soziale Systeme«), vertreten. Wenn man betrachtet, wie schwierig es manchmal ist, Neuerungen – auch vernünftige – durchzusetzen, ist es schwer, hierzu Gegenargumente zu formulieren.

Das wird auch in anderen betriebswirtschaftlichen Theorien betont: Am bekanntesten dürfte die *Individualitätstheorie* der beiden Wirtschaftswissenschaftler James G. March und Herbert A. Simon sein. March und Simon untersuchten, warum bestimmte Organisationen wirksamer und erfolgreicher sind als andere. In einer Reihe von Detailstudien (March/Simon 1958) hielten sie dabei vor allem fest, wie in unterschiedlichen Firmen bei Konflikten verfahren wird, wie bestimmte Ziele aufgestellt und wie geradlinig sie verfolgt werden, welcher Grad an Verantwortlichkeit für Einzelentscheidungen den einzelnen Mitarbeitern eingeräumt wird oder welche Bedeutung fachliche Qualifikationen für Entscheidungen haben. Bei diesen Analysen betonten March und Simon immer wieder, dass unser Wissen in Entscheidungssituationen notwendigerweise begrenzt ist. Selbst bei bester Lernfähigkeit und hervorragendem Problemlösevermögen ist die Wahrscheinlichkeit, die »optimale« Entscheidung zu treffen, ziemlich gering. Wir können immer nur versuchen, zufrieden stellende »hinlängliche« Lösungen zu finden. (Herbert A. Simon ist für seine Gedanken auf diesem und einer ganzen Reihe weiterer Gebiete mit dem Nobelpreis ausgezeichnet worden. Einen gut lesbaren Überblick über sein Denken gibt sein Buch von 1993.)

Dietrich Dörner, einer der ersten Psychologen, die sich damit beschäftigt haben, wie Menschen mit der Komplexität und Unbestimmbarkeit ihrer Umgebung umgehen – ich werde im Kapitel »Gesprächsführungstechniken« (s. S. 72 ff.) noch darauf eingehen –, formuliert ganz deutlich: »*Die zunehmende Verflechtung der verschiedensten Realitätsbereiche, die früher unabhängig voneinander waren, fordert vom Einzelnen immer mehr Stellungnahmen und Urteile, für die ihn seine Ausbildung, sein spezifisches Wissen eigentlich nicht befähigen. (...) der Einzelne wird auf sich selbst zurückgeworfen und ist zum Dilettantismus verdammt.*« (Dörner u.a. 1983) Oder wir müssen versuchen, uns wenigstens einigermaßen verlässliche Richtlinien zu schaffen. Das können wir nicht alleine. Wir müssen Gespräche führen, um wenigstens eine gewisse Absicherung zu haben.

Diese Anforderung kommt keinesfalls allein auf die oberste Führungsspitze zu: Sie betrifft uns alle. Sie betrifft einen Landwirt, der sich für eine neue Produktionsrichtung entscheiden muss, dabei sowohl die Umweltverträglichkeit seiner Anbaumethode wie das Marktgeschehen im Auge behalten muss und nicht vergessen darf, dass er auf Kredit lebt und wie hoch der aktuelle Zinssatz ist, ebenso wie den Meister in einer Fertigungsabteilung, der mit einem neuen Mitarbeiter klarkommen muss oder sich überlegt, wie er mit seinem neuen Vorgesetzten oder seiner Vorgesetzten reden soll. Die Notwendigkeit, sich mit anderen abzustimmen, deren Meinung zu erfragen und diese bei der eigenen Entscheidung zu berücksichtigen, besteht für eine Einkaufsleiterin, die über die Warenkollektion zu entscheiden hat und dabei mit den Verkaufsleitern reden muss, ebenso wie für den Ingenieur, der sich überlegt, wie er seinen Verbesserungsvorschlag einem chronisch überlasteten Vorgesetzten schmackhaft machen soll, und der dabei sehr wohl spürt, wie finanzielle Machbarkeit, technische Probleme, aber auch die »Psychologie« zwischen ihm und seiner Führungskraft gemeinsam die Möglichkeiten einer Umsetzung bestimmen. Beispiele gibt es so viele wie Berufsfelder, und alle belegen die Notwendigkeit des Austauschs und damit die Notwendigkeit, ja den Zwang, Gespräche zu führen.

Hier wird die *zentrale Anforderung an Gespräche* deutlich: Gerade weil die Mitarbeiter, mit denen wir zu tun haben, verschieden sind, weil immer mehr unterschiedliche Interessen, Erfahrungen und Aufgaben uns bestimmen, ist es vor allem wichtig, sich selbst nicht zu verlieren: Gesprächsführung besteht eben nicht nur darin, die Meinung des anderen zu erfahren, sondern die Auskünfte zu suchen, die für die eigenen Aufgaben und Vorstellungen wichtig sind.

> Gesprächsführung heißt, sich selbst und die eigenen Wünsche und Interessen zu spüren, sich also im besten Sinn selbstbewusst zu verhalten.

Das ist nicht einfach, und ich denke, es ist verständlich, warum für diese Aufgabe zunehmend die Unterstützung in Seminaren und anderen Lehrveranstaltungen gesucht wird. Es ist sicher verständlich, dass dieses »Gesprächsführung lernen« keine leichte Sache sein kann. Gespräche sind eben nicht nur der Austausch von Informationen, sondern ein Zusammenspiel von Menschen, die mit ihrer individuellen Ausstrahlung, unterschiedlichen Erfahrungen und Wünschen gemeinsam etwas Neues gestalten. Im folgenden Kapitel gebe ich daher zunächst einen kurzen Überblick über die faszinierenden Prozesse, die während Gesprächen ablaufen. Sie werden sehen, dass wir hierbei – und zum Teil ganz unbewusst – überraschend viel tun. Erst ein Gefühl für die Art und Vielgestaltigkeit dieser Vorgänge erlaubt es zu beurteilen, wie sich diese verändern lassen.

Theorien zwischenmenschlicher Kommunikation

Obwohl wir täglich miteinander reden, ist dies zugleich ein häufig unverstandener Vorgang: Vieles von dem, was wir einem Gesprächspartner mitteilen, bleibt unausgesprochen. Manchmal genügt scheinbar ein Blick, um eine eindeutige Botschaft zu vermitteln, oft spricht man aber stundenlang aneinander vorbei, selbst wenn wir uns bemühen, und bisweilen tut ein einziges klärendes Wort Wunder. Im Folgenden gehe ich der Frage nach, woher diese überraschenden Möglichkeiten kommen, aber auch die Grenzen, die wir oft spüren.

Die (mindestens) vier Aspekte einer Botschaft

Stellen Sie sich vor, eine Führungskraft sagt zu einem Mitarbeiter:

»*Ich möchte Sie nicht mit zu vielen Informationen belasten.*«

Wenn Sie sich diesen Satz genauer ansehen, merken Sie sofort, dass er ganz unterschiedliche Bedeutungen haben kann: Er kann bedeuten, dass der Vorgesetzte nicht mit Informationen »herausrücken« will, dass der Mitarbeiter sich die Informationen selbst suchen soll, aber auch, dass die Führungskraft »dezent« ausdrückt, dass sie sehr aggressiv reagieren würde, wenn man hier weiterfragen würde. Er kann aber auch ausdrücken, dass diese Führungskraft ihren Mitarbeiter nicht mit Nebensächlichkeiten belasten und ihm freie Hand geben möchte. Vielleicht erleben Sie diesen Satz ganz anders. Deutlich wird aber auf jeden Fall, dass einem einzigen Satz eine große Anzahl an Bedeutungen zugeschrieben werden kann.

Diese *Bedeutungsvielfalt* wird besonders deutlich, wenn man sich Alltagsgespräche anhört, bei denen die »falsche Bedeutung« offensichtlich die richtige ist. Wenn ein Gesprächspartner auf die Frage »Haben Sie eine Uhr an?« nur mit einem einfachen (aber korrekten) »Ja« antwortet, so wird man mit Recht ein bisschen genervt reagieren, denn offensichtlich ist »normalerweise« jedem Gesprächspartner klar, dass mit dieser Frage mehr und etwas anderes gemeint war, als gesagt worden ist. Auch unzählige Witze basieren auf einem Vertauschen der Bedeutungen von Äußerungen. So beispielsweise in der Geschichte, in der ein Arzt ein Kind fragt: »Na, machen wir denn noch ins Bett?«, und es – die ausgesprochene Bedeutung des Satzes ernst nehmend – antwortet: »Du auch?«

Offensichtlich ist die Bedeutung eines Satzes nicht unbedingt das, was wir wirklich sagen. Es hat daher viele Versuche gegeben, eine *Systematik des Bedeutungsgehalts von Sätzen* aufzustellen, um Ausgesprochenes und Unausgesprochenes etwas klarer voneinander abgrenzen zu können. Ein erstes Modell, das Ausgangspunkt für die Entwicklung einer Vielzahl weiterer war, hat der deutsche Psychologe Karl Bühler 1934 vorgeschlagen: das Organon-Modell (nachzulesen im Nachdruck seines Buches, 1999). Karl Bühler ging davon aus, dass jede Aussage grundsätzlich drei Funktionen erfüllt. Diese nannte er

- Symptom,
- Signal und
- Symbol.

Eine Aussage ist demnach zunächst ein *Symptom*, weil es die Lage, in der sich der Sprechende befindet, beschreibt. Ebenso wie ein Krankheitssymptom anzeigt, welche Krankheit ein Mensch hat, gibt auch eine Aussage zu erkennen, in welchem Zustand ein Mensch sich befindet. In dem obigen Beispielsatz »Ich möchte Sie nicht mit zu vielen Informationen belasten« kann das bedeuten, dass ein Sprecher sich so überlegen fühlt, dass er es nicht nötig hat, Informationen weiterzugeben, oder sich unter einem gewissen Rechtfertigungsdruck sieht.

Jeder Satz ist darüber hinaus eine Aufforderung an den Zuhörer, also ein *Signal*. Dieses wird zwar nicht direkt ausgesprochen, aber man geht »ganz selbstverständlich« davon aus, dass der Angesprochene es schon verstehen wird, ohne dass »man große Worte machen muss«. Der im obigen Beispiel Angesprochene wird sich Informationen selbst beschaffen, oder – und hier wird die Uneindeutigkeit eines solchen versteckten Signals erkennbar – er wird die Finger davon lassen oder nachfragen. Auf jeden Fall empfängt er ein Signal, das ihn dazu bringt, ein bestimmtes Verhalten zu zeigen.

Zum Dritten beschreibt jede Aussage auch einen objektiven Sachverhalt, der unabhängig vom Sprecher und vom Zuhörer existiert. Eine Aussage ist nach Karl Bühler also auch *Symbol*.

Im Beispielsatz drückt der Sprecher den objektiven Sachverhalt aus, dass er eine Person ist, die im Moment keine weiteren Informationen geben möchte.

Der Hamburger Kommunikationswissenschaftler Friedemann Schulz von Thun hat dieses Organon-Modell um eine weitere wichtige Komponente erweitert. Er betont, dass jede Aussage zudem die *Beziehung*, die die Gesprächspartner zueinander haben, charakterisiert. Im genannten Beispiel etwa drückt die Souveränität, die in der Formulierung »Ich möchte« zum Ausdruck kommt, eine gewisse Überlegenheit des Sprechenden gegenüber dem Zuhörer aus, und die Formulierung »Sie« an Stelle der Anrede »du« ist ein Anzeichen für eine gewisse Distanz zwischen beiden Gesprächspartnern. Jede Aussage hat somit *vier Bestandteile oder Aspekte*,

(1)   einen, der etwas über den Sprechenden ausdrückt (Bühlers Symptom),

(2)   einen, der den Zuhörenden in eine bestimmte Richtung bewegen soll (das Signal),

(3)   eine Beschreibung eines Sachverhalts (das Symbol) und

(4)   einen, der die Beziehung, in der beide Gesprächspartner zueinander stehen, charakterisiert.

An dem Beispielsatz kann man erkennen, dass zudem jeder einzelne dieser vier Aspekte je nach Verständnis des Zuhörers unterschiedliche Bedeutungen haben kann. Wie Sie sich leicht vorstellen können, beruhen viele Missverständnisse darauf, dass ein Zuhörer auf einen ganz bestimmten Aspekt achtet und dabei den, den der Sender »eigentlich« meint, überhört. Dies liegt daran, dass selbst dann, wenn eine

Information sprachlich so klar gefasst ist, dass ein Sprecher annimmt, er habe sich »deutlich ausgedrückt«, noch lange nicht selbstverständlich ist, dass der Zuhörer dies ebenso wahrnimmt.

Es gibt beispielsweise Menschen, die in jeder Aussage den »Appell« besonders gut »heraushören«. Eine Aussage wie »Es sollte hier mal was gemacht werden« heißt für sie dann »du solltest etwas machen« oder noch schlimmer »du bist schuld, dass es hier Probleme gibt«.

Friedemann Schulz von Thun hat in einer Reihe recht interessanter Bücher aufgezeigt, welche Folgen es haben kann, wenn eine Aussage so formuliert wird, dass die vier Aspekte der Aussage nicht eindeutig sind.

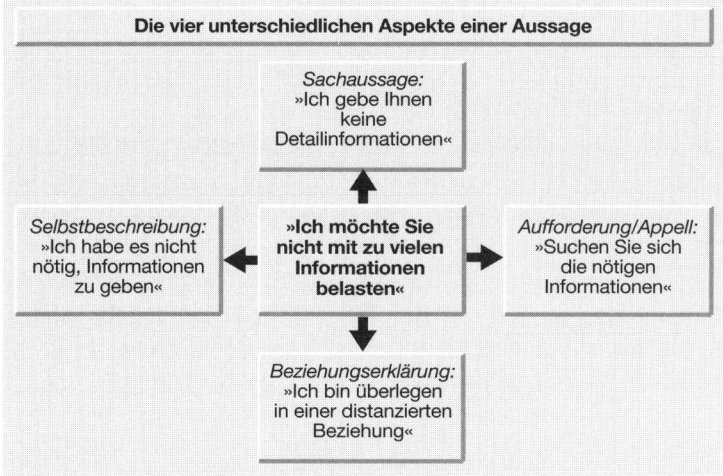

Andere Wissenschaftler gehen noch weiter. Sie untersuchen die Folgen »paradoxer Kommunikation«, bei der Sätze so formuliert werden, dass sie grundsätzlich mehrdeutig sind. Ein solcher Kommunikationsstil, bei dem ein Zuhörer grundsätzlich nicht wissen kann, wonach er sich zu richten hat, wird von vielen Autoren als Ursache psychischer Erkrankungen angesehen (s. beispielsweise das sehr interessante Buch von Watzlawick/Beavin/Jackson 2003).

Andererseits ist es sicher auch ein Vorteil menschlicher Gespräche, dass nicht alles ganz genau und eindeutig gesagt wird und werden muss. Wer einmal programmiert, also in einer Sprache »gesprochen« hat, in der es wirklich nötig ist, alles ganz exakt auszudrücken, weiß, wie viel umständlicher und mühsamer ein solches Vorgehen ist. Zudem lassen wir manchmal ganz gerne die Bedeutung unserer Sätze offen in der Hoffnung, dass sich unsere Gesprächspartner – ohne dass »Klartext geredet« werden muss – die richtige Bedeutung heraussuchen.

Grundsätzlich betrachtet, ist es bei der Vieldeutigkeit unserer Aussagen jedoch erstaunlich, dass wir einander überhaupt verstehen können. Ein einfaches Modell, das verständlich werden lässt, wieso Kommunikation trotz dieser Mehrdeutigkeit – zumindest meistens – möglich ist, ist innerhalb der Nachrichtentechnik entwickelt worden. Dieses »*klassische*« *Kommunikationsmodell* und seine Erweiterungen werde ich Ihnen im Folgenden vorstellen.

Senden und Empfangen.
Ein einfaches Modell für einen komplizierten Vorgang

In den letzten Jahrzehnten ist eine Reihe von Theorien zur Untersuchung unseres Gesprächsverhaltens entwickelt worden. Die meisten nehmen Bezug auf ein Modell, das 1949 von dem Ingenieur Claude Shannon und seinem Kollegen Warren Weaver vorgestellt worden ist. Die beiden Wissenschaftler haben – das wird auch an der »technisch« klingenden Sprache erkennbar – ihr Modell zur Beschrei-

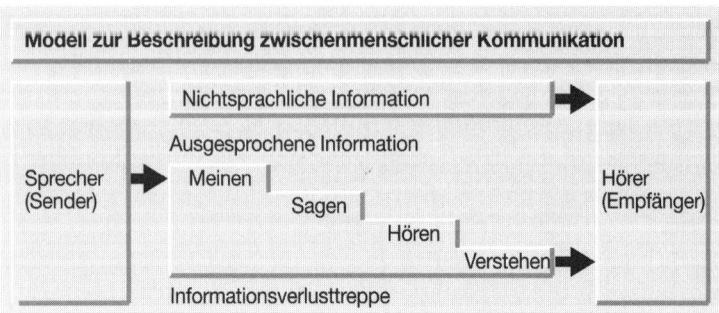

bung der Rahmenbedingungen und Störquellen für Datenübertragungsprozesse in der Nachrichtentechnik entwickelt. Entsprechend gehen Weiterentwicklungen dieses Modells davon aus, dass die Informationsübertragung bei menschlicher Gesprächsführung stets durch Störung, Veränderung und Verlust von Informationen bedroht ist, dass wir aber auch über Hilfsmittel verfügen, diese Störungen auszugleichen.

Das Modell stellt also die Überlegung in den Mittelpunkt, dass die Gedanken eines Sprechenden oder (wie in der Sprache der Nachrichtentechnik formuliert) des *Senders* vielfach verändert werden, bevor sie bei einem Zuhörer oder *Empfänger* ankommen. Hier kann man mehrere unterschiedliche Prozesse unterscheiden.

Zunächst ist das, was gemeint ist, noch lange nicht gesagt. Die Gedanken beinhalten etwas anderes, meist mehr, manchmal aber auch weniger als das, was gesagt wird. Beim Aussprechen geht in aller Regel etwas verloren. Dies hängt damit zusammen, dass wir bei der Formulierung von gesprochenen Sätzen eine Art *Übersetzungsarbeit* zwischen unseren Gedanken und der gesprochenen Sprache durchführen, denn die »Produktion« der gesprochenen Sprache ist ein außergewöhnlich komplizierter Prozess, der seine eigenen Gesetzmäßigkeiten hat. So wird bei jedem Satz, den wir formulieren, ein Gedanke in den vorhandenen Wortschatz umgesetzt, und eine Wortfolge muss zum Beispiel den Regeln der Grammatik entsprechend formuliert werden. Dass dies wirklich eine Veränderung des Gemeinten bedeutet, kann man sich leicht daran verdeutlichen, dass jeder gesprochene Satz aus einer zeitlich angeordneten Reihe von Wörtern besteht. Unsere Vorstellungswelt besteht dagegen oft aus Bildern, in denen Dinge auch gleichzeitig passieren können. Ebenso wie man bei einer Bildbeschreibung nie das ganze Bild wiedergeben kann, muss daher beim Umsetzen von Gemeintem in Sprache notwendigerweise etwas verloren gehen.

Aber nicht nur auf dieser ersten Stufe der Umsetzung findet ein Verlust statt. Dies gilt gleichermaßen für den »Transport« der Nachricht zwischen Sagen und Hören. Vielfältige Störquellen können dazu führen, dass Teile der Aussage »nicht ankommen«. Es wird zu leise gesprochen, es gibt zu viel Lärm in der Umgebung, oder man muss gleichzeitig mehreren Gesprächspartnern zuhören. Untersuchungen dieser Vorgänge zeigen, dass wir diese Störungen erstaunlich gut auffangen können. So weiß man beispielsweise von der Tonübertragung beim Telefonieren, dass durch die technische Umsetzung ein großer Anteil der gesprochenen Stimmanteile verloren geht. Dies erkennt man schon daran, dass sich die Stimme am Telefon anders anhört, als wenn der Gesprächspartner einem gegenübersteht. Obwohl hier also offensichtlich Information verloren geht, schaffen wir es dennoch, selbst leise Stimmungsschwankungen auch am Telefon »herauszuhören«. Prinzipiell gilt jedoch, dass zwischen Sagen und Hören viel Information verloren gehen kann.

Eine ähnliche Übersetzungsarbeit findet statt bei der Umsetzung des Gehörten in das, was der Hörer versteht. Wir müssen zunächst das gehörte Sprachsignal in einzelne Wörter aufgliedern und diese Wörter bestimmten Bedeutungsinhalten zuordnen. Welche komplizierten Vorgänge hierbei ablaufen, zeigt sich unter anderem daran, dass ähnliche Tonfolgen ganz unterschiedliche Bedeutung haben können. Bei einem Satz wie »*Inder haben in der Lage keine Probleme*« tauchen beispielsweise die fast gleich lautenden Formulierungen »Inder« und »in der« auf. Dennoch bereitet es offensichtlich keine Mühe, hier einmal ein Substantiv und beim zweiten Mal einen Satzteil, der sich auf das Wort »Lage« bezieht, zu erkennen. Zudem arbeitet das menschliche Informationsverarbeitungssystem so, dass es sofort »registriert«, dass sich die Formulierung »in der Lage« auf irgendeine Äußerung bezieht, die (mit großer Wahrscheinlichkeit) in einem vorangegangenen Satz detaillierter beschrieben worden ist.

Offensichtlich leistet der Hörer bei einer solchen Umsetzung eine gewaltige Arbeit. Diese Arbeit kann als ein *Wiederaufbau* oder eine *Rekonstruktion des Gemeinten*, von dem vieles in den vorangegangenen Teilen des Kommunikationsvorgangs verloren gegangen ist, beschrieben werden. Der Empfänger bekommt als »Eingabesignal« eine Tonfolge und geht dann aktiv daran, aus dieser Information einen Sinnzusammenhang herzustellen.

Dass die gesprochene Information dafür keinesfalls immer ausreichen kann, wird verständlich, wenn Sie sich noch einmal ins Gedächtnis rufen, wie uneindeutig der Bedeutungsgehalt einer gesprochenen Aussage häufig ist. Zudem geht in dem beschriebenen Kommunikationsprozess vieles verloren. Das skizzierte Modell wird deshalb als *Informationsverlusttreppe* bezeichnet: Das Gemeinte unterscheidet sich von dem Ausgesprochenen, das Gehörte unterscheidet sich wiederum von dem Gesagten, und was schließlich verstanden wird, muss mit dem Gehörten nicht notwendigerweise übereinstimmen.

Dennoch haben wir im Alltag sofort das Gefühl zu wissen, was ein Sprecher »eigentlich« meint. Es ist offensichtlich, dass wir bei der Rekonstruktion der Bedeutung einer Aussage weitere Informationen verarbeiten, da die ausgesprochene Information allein meist gar nicht ausreichen kann, um den Bedeutungsgehalt sicher zu rekonstruieren. Diese Zusatzinformation wird in der Abbildung S. 30 auf durch den oberen Pfeil angedeutet. Bei dieser weiteren Informationsquelle handelt es sich um die *nichtsprachliche* oder *nonverbale Information* des Gesprächspartners: Am Gesichtsausdruck, den jemand beim Sprechen macht, an der Stimme, mit der die Aussage getroffen wird, erkennen wir meist, was der Sprecher meint. Neben dem Gesichtsausdruck und der Stimme wird noch eine ganze Reihe weiterer Informationen bei der Rekonstruktion der Bedeutung einer Aussage verarbeitet. Gerade in Alltagsgesprächen ist diese nonverbale Information häufig von ganz entscheidender Bedeutung für das, was wir im Rekonstruktionsprozess »aus einer Aussage machen«. Um Ihnen das zu illustrieren, gebe ich Ihnen im folgenden Abschnitt zunächst einen Überblick über die Vielfalt dieser nichtsprachlichen Signale.

Senden auf vielen Kanälen. Die Vielfalt nonverbaler Kommunikation

Bei der Interpretation einer Nachricht werden gleichzeitig mit dem direkt Ausgesprochenen sehr viele weitere Einzelinformationen verarbeitet. Diese Einzelmerkmale werden häufig auch *Kanäle* der nonverbalen Kommunikation genannt, weil wir – ähnlich wie ein Fernsehapparat verschiedene Kanäle empfangen kann – ganz unterschiedliche Informationen bei der Verarbeitung einer Botschaft aufnehmen können.

»Kanäle« nonverbaler Kommunikation

- Blickkontakt
- Mimik/Gesichtsausdruck
- Gestik
- Körperhaltung
- Merkmale der Stimme:

  Lautstärke/Stimmlage/Modulation/Sprechtempo/Pausen

- Abstand zwischen den Gesprächspartnern
- Winkel zwischen den Gesprächspartnern
- Weitere situative Einflüsse

Es gibt im Bereich der Kommunikationspsychologie buchstäblich Tausende von Untersuchungen, die zeigen, wie wichtig diese Kanäle sind, und ich möchte Ihnen gerne einige davon vorstellen. Ich beginne dabei ganz bewusst mit dem *Blickkontakt*, denn Blickkontakt ist mit Sicherheit eines der wirksamsten nonverbalen Signale. Interessanterweise hat Blickkontakt jedoch ganz unterschiedliche Funktionen: Blickkontakt signalisiert einerseits Offenheit und Interesse und wird häufig als Aufforderung zum Sprechen erlebt. Eine Sprechpause mit intensivem Blickkontakt ist eines der stärksten Mittel, um einen Mitmenschen »zum Sprechen zu bringen«. (Darauf werde ich noch ausführlicher eingehen, s. S. 138ff.) Andererseits kann ein intensiver Blickkontakt einen Sprechenden auch so unter Druck setzen, dass er »verstummt«.

Diese verschiedenartigen Funktionen des Blickkontakts für den Verlauf von Gesprächen lassen sich dadurch erklären, dass sich dieses Signal schon sehr früh in der Menschheitsgeschichte entwickelt hat und sogar schon in der Kommunikation mit Säuglingen zu beobachten ist: Wenn man kleine Kinder ansieht, beginnen sie häufig zu lächeln, sie nehmen also auf einer sehr einfachen Ebene Kontakt auf. (Leider klappt das nur, wenn ein Kind sich in einem einigermaßen ruhigen und entspannten Zustand befindet. Sonst werden – wie gestresste Mütter und Väter natürlich wissen – andere Signale wich-

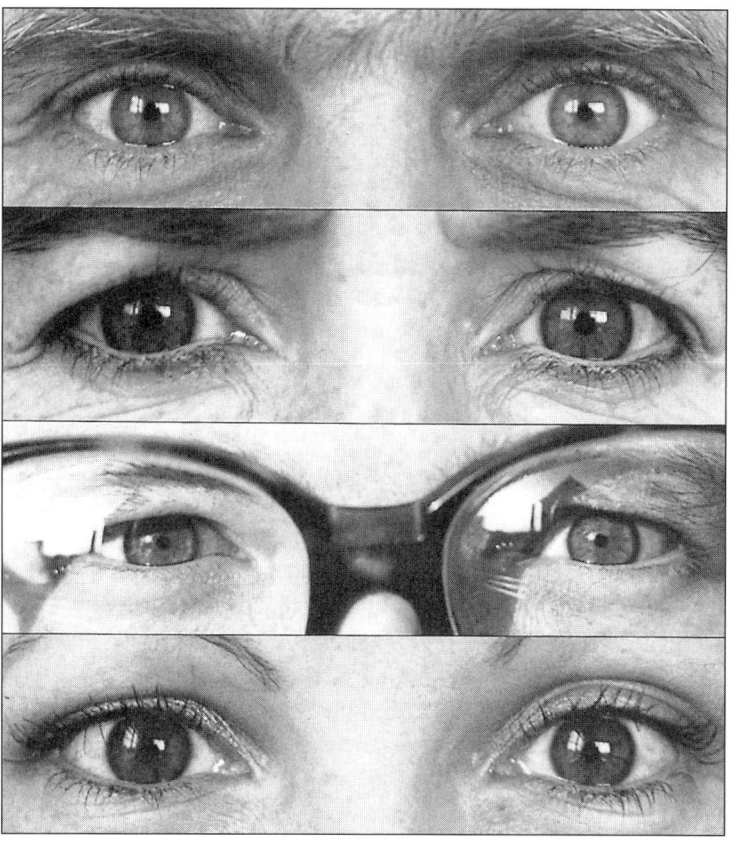

Unmittelbar aktivierend: Blickkontakt

tiger.) Dieses so genannte »soziale Lächeln« muss ein Kind nicht lernen. Diese Reaktion auf Blickkontakt ist angeboren und so fest in unser überliefertes Verhaltensmuster eingebaut, dass wir auch als Erwachsene – genau wie ein Kind – direkt auf den Blickkontakt »ansprechen«: Wir zeigen meist irgendeine Reaktion, indem wir das Wort ergreifen oder zumindest das Gefühl haben, wir sollten irgendwie reagieren.

Blickkontakt hat eine Art von Verstärkerfunktion, die einen Zuhörer aktiviert, etwas zu tun.

Dadurch unterstreicht und betont er in aller Regel die Bedeutung einer gleichzeitig getroffenen Aussage.

Auch die Sprache des Gesichts, die *Mimik*, ist eine in der Menschheitsgeschichte sehr alte Form des Ausdrucks. Die Mimik kann dabei als eine Art von Spiegel, der den inneren Zustand des Gesprächspartners wiedergibt, angesehen werden. Wie vielfältig diese *Sprache des Gesichts* ist, wird beispielsweise an den Studien der beiden Kommunikationswissenschaftler Paul Ekman und Wallace V. Friesen deutlich. Die beiden haben mit Hilfe ausgefeilter Videostudien und vieler Versuche, in denen sie viele Versuchsteilnehmer und auch sich selbst gefilmt haben, festgestellt, dass über 4.000 verschiedene Kombinationen von Bewegungen einzelner Muskelgruppen im Gesicht möglich sind. Die dabei entstehenden Gesichtsausdrücke sind zum Teil recht ähnlich, es lassen sich aber immer noch ungefähr 400 verschiedene Gesichtsausdrücke relativ gut unterscheiden (Ekman/ Friesen 1975).

Einen Versuch, Ordnung in diese Vielfalt zu bringen und die Bedeutung dieser vielen Ausdrucksformen zu systematisieren, hat schon der Begründer der modernen Evolutionstheorie, Charles Darwin, unternommen. Darwin ging in seiner Evolutionstheorie (vereinfacht zusammengefasst) davon aus, dass die Fülle von Tier- und Pflanzenarten, die wir heute vorfinden, dadurch entstanden ist, dass sich aus einfacheren Vorgängerarten mit der Zeit neue und effektivere Arten entwickelt haben. Er nahm – was weniger bekannt ist – weiterhin an, dass sich in diesem Prozess – ebenso wie sich die jeweils »fittesten« Gattungen durchsetzen – auch bestimmte Verhaltensmuster entwickeln und fest etablieren, da sich Tierarten, die diese Verhaltensmuster in ihrem »Repertoire« haben, gegenüber ihrer Umwelt besser durchsetzen können. Zu diesen effektiven Verhaltensformen gehören beispielsweise Drohgebärden. Tierformen, die über dieses Verhaltensmuster verfügen, konnten sich im Evolutionsprozess langfristig durchsetzen, da sie »keine unnötigen Kräfte« in Kämpfen innerhalb der Art verbrauchen mussten. Darwin ging weiterhin davon aus, dass die Mimik, die wir Menschen benutzen, zu diesen in der Evolution günstigen Verhaltensformen gehört. Dies konnte er in seinem Buch über den »Ausdruck der Gefühle bei Menschen und Tieren« (Darwin 1872) an vielen anschaulichen Beispielen belegen. Er konnte zeigen, dass bestimmte Formen des menschlichen Gesichtsausdrucks, die Gefühle wie beispielsweise Ärger oder Angst ausdrücken, denen vieler anderer Säugetiere sehr ähneln. In den »tierischen Vorformen« ist die Funktion noch relativ deutlich erkennbar. Bei Drohgebärden werden die Zähne gezeigt, und bei friedlichen Signalen ist die Gesichtsmuskulatur entspannt. Die menschliche Mimik ähnelt dieser Vorform. Auch wenn die ursprüngliche Bedeutung dabei nicht immer offensichtlich ist, so ist doch ihre Funktion erhalten geblieben. Diese Signale geben einem anderen sofort und schnell Auskunft darüber, wie sich ein anderes Individuum fühlt.

Inwiefern man behaupten kann, dass sich unsere Mimik direkt auf tierisches Verhalten zurückführen lässt, ist allerdings lange diskutiert worden und umstritten. Heute weiß man, dass solche Reaktionen zu einem großen Teil durch bestimmte soziale »Spielregeln« überformt sind. So ist es in vielen Kulturen unerwünscht, bestimmte Gefühle überhaupt zu zeigen, was dann zu einer Art »Maskierung« des Gesichtsausdrucks führt. Unbestritten ist jedoch, dass den Signalen, die wir mit unserem Gesicht ausdrücken, schon in einer ganz frühen Phase der Menschheitsentwicklung, als die gesprochene Sprache noch nicht die Rolle hatte, die sie heute einnimmt, als Träger von Botschaften bereits eine große Bedeutung zukam. Das hat sich bis heute nicht geändert. Wir haben »Verhaltensprogramme«, die bei bestimmten Stimmungen »ganz automatisch« einen spezifischen Gesichtsausdruck erzeugen, und andere Programme, die uns erlauben, den Ausdruck auf einem Gesicht sehr schnell zu deuten. Bei der Rekonstruktion der Bedeutung von Aussagen bewerten wir – ob bewusst oder unbewusst – diese Information mit.

Ähnliches wie für die Mimik gilt auch für die *Gestik.* Zur Gestik gehören die Bewegungen der Arme und Hände, die willkürlich oder unwillkürlich das Gesagte untermalen. Wie aus Alltagssituationen bekannt, können schon kleine Gesten die Bedeutung des Gesagten unterstreichen und verdeutlichen. Dieser Einfluss des Körpers auf die Sprache scheint sehr alten Ursprungs zu sein, denn entsprechende Prozesse laufen oft ohne jede bewusste Planung, also unbewusst gesteuert, ab. So zeigten Auswertungen von Videoaufnahmen, dass Stimmungen sich relativ deutlich in einer bestimmten Form der Gestik ausdrücken: Wir ballen die Fäuste, als ob wir zuschlagen wollten, oder hauen auf den Tisch wie auf einen Gegner, wippen mit den Füßen, als ob wir aufspringen oder weglaufen wollten, wischen uns die Augen, als ob gerade etwas »ins Auge gegangen wäre«, oder lassen Kopf und Arme hängen, als ob wir keine Kraft mehr hätten.

Viele Untersuchungen konnten belegen, dass Gesprächspartner bei Unterhaltungen mit aggressivem Inhalt während des Sprechens automatisch Ausdrucksmuster zeigen, die das Gesagte unterstreichen. Die Beziehung zwischen dem Inhalt einer Aussage und der Gestik ist aber nicht immer eindeutig. So war in diesen Studien auffällig, dass extrem aggressive Äußerungen in einigen Fällen nicht von entsprechenden Handbewegungen begleitet wurden, weil diese Stimmung bewusst versteckt wurde. Auffallend war jedoch, dass aggressive Verhaltensformen – wie Fäuste ballen, auf den Tisch hauen – direkt vor oder nach sprachlichen Äußerungen mit aggressivem Inhalt zunahmen.

Eine weitere Informationsquelle ist die *Körperhaltung*, die ein Gesprächspartner während eines Gesprächs einnimmt. In einer Geschichte von Bertolt Brecht kommt deren Bedeutung für die Deutung einer Aussage sehr schön zum Ausdruck. Brecht schreibt:

> »*Zu Herrn K. kam ein Philosophieprofessor und erzählt ihm von seiner Weisheit. Nach einer Weile sagte Herr K. zu ihm: ›du sitzt unbequem, du redest unbequem, du denkst unbequem.‹ Der Philosophieprofessor wurde zornig und sagte: ›Nicht über mich wollte ich etwas wissen, sondern über den Inhalt dessen, was ich sagte.‹ ›Es hat keinen Inhalt‹, sagte Herr K. ›Ich sehe dich täppisch gehen, und es ist kein Ziel, das du, während ich dich gehen sehe, erreichst. Du redest dunkel, und es ist keine Helle, die du während des Redens schaffst. Sehend deine Haltung, interessiert mich dein Ziel nicht‹.*« (Brecht 1977, S. 165)

Es ist sicher übertrieben, die Körperhaltung so wie in dieser Geschichte als eindeutigen Ausdruck des Inhalts einer Aussage zu betrachten. Andererseits legt schon das Wort »Haltung« nahe, wie sehr die Haltung, die ein Mensch gegenüber einem Sachverhalt hat, mit seiner Körperhaltung einhergehen kann.

Das Gleiche gilt für die *Stimme* eines Sprechenden. Die Stimme ist ein Instrument, das kleinste Stimmungsschwankungen übertragen kann. Ganz ohne weitere sichtbare Information gelingt es daher meist ohne Mühe, einfach aus dem Tonfall die jeweilige Gefühlslage eines Menschen zu erkennen. Diese Fähigkeit, auch Untertöne herauszuhören und bei der Bewertung einer Aussage zu berücksichtigen, ist erstaunlich ausgeprägt. In einer Reihe von Einzeluntersuchungen zu diesem Phänomen hat der Kommunikationswissenschaftler Klaus R. Scherer versucht, die Grenzen dieser Fähigkeit auszutesten. Er kam zu faszinierenden Ergebnissen. Als Untersuchungsmaterial nahm er einfache Sätze, wie »Aber von Ihnen habe ich das nicht bekommen«, auf Tonband auf. Diese Sätze wurden von Schauspielern mit unterschiedlicher Betonung ausgesprochen, sodass sich der gleiche Satz einmal freudig, einmal traurig, dann wieder zornig oder beschämt anhörte. Die Tonbandaufnahmen dieser Sätze wurden mit Hilfe technischer Verfahren in einzelne Teile von Zehntelsekundenlänge zerlegt. Diese Bruchstücke wurden mit einem Computerprogramm dann nach Zufall durcheinandergemischt, sodass als Ergebnis eine »Tonsuppe« resultierte, deren Inhalt natürlich unverständlich war. Dennoch waren Zuhörer immer noch in der Lage, die Gefühlslage, mit der der ursprüngliche Satz einmal ausgesprochen worden war, aus dem Material zu erkennen (Scherer 1982). Die Stimme vermittelt also eine Botschaft unabhängig von dem, was ausgesprochen wird.

Offensichtlich hören wir in Alltagsgesprächen ebenfalls auf diese Botschaft der Stimme, denn wir wissen alle, dass »der Ton die Musik« macht. Die Möglichkeiten, hiermit das Gesagte zu unterstreichen und eindringlicher erscheinen zu lassen, sind enorm. Ein weiteres Experiment der Gießener Arbeitsgruppe Kommunikation und Interaktion, in dem es um die Möglichkeiten und Grenzen einer Suggestion von Meinungen ging (zu den Details siehe Gehm/Appel/Apsel 1989), konnte dies verdeutlichen.

Bei dieser Untersuchung wurde der Text einer Nachrichtenmeldung über ein politisches Ereignis (es handelte sich um politische Veränderungen auf den Philippinen) aufgenommen und danach der Tonfall des Sprechers künstlich verändert. Dabei wurden nur geringfügige Veränderungen vorgenommen. Innerhalb des gesamten Textes wurde nämlich nur die Lautstärke von vier Silben geändert. Dies geschah aber auf eine Weise, die den Inhalt des Textes verstärken sollte. So wurde bei dem Wort »große« die Silbe »gro« (mit Hilfe spezieller Computerprogramme) verändert, sodass sie etwas lauter als im Ursprungstext war, und bei dem Wort »kleine« die Silbe »klei« etwas leiser gestellt. Dasselbe geschah mit zwei weiteren Wörtern (bei »bedeutend« wurde das »deu« wieder lauter und bei »gering« das »ring« leiser gestellt).

Das sind relativ kleine Veränderungen, und in Vortests ist festgestellt worden, dass Testpersonen diese Veränderungen nicht bewusst bemerkten.

Zwei Gruppen von Versuchsteilnehmern wurde dann entweder der Originaltext oder der leicht geänderte vorgespielt. Die Untersuchungsteilnehmer füllten danach einen Fragebogen aus, der Aufschluss über ihre persönliche Meinung zu dem geschilderten politischen Ereignis gab.

Das Ergebnis war beeindruckend: Die Personen, die den veränderten Text gehört hatten, waren im Durchschnitt eindeutig positiver gegenüber dem geschilderten politischen Ereignis eingestellt als die anderen und begrüßten eher die Veränderungen, die durch diese politischen Prozesse ausgelöst wurden. Schon eine so geringfügige Veränderung im Ton hatte also die Bewertung der Aussage deutlich beeinflusst. Fast noch aufschlussreicher war der zweite Teil des Experiments.

Bei diesem wurde (anderen) Versuchsteilnehmern ein Nachrichtentext über die Atomkatastrophe in Tschernobyl vorgespielt. Wieder wurde für die eine Hälfte der Zuhörer der Text in der oben beschriebenen Form leicht verändert. Für die andere Hälfte wurde der originale Nachrichtentext benutzt.

Hier ergab sich kein Unterschied in der abschließenden Bewertung.

Sie werden fragen, was denn nun das Spannende an diesem Ergebnis sei. Nun, man kann aus dem ersten Experiment schließen, dass mit der Stimme durchaus eine Beeinflussung von Zuhörern möglich ist. Aber, und das sagt das zweite Experiment, die Möglichkeiten einer solchen Veränderung sollten nicht überschätzt werden. Bei dem zweiten Text hatten die Zuhörer, da das Thema so wichtig ist, schon eine vorgefasste Meinung. In einem solchen Fall ist es schwer, eine Veränderung der Einstellung zu erreichen. Das Experiment hat gezeigt, dass es nur manchmal reicht, einfach ein paar Silben deutlicher zu betonen. Eine Veränderung der Stimme ist kein Zaubermittel und keine Möglichkeit zur unbegrenzten Manipulation. Vielmehr besteht innerhalb eines gewissen Rahmens die Möglichkeit, durch solche kleinen Hilfsmittel eine Stimmungsänderung zu erreichen. Für viele Fälle – etwa in der Werbung – mag das ausreichend sein. Hier zeigen oft schon minimale Veränderungen große Wirkungen. Insgesamt jedoch ist der Inhalt und nicht die Stimme das Entscheidende.

Dennoch sind diese Möglichkeiten nicht zu unterschätzen. In dem obigen Experiment ist nur die Lautstärke ein wenig geändert worden. Die menschliche Stimme ist aber ein sehr vielseitiges Instrument mit einer *Vielzahl von Einzelmerkmalen*, die bei jedem Satz die Bedeutung unterstreichen oder verändern können: Neben der Lautstärke spielen die Stimmlage (hohe oder tiefe Stimme), die Modulation (Laut-leise-Wechsel), das Sprechtempo und die Länge von Pausen, die in dem Gespräch entstehen, eine Rolle. Sogar die *Länge der Pausen zwischen den Wörtern* ist von Bedeutung: So – erzeugt – eine – übertrieben – auseinander – gezogene – Wortfolge – mit – langen – Pausen – zwischen – den – Wörtern – bei – einem – Zuhörer – häufig – ein – gewisses – Unbehagen. Dieses Phänomen lässt sich relativ einfach erklären: Pausen zwischen den Wörtern lassen die Aussage gewichtiger, überlegter erscheinen. Hier erwartet ein Zuhörer einen bedeutungsvollen Satz. Wenn dann statt einer wichtigen Aussage etwas Simples geäußert wird, entsteht beim Zuhörer ein Widerspruch zwischen Inhalt und Form. Solche Widersprüche erzeugen generell Verunsicherung und manchmal eine gewisse Aggression gegenüber dem Sprecher. (Die Länge von Sprechpausen ist ein so wichtiges Merkmal von Gesprächen, dass ich auf S. 109 f.) noch ausführlicher darauf eingehen werde.)

Ein weiterer wichtiger Kanal nonverbaler Kommunikation ist der *räumliche Abstand*, den wir in einem Gespräch zueinander einnehmen. Mit dem Abstand reagieren wir häufig sehr feinfühlig auf das Gesprächsklima. Wir »gehen aufeinander zu« oder »setzen uns auseinander«. Selbst das Wort »Aggression« betont in seiner ursprünglichen lateinischen Bedeutung (»aggredi« = »aufeinander zu-« oder auch »aufeinander losgehen«) die Rolle des Abstands im zwischenmenschlichen Verhalten.

Diese Bedeutung des Abstandsverhaltens lässt sich durch eine einfache Regel erklären. Es gibt einen unsichtbaren Kreis (von etwa einer Armlänge Radius), den jeder Mensch um sich hat und in dem er nur unter bestimmten Bedingungen einen Gesprächspartner zulässt. Dieser *persönliche Raum* (wie der wissenschaftliche Fachausdruck dafür lautet) gilt als ein persönlicher Schutzraum, über den jeder Gesprächspartner selbst verfügen kann. Ein anderer Mensch, der in diesen Schutzraum eindringt, drückt – auch wieder unausgesprochen – Nähe oder auch die Dringlichkeit seines Anliegens aus. Ein Überschreiten dieses Abstands durch Fremde wird als ausgesprochen unangenehm erlebt. Dies wird übrigens als Erklärung dafür angesehen, dass sich in bestimmten Siedlungsgebieten mit hoher Bevölkerungsdichte (etwa in Japan) ganz besonders verfeinerte Formen des Umgangs miteinander entwickeln mussten. Man kann darin »Entschuldigungsreaktionen« sehen, die signalisieren, dass die dauernde Verletzung des persönlichen Schutzraums nicht »aggressiv« gemeint ist.

Das Abstandsverhalten ist aber nicht eindeutig zu interpretieren. Zu geringer Abstand, ein »Aneinandergeraten« also, kann die Dringlichkeit der eigenen Meinung und die Heftigkeit von Meinungsunterschieden unterstreichen, es kann als »Aufeinander-Zurücken« aber auch die Annäherung der Standpunkte und der Menschen ausdrücken. Am schönsten ist es natürlich, wenn man einen Gesprächspartner wirklich und im umfassenden Sinn »an sich heranlassen« kann.

Auch dieses unbewusste Signalsystem des Abstandsverhaltens hat sich schon früh in der menschlichen Entwicklungsgeschichte herausgebildet. Dieselben Phänomene, die bei Gruppengesprächen eine Rolle spielen, wo Teilnehmer »außerhalb stehen«, andere »aufeinander zugehen« und es überhaupt angenehm ist, bei bestimmten Menschen zu sitzen und andere »auf Distanz zu halten«, gibt es ebenfalls im Tierreich bei fast allen Gattungen, die in Gruppen zusammenleben. Durch den Abstand, den unterschiedliche Einzeltiere zueinander einnehmen, werden Machtverhältnisse signalisiert, und es wird Respekt voreinander ausgedrückt. Bei der Veränderung des Abstands handelt es sich also um ein altes Verhaltensmuster, das wir unbewusst einschalten und mit dem wir zusätzlich zu der gesprochenen Aussage dem Gesprächspartner eine Information geben.

Angemerkt sei, dass es bei dem *Erleben des persönlichen Raums* allerdings auch große Unterschiede zwischen Menschen verschiedener Herkunft gibt. So haben Untersuchungen, bei denen man (anhand von Videoaufnahmen) ausgewertet hat, welchen durchschnittlichen Abstand Gesprächspartner zueinander einnehmen, ergeben, dass in dieser Beziehung in Europa ein Nord-Süd-Gefälle besteht und den »distanziert« auftretenden Nordeuropäern die sehr viel »kontaktfreudigere« Südeuropäer gegenüberstehen. Im arabischen Sprachraum gilt ein Abstand, den wir Mitteleuropäer für »normal« halten, sogar als ausgesprochen unfreundlich und distanziert. Es muss allerdings auch erwähnt werden, dass dies nur Durchschnittswerte sind, die über einzelne Individuen und deren Lust auf Nähe wenig aussagen.

Untersuchungen zum räumlichen Verhalten sind interessant, denn sie geben nicht nur Auskunft darüber, wie jemand die Distanz in einem Gespräch gestaltet, sondern auch darüber, wie unterschiedliche Menschen überhaupt den sie umgebenden Raum erleben, welchen »Raum sie für sich beanspruchen« und inwiefern sie »Nähe suchen«. Die Distanz, die ein Mensch zu seinem »Nächsten« sucht, ist Ausdruck seiner bisherigen Erfahrungen. Diese Erfahrung drückt ein Mensch mit dem Abstand, den er wählt, auf ganz unbewusste Art auch aus, und diese Information wird bei der Beurteilung einer Person berücksichtigt. (Einen Überblick über dieses Forschungsgebiet gibt Edward T. Hall in seinem Buch »Die Sprache des Raumes«, 1994.)

Ein ähnlich unbewusster Kanal des nichtsprachlichen Verhaltens wie das Abstandsverhalten ist der *Winkel*, den wir während eines Gesprächs mit unserem Gesprächspartner bilden. Ebenso wie mit einer Veränderung des Abstands reagieren wir mit einer Änderung des Winkels zu dem Gesprächspartner auf das Gesprächsklima und verändern es zugleich. Wir können uns »einander zuwenden« oder »voneinander abwenden«. Auch dieses Signal wird natürlich bei der Bewertung einer Äußerung mitverarbeitet. Ein »Sehr interessant!«, durchaus im Brustton der Überzeugung gesagt, verliert seine Bedeutung, wenn der Sprecher sich dabei vom Gesprächspartner abwendet. Ich weiß von mehr als einem Professor, der seine Studenten in Prüfungen regelmäßig dadurch verunsichert hat, dass er sich von ihnen schon in der Sitzhaltung abgewendet hatte, und ich bin sicher, Sie waren auch schon durch einen Gesprächspartner irritiert, der Ihnen die »kalte Schulter« zeigte.

Als angenehm wird ein Winkel von ungefähr 120 Grad (also so, wie bei vier Uhr die Zeiger der Uhr zueinander stehen) erlebt. Dies hängt damit zusammen, dass bei diesem Winkel der Blickkontakt recht einfach zu steuern ist. Beide Gesprächspartner sitzen sich nicht »frontal« gegenüber, sondern haben durch eine verhältnismäßig kleine Bewegung des Kopfes die Möglichkeit, Blickkontakt aufzunehmen, und genauso einfach können sie, geradeaus schauend, dem Blickkontakt ausweichen.

Bei einem Winkel von 180 Grad (genau gegenübersitzend) ist dies nicht so einfach möglich; man muss fast zwangsläufig Blickkontakt aufnehmen und aufrechterhalten. Ein solcher Winkel zwischen den Gesprächspartnern wird oftmals als Aufforderung zu einer Vertiefung des Gesprächs und der Beziehung, aber manchmal auch als Druck erlebt. Eine Sitzposition, bei dem man sich kaum noch in die Augen sehen kann, erschwert die Gesprächsführung und wird meistens als Ablehnung erlebt.

Eine weitere wichtige Informationsquelle, die bei der Bedeutungsfindung benutzt wird, ist die *Situation*, in der ein Gespräch stattfindet. Offensichtlich berücksichtigen wir dabei, dass der Rahmen für ein Gespräch nicht nur etwas Vorgegebenes ist, sondern auch gestaltet wird: Durch die Wahl der Situation drücken wir – bewusst oder unbewusst – die Wertschätzung, die wir einem Gesprächspartner entgegenbringen, aus. Für Gespräche im betrieblichen Alltag sind zwei Merkmale der Situation von ganz besonderer Bedeutung: *Barrieren* und der *Umgang mit Störungen*.

Viele Gesprächspartner lassen (mehr oder weniger bewusst) *Barrieren* bei einem Gespräch zu. Dazu gehört das »Sichverbarrikadieren« hinter einem großen Schreibtisch, »deklassierende« Höhenunterschiede beim Sitzen oder eine unfaire Beleuchtung, bei der ein Gesprächspartner dauernd gegen das Licht schauen muss. Solche Hindernisse beeinflussen natürlich das Verständnis zwischen zwei Gesprächspartnern. »Vom hohen Podest« gesprochen wirkt ein Satz anders, als wenn man sich »auf gleicher Ebene« trifft.

Das Gleiche gilt für den *Umgang mit Störungen*: Es macht etwas aus, ob ein Gespräch auch bei Störungen unverändert weitergeführt wird, ob über eine Störung also »hinweggeredet wird« oder ob der Gesprächsführende versucht, flexibel und in freundlicher Weise die Störung auszuräumen, bevor er weiterredet, allgemein formuliert: welchen Vorrang der Gesprächspartner bei Auftreten einer Störung einnimmt. Man kann störende Telefonanrufe annehmen oder abwimmeln, wenn ein Gesprächspartner im Raum ist, man kann das Auftauchen eines weiteren, unangemeldeten Gesprächspartners zulassen oder nicht und eine E-Mail sofort oder später lesen. Insbesondere das *Verhindern von Störungen* ist eine wichtige nichtsprachliche Botschaft. Gespräche werden anders erlebt und bewertet, wenn sie in einer ruhigen Atmosphäre stattfinden und wenn dem Gesprächspartner wenigstens für die Dauer des Gesprächs eine innere Vorrangstellung eingeräumt wird.

Auch wenn Situationsfaktoren häufig vorgegeben sind, gestalten wir sie in gewissem Rahmen doch bei jedem Gespräch mit. Und sie werden bei der Rekonstruktion des Inhalts von Botschaften ebenfalls ausgewertet. (Im nächsten Kapitel werde ich Ihnen an einem Experiment zeigen, dass sogar die Raumtemperatur das Bild, das sich ein Gesprächspartner von seinem Gegenüber macht, beeinflussen kann.)

Spätestens an dieser Stelle möchten Sie sicher wissen, welches denn nun das »richtige« nichtsprachliche Verhalten ist, was zu tun ist, damit genau das »rüberkommt«, was man sagen möchte. Hier gibt es eine Reihe von Möglichkeiten, aber keine Standardantworten. Warum das so ist, möchte ich Ihnen im folgenden Abschnitt erläutern.

Das Training nonverbaler Kommunikation

Zu Beginn dieses Kapitels möchte ich Sie warnen: So stark die nonverbalen Signale den Inhalt unserer Botschaften bestimmen, so schwierig ist es, das nichtsprachliche Verhalten gezielt zu beeinflussen. Das hängt zunächst damit zusammen, dass wir gleichzeitig auf vielen Kanälen senden und dass sich der Inhalt einer Aussage aus dem Zusammenspiel der vielen einzelnen Signale, die wir senden, ergibt.

Stellen Sie sich beispielsweise vor, wie wir uns normalerweise in einem überfüllten Fahrstuhl verhalten: Wir stehen eng aneinander gedrängt da, blicken meist stumm auf die Tür und hoffen, bald aussteigen zu können. Auch hier tauschen wir nonverbale Information aus:

Ein Kanal, der räumliche Abstand zwischen den Mitfahrern, drückt dabei große Nähe aus. Schließlich lassen wir die Mitfahrer ja in unseren »persönlichen Raum«. Andererseits ist offensichtlich, dass wir in dieser Situation Nähe gar nicht wirklich wollen. Aus diesem Grund müssen wir – und auch das wird ganz unbewusst gesteuert – auf irgendeine Weise signalisieren, dass wir nicht an Kontakt interessiert sind. Dazu greifen wir auf die anderen Kanäle unseres nichtsprachlichen Verhaltens zurück: Durch ein manchmal sogar lastendes Schweigen geben wir einander gegenseitig das Signal, dass wir nur zufällig hier zusammen stehen, und durch – ebenfalls auffallendes und manchmal irritierendes – Vermeiden des Blickkontakts teilen wir einander mit, dass wir kein Gespräch wollen. Die Arme sind zudem häufig abwehrend vor der Brust verschränkt. Schließlich ist der Winkel (ein ganz spitzer Winkel, denn alle schauen fast zwanghaft in dieselbe Richtung) so gewählt, dass wir auch hiermit maximale Distanz ausdrücken.

Ein Kanal drückt also große Nähe aus, die anderen dagegen maximale Distanz. Aus dem *Zusammenspiel aller Kanäle* schließlich ergibt sich die Botschaft, die wir in dieser Situation senden, nämlich dass wir weder übertrieben ablehnend noch besonders offen, sondern schlicht ohne besonderes Interesse aneinander gemeinsam in einem Fahrstuhl stehen.

Anders ausgedrückt bedeutet das, dass wir in aller Regel nicht einzelne Kanäle für sich steuern, sondern unser nichtsprachliches Verhalten als Ganzes. Die Botschaft, die wir senden, wird gleichzeitig auf allen Kanälen ausgedrückt. Dieses *Signalsystem* haben wir im Laufe unserer Entwicklung aufgebaut und dabei die unterschiedlichen Kanäle fein aufeinander abgestimmt. Es ist offensichtlich, dass es schwierig ist, einen einzelnen Kanal gezielt zu beeinflussen, weil dies nicht der gewohnten Vorgehensweise entspricht.

Eine zweites Problem für die gezielte Beeinflussung der nichtsprachlichen Kommunikation liegt darin, dass die Bedeutung einzelner solcher Signale oft erst in der Situation selbst entsteht. Das möchte ich Ihnen am Beispiel von Nebenhandlungen erläutern. *Nebenhandlungen* nennt man solche Bewegungen, die nicht unmittelbar zum Gespräch notwendig sind. Beispiele hierfür sind das Herumspielen mit Bleistiften, die Suche nach einem Platz für die Hände, Kratzen am Kopf, Wippen mit dem Fuß und vieles andere mehr. Nebenhandlungen sagen oft »irgendetwas« über den Gesprächspartner aus. Sie haben aber keine eindeutige Bedeutung. Dies hängt damit zusammen, dass die Bedeutung solcher Nebenhandlungen erst während des Gesprächs entsteht. So zeigten Auswertungen von Videoaufnahmen, dass Menschen, die sich mögen, ähnliche Nebenhandlungen durchführen. Dieser Effekt kann so weit gehen, dass zwei Personen nicht nur die gleichen Nebenhandlungen zeigen, sondern dies auch zeitgleich tun: Im selben Augenblick wird zur Zigarette gegriffen oder das Weinglas erhoben, der Blickkontakt im selben Moment gesucht und zeitgleich auch wieder aufgegeben. Eine solche »*Synchronisation*« ist ein deutlicher Hinweis auf eine enge Beziehung, und zwar eine, die den Partnern unbewusst ist und dennoch ihr Verhalten zueinander steuert.

Die Nebenhandlung für sich genommen hat also keine eindeutige Bedeutung, sondern diese erwächst aus der Beziehung, in der zwei Menschen zueinander stehen.

Nonverbale Kommunikation. Die Bedeutung der Kanäle erwächst aus der Beziehung der Gesprächspartner

Aus therapeutischen Erfahrungen ist bekannt, dass solche gleichen Nebenhandlungen die innere Nähe der Gesprächspartner sogar dann zum Ausdruck kommen, wenn sich Partner streiten. Dann bestehen auf der gesprochenen Ebene zwar Widersprüche, die unbewussten Signale aber, die in den Nebenhandlungen ausgesendet werden, geben das Ausmaß innerer Nähe und Beteiligung an, das auch bei Auseinandersetzungen besteht.

Auch wenn das nichtsprachliche Verhalten nicht eindeutig zu interpretieren ist, gibt es ein Hilfsmittel, um seiner Bedeutung näher zu kommen. Es ist manchmal hilfreich, sich einfach daran zu erinnern, welche Handlungen ein Gesprächspartner gezeigt hat, und zu beschreiben, was er oder sie in diesem Moment getan hat. Beinbewegungen können da leicht den Gedanken nahe legen, dass ein Gesprächspartner »am liebsten weglaufen« oder mal »ganz entschlossen auftreten möchte«, die Bewegungen der Arme deuten darauf, dass dieser Mensch »ganz weit ausholen möchte« oder sich mit verschränkten Armen hinter einer selbst gebauten Mauer versteckt oder – was häufig der Fall ist – sich an sich selbst festhalten möchte. Ein verkniffenes Gesicht kann einem sagen, dass sich da jemand etwas verkneift oder dass der Gesprächspartner den Mund nicht aufmachen möchte. Wohlgemerkt: Dies sind keine Lehrbuchsätze, die immer stimmen, es sind Annäherungen, die einem die Augen für die Prozesse öffnen können, die möglicherweise unbewusst in einem Gesprächspartner ablaufen.

Nichtsprachliche Signale sind auch deswegen nicht eindeutig zu interpretieren, weil wir uns schnell an das nichtsprachliche Verhalten von Gesprächspartnern gewöhnen. Was zunächst noch auffällig war, »gehört« nach einiger Zeit »zu dieser Person«. Das konnte beispielsweise für die Stimmführung gezeigt werden. Ungewöhnlich lange Pausen zwischen den einzelnen Wörtern können zwar als ein Anzeichen für eine traurige oder depressive Stimmung angesehen werden, es gibt aber auch Menschen, die einfach langsamer sprechen. Bei ihnen fällt uns diese Besonderheit nach einiger Zeit kaum noch auf, und wir werten das auch nicht als Hinweis auf ihre Stimmung. Da wir uns auf den jeweiligen Sprecher einstellen, verliert dieses Signal also mit der Zeit seine gewöhnliche Bedeutung. Darum ist übrigens auch die Angst, in seinem nichtsprachlichen Verhalten auffällig zu wirken, in vielen Fällen unbegründet. So konnte gezeigt werden, dass zeitweiliges Stottern oder Aussetzen der Stimme, das die sprechende Person oft sehr verunsichert, das Verständnis der Zuhörer nicht unmittelbar beeinflussen muss, ja von diesen häufig nicht einmal bemerkt wird.

Natürlich ist es möglich, auch nichtsprachliches Verhalten zu beeinflussen: Wie die meisten Verhaltensäußerungen sind Körperhaltung, Gestik, Mimik und Stimme in gewissem Umfang kontrollierbar und daher veränderbar. Es ist kein Problem, sich eine »betont sichere Sitzhaltung« (fest auf dem Stuhl sitzend mit aufrechtem Oberkörper) anzugewöhnen. Weil wir aber nichtsprachlich auf vielen Kanälen gleichzeitig eine Botschaft übertragen, bringt *eine Veränderung allein* noch keine Selbstsicherheit zum Ausdruck. Wir müssten gleichermaßen alle Kanäle beeinflussen, um ein bestimmtes Persönlichkeitsbild auszustrahlen. Dies ist aber schwierig. So haben Paul Ekman und Wallace V. Friesen (1969) gezeigt, dass Menschen bei bewusstem Lügen viel Mühe haben, *ihren gesamten Körper* an die jeweilige Geschichte anzupassen. Auch wenn wir vieles kontrollieren können, wird sich dennoch die innere Haltung auf irgendeinem Kanal ausdrücken. Sie nennen dies *nichtsprachliches Durchsickern*. Die Bezeichnung ist ganz anschaulich. Es ist schwer, den Körper und die Körpersprache als Ganzes so einzusetzen, dass wir gezielt einen bestimmten Eindruck vermitteln, wenn dies nicht unserer inneren Haltung entspricht. Schlimmer noch: Der Versuch einer gezielten Veränderung des nichtsprachlichen Verhaltens führt meist dazu, dass dieses Verhalten extrem unecht wirkt.

Auch hierzu gibt es Untersuchungen. So konnte gezeigt werden, dass Führungskräfte, die absichtlich versucht hatten, sich dem Sprachstil ihrer Mitarbeiter anzupassen, von diesen sogar noch schlechter beurteilt wurden als andere Führungskräfte, die ihre Aussagen auf extrem arrogante Weise formulierten. Dies kann dadurch erklärt werden, dass wir unseren Sprachstil ohnehin ganz automatisch ein wenig an unsere Gesprächspartner anpassen. Wir drücken so eine gewisse Akzeptanz des jeweiligen Gesprächspartners aus. Wenn eine solche Anpassung in zu großem Umfang geschieht, entsteht allerdings eine große Diskrepanz zwischen dieser Anpassung und den übrigen Kanälen nonverbaler Kommunikation. Die wiederum erzeugt Misstrauen auf der Seite des Empfängers, und der Versuch einer Annäherung führt zum genau gegenteiligen Ergebnis.

Das erklärt, warum es so schwierig ist, das nonverbale Verhalten in Kommunikationstrainings gezielt zu beeinflussen. Entsprechend nüchtern fallen die Ergebnisse aus. Detailuntersuchungen des Effekts von entsprechenden Seminaren belegen dies. Der Versuch einer gezielten Beeinflussung der nichtsprachlichen Kommunikation kommt »*beim gegenwärtigen Stand des Wissens noch immer einem Lotteriespiel gleich*« (Frey 1984, S. 66). Und daran hat sich nichts geändert.

Wenn Sie hier etwas tun wollen, möchte ich Ihnen einen anderen Weg empfehlen: Der beste Ansatzpunkt zum Verbessern des nonverbalen Gesprächsstils liegt darin, zunächst sensibel für die vielen nichtsprachlichen Signale zu werden. Dazu ist es hilfreich, nach einem Gespräch darüber nachzudenken, wie sich ein Gesprächspartner während des Gesprächs verhalten hat, was er getan hat, wie seine Stimmführung war, wie er gesessen hat, wie er die Situation allgemein gestaltet hat. (Dazu erhalten Sie am Ende des Kapitels eine kleine Übungsaufgabe, s. S. 71) Wenn man sich dafür ein bisschen Zeit nimmt, fällt einem meist eine ganze Reihe von Besonderheiten auf. Und wenn man ein Gefühl dafür gewonnen hat, wie andere sich verhalten, kann man auch das eigene Verhalten sicherer einschätzen und daraus kleine Schritte der Veränderung ableiten: den Gesprächspartner länger anschauen, entspannter hinsetzen, Abstand variieren ... Dies sind kleine Schritte, die deshalb so hilfreich sein können, weil man sich nichts Großes vornehmen muss, sondern Dinge tun kann, die einem selbst gut tun.

Hilfreich ist auch, sich damit auseinander zu setzen, wie die vielfältigen nichtsprachlichen Informationen, die wir bei jedem Gespräch aussenden, überhaupt aufgenommen und verarbeitet werden. Hierüber gibt es eine Reihe von Theorien, und wir wissen einiges über Teilschritte dieses Vorgangs. Fast alle Untersuchungen betonen, dass wir die Informationen, die wir in Gesprächen aufnehmen, auf eine unlogische oder gefühlsmäßige Art weiterverarbeiten. Diese Prozesse führen daher oft zu Fehlern. Gerade diese typischen Fehler helfen uns aber, unser eigenes Kommunikationsverhalten besser zu verstehen und auch zu beeinflussen. Einige Befunde, die dies verdeutlichen, möchte ich Ihnen im Folgenden vorstellen.

Alles wird verwertet und vor allem Auffälliges. Die »Attribution« von Information

Eine wichtiger Baustein zum Verständnis zwischenmenschlicher Kommunikation war die *Attributionstheorie*, die in den Fünfzigerjahren des letzten Jahrhunderts von dem Sozialpsychologen Fritz Heider (s. zum Beispiel Heider 1958) formuliert und später vor allem in amerikanischen Untersuchungen erweitert und präzisiert worden ist. Die Attributionstheorie beschäftigt sich mit der Frage, wie sich Menschen bestimmte Erlebnisse erklären. Wie wichtig diese Fragestellung ist, kann man an Alltagserfahrungen leicht erkennen. Wenn beispielsweise ein Mitarbeiter von seinem Chef wegen eines bestimmten Arbeitsergebnisses zur Rede gestellt wird, kann das »objektiv betrachtet« ganz unterschiedliche Ursachen haben. Es kann daran liegen, dass die Arbeit wirklich schlecht war, dass der Chef an gar keiner Arbeit ein gutes Haar lässt oder dass er zufällig einen schlechten Tag hatte. Die Frage, welche dieser Vermutungen zutreffend ist, lässt sich in vielen Fällen nicht eindeutig entscheiden. Auffallend ist jedoch, dass Menschen in aller Regel die Ursache für solche Vorgänge ganz unterschiedlich sehen: Die einen führen solche unangenehmen Erlebnisse meistens auf sich selbst und auf eigene Fehler zurück. Andere bewerten diese Ereignisse ganz anders, leichter, und erklären schlechte Erfahrungen grundsätzlich dadurch, dass die anderen »schuld« sind, der Chef mal wieder schlecht drauf sei oder die Aufgabe ohnehin nicht so wichtig gewesen wäre. Einige machen sich auch gar keine Gedanken darüber.

Natürlich hat die jeweilige Erklärung dann auch *Auswirkungen auf das weitere Handeln*. Je nachdem, ob ich Glück, Zufall, den anderen oder eigene Anstrengung für Erfolg oder Misserfolg verantwortlich mache, werde ich mit weiteren Aufgaben anders umgehen. Wenn ich überzeugt bin, dass die Bemerkungen des Chefs nur damit zusammenhängen, dass dieser ab und zu seinen schlechten Tag hat, werde ich anders darauf reagieren, als wenn ich der Meinung bin, dass ich selbst »wieder einmal« versagt habe. Ich glaube, Sie können an dem Beispiel erkennen, dass die Art und Weise, wie wir bestimmte Vorgänge erklären, ein deutlicher Ausdruck unseres Selbstbilds ist. Darum ist die Attributionstheorie, die sich damit beschäftigt, wie Menschen sich ihr eigenes Leben und das um sie herum erklären, zu einer der großen psychologischen Theorien geworden.

Die Attributionstheorie hat auch eine Reihe von Aussagen darüber getroffen, wie wir Informationen in einem Gespräch verarbeiten. Eine eindrucksvolle Untersuchung, die diese Sichtweise veranschaulicht und dabei auch die Informationsverarbeitungsprozesse verdeutlicht, die wir in Alltagsgesprächen anwenden, haben zwei amerikanische Sozialpsychologen, Douglas T. Kenrick und Gregory A. Johnson (1979), durchgeführt.

Das experimentelle Vorgehen war relativ einfach. Die Autoren ließen die Untersuchungsteilnehmer andere Personen nach dem Grad der Sympathie, die sie für sie empfanden, auf einer Skala bewerten. Die Beurteiler wurden dabei nach Zufall in zwei Gruppen aufgeteilt und mussten in beiden Gruppen dieselben Personen beurteilen. Obwohl die Personen identisch waren, fielen die Urteile über sie im Durchschnitt unterschiedlich aus. Dies aus einem einzigen Grund: Bei einer Bewertungsrunde fand die Beurteilung in einem engen und überheizten Raum statt, während bei der anderen Gruppe normale Zimmertemperatur herrschte und auch die räumlichen Verhältnisse nicht so beengt waren.

Die Erklärung für dieses Phänomen ist aufschlussreich: Die unangenehmen Außenbedingungen wurden von den Versuchsteilnehmern offensichtlich wahrgenommen. Aber dann passierte etwas, was für menschliche Informationsverarbeitungsprozesse typisch zu sein scheint. Die Beurteilenden brachten diese Wahrnehmung in einen neuen Zusammenhang: Nicht nur die Raumtemperatur wurde als unangenehm erlebt, sondern auch die Person, die in diesem Rahmen vorgestellt worden war, wurde anders bewertet. Mit anderen Worten: Das Wissen über die Raumtemperatur wurde *fehlattribuiert*, also in einen objektiv falschen Zusammenhang gebracht.

Wie eine solche Fehlattribution im Einzelnen funktioniert und welche Auswirkungen sie hat, kann sich von Fall zu Fall unterscheiden. So war in dem Experiment von Kenrick und Johnson auffällig, dass die größere Hitze und die Enge dazu führten, dass die zu beurteilende Person als sympathischer bewertet wurde, wenn sie *anwesend* war. Möglicherweise empfanden die Beurteiler etwas wie ein Gefühl der Gemeinsamkeit unter diesen unangenehmen Bedingungen, und das stimmte die Einschätzung positiv. War diese Person jedoch nicht anwesend, sondern nur durch ein paar allgemeine Informationen beschrieben, dann trat ein anderer Effekt auf: Die Versuchspersonen brachten diese Person unbewusst mit diesen unschönen räumlichen Bedingungen in Verbindung und bewerteten sie tendenziell negativer. Solche Prozesse sind im Grunde unlogisch, sie verdeutlichen aber ein wesentliches Merkmal menschlicher Informationsverarbeitung:

Offensichtlich greifen wir uns aus der Vielzahl von Informationen, die wir in einer Situation aufnehmen, Teilinformationen heraus und »basteln« uns daraus ein »Bild« von unseren Gesprächsteilnehmern.

Hierbei wird keinesfalls immer »richtig« vorgegangen, sondern es kann immer wieder vorkommen, dass bestimmte Eigenschaften fälschlicherweise bestimmten Personen zugeschrieben werden, nur weil die Umgebung gerade angenehm oder (wie bei der Temperaturerhöhung) unangenehm ist.

Eine Reihe weiterer Experimente konnte diese Annahme überzeugend belegen. In einer ähnlichen Untersuchung (McArthur/Post 1977) wurde beispielsweise systematisch die Kleidung der Teilnehmer an einer Diskussionsveranstaltung variiert: Während alle übrigen Teilnehmer ein gelbes T-Shirt trugen, hatte einer ein blaues an. Dieser Diskussionsteilnehmer sagte (wie später anhand von Tonbandaufnahmen genau ausgewertet wurde) im Durchschnitt etwa genauso viel und auch nicht viel Klügeres oder Dümmeres als die anderen Teilnehmer. Dennoch wurde dieser Teilnehmer von vielen Beobachtern als Hauptverantwortlicher für den Ausgang der Gesprächsrunde genannt. Auch in diesem Fall wurde ein beliebiges, aber auffälliges Merkmal wahrgenommen und bei der Bewertung dieser Person berücksichtigt. Ob diese Zuschreibung korrekt war, wurde von den Beobachtern im Einzelnen nicht überprüft.

Befunde wie die aus dem Wärme-Sympathie-Experiment lassen verständlich werden, warum schöne Rahmenbedingungen den Gesprächsinhalt als angenehmer erscheinen lassen. Ebenso zeigt die Untersuchung mit den T-Shirts, warum ein auffallendes Merkmal eines Sprechers dazu führen kann, dass dieser Mensch als »Verantwortlicher« für die weitere Entwicklung des gesamten Diskussionsverlaufs angesehen wird. Hervorzuheben ist, dass diese Prozesse automatisch und unwillkürlich stattfinden. Ebenso wie sich in dem Wärme-Sympathie-Experiment kein Untersuchungsteilnehmer Gedanken über die Raumtemperatur machte, spielen in unserer alltäglichen Informationsverarbeitung solche Rahmenbedingungen eine wichtige, aber im Einzelnen nicht erkannte Rolle. Mehr noch: Solche objektiven Fehleinschätzungen können derart nachhaltig sein, dass sie schließlich das Verhalten der beurteilten Personen so beeinflussen, dass diese genau das zeigen, was ursprünglich fälschlicherweise über sie angenommen worden ist. Es kommt dann – wie dies der amerikanische Soziologe Robert K. Merton (1948) sehr einprägsam genannt hat – zu einer sich selbst erfüllenden Prophezeiung:

Sobald ein Mensch – wie auch immer – ein bestimmtes Bild von einem anderen gewonnen hat, hat dies Auswirkungen auf diesen anderen Menschen.

Der amerikanische Psychologe Robert Rosenthal hat eine Reihe von Untersuchungen durchgeführt, die diesen Effekt in eindrucksvoller Weise bestätigten. Die wohl bekannteste Untersuchung, die auch zu vielen Diskussionen in der Öffentlichkeit geführt hat, wurde im Jahr 1968 von Robert Rosenthal und Leonore Jacobson veröffentlicht:

Zu Beginn eines Schuljahrs wurden die Schüler von insgesamt 18 Schulklassen einer Grundschule bezüglich ihrer Intelligenz getestet. Nach Zufall wurden 20 Prozent der Schüler ausgewählt, und es wurde den Lehrern, die über die Details des Versuchs nicht informiert waren, gesagt, dass diese Schüler die intelligentesten seien und dass somit von ihnen innerhalb des kommenden Schuljahres der größte Lernzuwachs zu erwarten sei. Die Schüler wurden nicht über die Ergebnisse informiert. Sie wurden am Ende des Schuljahres wieder getestet. Hier ergaben sich erstaunliche Ergebnisse: Bei den angeblich intelligentesten Schülern war der durchschnittliche Zuwachs an Intelligenz tatsächlich eindeutig höher als bei den übrigen, und diese Schüler wurden von ihren Lehrern auch als interessierter, neugieriger und glücklicher bezeichnet.

Offensichtlich hatte die (objektiv falsche) Vorinformation dazu geführt, dass sich im Umgang der Schüler und der Lehrer miteinander etwas geändert hat: Die Lehrer hatten bestimmte Erwartungen aufgebaut, die das beeinflussten, was sie von ihren Schülern wahrnehmen wollten, und dann – und das ist das vielleicht spannendste Ergebnis der Untersuchung – haben auch die Schüler auf diese Sichtweise der Lehrer reagiert. Dies führte zu dem größeren Lernzuwachs dieser Schüler. Schüler, denen keine solchen positiven Intelligenzleistungen zugeschrieben worden waren, wurden ganz anders erlebt und bewertet: Das betraf vor allem die Schüler, die in dieser Gruppe »wider Erwarten« große Lernfortschritte machten. Sie wurden von ihren Lehrern als unangepasst und vorlaut bezeichnet. Dieses Experiment ist natürlich heftig diskutiert worden, und dabei spielte auch die Frage, ob man denn solche Untersuchungen überhaupt durchführen dürfe, eine wichtige Rolle.

Es gibt weniger bedenkliche Nachfolgeuntersuchungen, die aber zu ähnlichen Ergebnissen führten. Ein interessantes Experiment haben die amerikanischen Sozialpsychologen Carl O. Word, Mark P. Zanna und Joel Cooper im Jahr 1974 veröffentlicht. Sie gingen noch etwas näher auf die vielfältige nichtsprachliche Information ein, die wir bei Gesprächen austauschen, und geben uns damit eine klare Vorstellung davon, wie wichtig das nonverbale Verhalten für diese unbewussten Prozesse der Eindrucksbildung ist.

Die Autoren untersuchten die Annahme, dass schwarze Bewerber in einem Einstellungsgespräch von weißen Mitarbeitern der Personalabteilung anders behandelt werden als weiße und dass dadurch die Einstellungschancen der schwarzen Bewerber sinken. Dazu wurde zunächst einmal das nichtsprachliche Verhalten, das Mitarbeiter von Personalabteilungen gegenüber weißen und schwarzen Bewerbern zeigen, genau analysiert. Schon hierbei ergaben sich deutliche Unterschiede: Bei der Auswertung von Videoaufnahmen war auffallend, dass weiße Personalchefs gegenüber schwarzen Bewerbern einen größeren Abstand in der Sitzposition einnahmen, weniger vollständige Sätze sprachen und im Durchschnitt überhaupt kürzere Bewerbungsgespräche führten als mit weißen Bewerbern.

Diese Ergebnisse wurden im zweiten Teil des Experiments als Grundlage benutzt. Hier hatten die Interviewer Gespräche mit weißen Bewerbern zu führen. Sie wurden nun vor den Gesprächen instruiert, sich bei der einen Hälfte der Kandidaten genau so zu verhalten, wie dies als Verhalten gegenüber den schwarzen Bewerbern festgestellt worden war, also in der Sitzentfernung auf Distanz zu gehen, die Sätze unvollständig auszusprechen und auch das Interview etwas kürzer zu gestalten. Bei der anderen Hälfte der Bewerber sollten sie das gewohnte »Standardverhalten« gegenüber weißen Kandidaten zeigen.

Auch diese Bewerbungsgespräche wurden gefilmt, wobei hier jedoch nur das Verhalten der Bewerber (die in diesem zweiten Experiment alle weißer Hautfarbe waren) aufgenommen und ausgewertet wurde. Diese Filmaufnahmen wurden unabhängigen Beurteilern gezeigt. Diese hatten dann das Verhalten der Bewerber zu bewerten. Obwohl in diesem Teil der Untersuchung alle Bewerber die gleiche weiße Hautfarbe hatten, ergaben sich deutliche Unterschiede zwischen beiden Gruppen. Bewerber, denen das Gesprächsverhalten entgegengebracht wurde, das typischerweise weißen Bewerbern gegenüber gezeigt wird, wurden von den Beobachtern deutlich positiver eingeschätzt als die anderen, die mit dem eher distanzierten Gesprächsverhalten konfrontiert worden waren.

Auch hier zeigt sich die Wirksamkeit sich selbst erfüllender Prophezeiung: Offensichtlich hatten die Interviewer den schwarzen Bewerbern gegenüber bestimmte Erwartungen und verhielten sich dann entsprechend unfreundlich. Diese wurden von den Gesprächspartnern wahrgenommen und beeinflussten ihr Verhalten. Das führte dann dazu, dass sich schwarze Bewerber tatsächlich »schlechter verkauften«. Nur lag die Ursache – wie der zweite Teil des Experiments zeigte – nicht in der Hautfarbe, sondern in der Erwartungshaltung der Interviewer.

Offensichtlich fand hier ein Kommunikationsprozess vollkommen außerhalb des Ausgesprochenen statt: Das nonverbale Verhalten signalisierte dem einen Gesprächspartner, was der andere von ihm hielt. Dieser empfing die Signale und reagierte entsprechend. Ein solcher Prozess ist – und das wird auch daran erkennbar, dass Word, Zanna und Cooper ein so kompliziertes Untersuchungsverfahren entwickeln mussten – im Nachhinein kaum aufzulösen. In der Regel bleiben am Ende nur die jeweiligen Fehlzuschreibungen als Zeugen dieser Vorgänge übrig.

Es stellt sich die Frage, ob wir prinzipiell Opfer solcher zufälligen Fehlzuschreibungen und Täter zugleich sind. Erfreulicherweise nicht, denn menschliche Informationsverarbeitung ist nicht nur unlogisch, sondern es gibt *Kontrollmechanismen*, die dazu beitragen, dass ein Eindruck vom Gesprächspartner auch korrigiert wird. Ein schönes Experiment, das dies belegt, haben Michael Argyle und seine Mitarbeiter (Argyle/McHenry 1971) veröffentlicht.

In ihrer Untersuchung gingen sie dem weit verbreiteten Vorurteil nach, dass Brillenträger als intelligenter eingeschätzt werden als Nicht-Brillenträger. Dazu wurden zwei Gruppen von Versuchsteilnehmern Videoaufnahmen vorgeführt. Auf diesen war dieselbe Darstellerin einmal mit Brille und einmal – unter sonst gleichen Bedingungen – ohne Brille zu sehen. Nach einer kurzen Beobachtungszeit sollten die Beobachter die Intelligenz dieser Darsteller bewerten. Hier ergab sich ein eindeutiger Effekt in die Richtung, dass die Versuchsteilnehmer, die die Darstellerin mit Brille sahen, sie in der Tat als intelligenter bewerteten als die Teilnehmer aus der Gruppe, die sie nur ohne Brille gesehen hatten. Offensichtlich hatte auch hier wieder ein zufälliges Merkmal – wie das Tragen einer Brille – die Beurteilung beeinflusst. Im zweiten Teil der Untersuchung war dieselbe Darstellerin in einem fünfminütigen Interview zu sehen. Wieder sah die eine Hälfte der Beobachter die Darstellerin mit Brille, die andere sah dasselbe Interview, jedoch trug die Darstellerin dieses Mal keine Brille. Wieder sollte sie hinsichtlich ihrer Intelligenz bewertet werden.

Nach einer solchen längeren Beobachtungszeit trat kein Unterschied mehr auf. Die Darstellerin wurde unabhängig davon, ob sie nun eine Brille trug oder nicht, bewertet. Das Experiment zeigte also, dass wir dauernd neue Information verarbeiten und dass der erste Eindruck, bei dem Teilinformationen noch auf eine oberflächliche Weise fälschlich fehlattribuiert werden, im Folgenden auch veränderbar ist.

Also sind wir langfristig doch logisch? Leider nicht ganz, denn für solche *Neubewertungen von Informationen* gibt es Grenzen. Das zeigt beispielsweise ein einfaches Experiment, das der amerikanische Sozialpsychologe Abraham S. Luchins 1957 durchführte.

In dem Experiment war eine auf Filmausschnitten zu sehende Person zu beurteilen. Es gab zwei unterschiedliche Filmausschnitte. In dem einen Filmausschnitt wurde die dargestellte Person, ein junger Mann, als geselliger und aufgeschlossener Mensch, der sich mit Freunden trifft, gezeigt. Im zweiten Ausschnitt war dieselbe Person in einer Szene zu sehen, in der sie den Kontakt mit anderen Menschen eher vermeidet. Beide Filmausschnitte wurden hintereinander gezeigt, allerdings in einer anderen Reihenfolge. Der einen Hälfte der Beurteiler wurde zuerst der erste Filmausschnitt und dann der zweite, der zweiten Gruppe der Beurteiler zuerst die zweite Sequenz und dann die erste gezeigt.

Schon aus dieser bloßen Veränderung der Reihenfolge ergaben sich bedeutsame Unterschiede in der Beurteilung. Der erste Eindruck hat nämlich die Tendenz, trotz neuer Informationen stabil zu bleiben. So blieb die Beurteilung unter der Bedingung, in der der junge Mann zuerst als offen und freundlich zu sehen war, auch nach dem zweiten Video insgesamt die eines geselligen, freundlichen und beliebten Menschen. Das Urteil der meisten Beobachter hier ließe sich vielleicht folgendermaßen zusammenfassen: »Im Grunde« haben wir es mit einem geselligen netten Menschen zu tun. Er hat »nur gerade« im zweiten Filmausschnitt einen schlechten Tag. Auch bei der anderen Reihenfolge der Darbietung wurde der erste Eindruck eines scheuen und in sich gekehrten Menschen nicht mehr wesentlich geändert. Die typische Gesamtbeurteilung lautete: »Grundsätzlich betrachtet« ist das ein eher in sich gekehrter Mensch, auch wenn er »manchmal« Kontakt mit anderen hat.

> Informationen, die einmal aufgenommen und verarbeitet wurden, werden also durch neue Informationen nicht in allen Fällen verändert und korrigiert, sondern führen eher ein gewisses Eigenleben: Sie können das Bild, das jemand von sich selbst oder von anderen hat, bestimmen, auch dann, wenn sie später durch neue Informationen in Frage gestellt werden.

Es stellt sich die Frage, warum wir Menschen »so sind«, dass wir solche Fehler machen, auch dann, wenn wir guten Willens sind. Ein Erklärungsmodell hierfür bietet die psychologische *Dissonanztheorie*, die ich Ihnen im Folgenden vorstellen möchte.

Ordnungsfindung über alles. Dissonanz und die Folgen

Die *Dissonanztheorie* (vom lateinischen »dis-sonare« = nicht zusammenklingen), die in wesentlichen Zügen in den 50er-Jahren des letzten Jahrhunderts von dem amerikanischen Sozialpsychologen Leon Festinger (1957) entwickelt worden ist, versucht zu beschreiben, was Menschen tun, wenn sie mit Informationen konfrontiert werden, die in Widerspruch zueinander stehen. Wissenschaftlich formuliert heißt das, dass diese Informationen »Dissonanz«, also einen Missklang, erzeugen.

Festinger ging – etwas lax formuliert – davon aus, dass in einem solchen Fall irgendetwas in unserem Kopf versucht, Ordnung zu schaffen. Wenn die Welt schon chaotisch ist und uns mit unterschiedlichen Informationen konfrontiert, dann soll wenigstens das Bild, das wir von der Welt haben, eindeutig und geordnet sein. Er erklärte das damit, dass es ein *Bedürfnis nach Klarheit* gibt. Dieses scheint sogar lebenswichtig zu sein, denn wenn wir mit lauter Widersprüchen im Kopf leben müssten, wären wir kaum handlungsfähig, da uns eine klare Orientierung für das, was wir tun sollen, fehlt. Auffallend ist jedoch, dass wir bei dem Versuch, Ordnung zu schaffen, ziemlich weit gehen. Wir scheuen auch nicht vor Veränderungen der Wirklichkeit zurück. Ganz im Gegenteil: Häufig halten wir es sogar für notwendig, irgendeine Information umzubewerten, damit sie nicht in Widerspruch zu den anderen Informationen steht, die wir im Kopf haben. Wir verhalten uns bei diesem dauernden Versuch manchmal sogar vollkommen unlogisch.

Dies wurde in vielen Experimenten detailliert belegt. Die vielleicht überzeugendste Untersuchung wurde von Leon Festinger und seinem Mitarbeiter Jonathan Merrill Carlsmith (1959) durchgeführt. Festinger forderte die Teilnehmer seines Experiments zunächst auf, eine ausgesprochen langweilige Aufgabe durchzuführen.

Die Personen mussten eine Viertelstunde lang eine Reihe kleiner, quadratischer Holzklötzchen, die auf einem Tisch angeordnet waren, aufheben, um 90 Grad drehen und wieder hinlegen. Das war, wie Leon Festinger später ausgeführt hat, ungefähr die sinnloseste Beschäftigung, die den Untersuchern eingefallen war.

Dann sollten die Versuchsteilnehmer diese Aufgabe anderen Versuchsteilnehmern erklären und ihnen Vorteile dieses Experiments nennen. Sie erhielten dafür eine Extrabelohnung. Wieder gab es zwei Gruppen: Die eine Hälfte der Teilnehmer erhielt für die Instruktion anderer Versuchspersonen einen Dollar, die andere Hälfte die ungleich höhere Belohnung von 20 Dollar, was zur Zeit der Untersuchung ein ganz gutes Honorar war. Danach wurden die Versuchspersonen gefragt, wie spannend sie diesen Versuch, von dessen Bedeutung sie gerade anderen Personen erzählt hatten, denn nun wirklich fänden.

Alle Versuchsteilnehmer fanden das Experiment naturgemäß nicht gerade umwerfend interessant. Aber ein Ergebnis war erstaunlich – und auch ganz in Übereinstimmung mit Annahmen der Dissonanztheorie: Die Versuchspersonen mit der geringeren (!) Extrabelohnung für die Instruktion fanden den Versuch im Durchschnitt interessanter als die mit der höheren Bezahlung.

Rein gefühlsmäßig wäre zu erwarten gewesen, dass eine hohe Belohnung die Teilnehmer eher beeinflusst und diese das Experiment als interessant beurteilen. Aber gerade das unerwartete Ergebnis der Untersuchung lässt sich durch die Dissonanztheorie gut erklären: Die Teilnehmer mit der geringen Bezahlung konnten den Widerspruch zwischen ihrem Verhalten (anderen Vorteile eines in Wirklichkeit langweiligen Experiments aufzählen) und ihrem wirklichen Empfinden (der Versuch war in der Tat sehr langweilig) für sich selbst nicht dadurch auflösen, dass sie eine hohe Bezahlung bekamen. Bei ihnen passte das gezeigte Verhalten und das wirkliche Wissen nicht zusammen. Nun mögen Menschen keine Widersprüche in ihrem Kopf. Diesen Widerspruch haben die Teilnehmer dann unbewusst aufgelöst: Sie änderten die Bewertung dieses Versuchs und empfanden das Klötzchen-Drehen »plötzlich« doch als einigermaßen interessant.

Die Versuchspersonen mit der hohen Bezahlung hatten es da leichter. Für sie bestand kein Widerspruch in ihrer Gedankenwelt: Sie hatten den Versuch zwar langweilig gefunden, aber für die Instruktion der anderen Teilnehmer ja eine hohe Belohnung erhalten. Es war also kein Wunder, dass sie das getan hatten, und dieses Verhalten hatte mit ihrer eigenen Bewertung des Versuchs nichts zu tun. Für diese Versuchsteilnehmer bestand also kein innerer Druck, ihre Gedankenwelt »umzubauen«, sondern sie konnten sich als innerlich widerspruchsfrei erleben und hatten folglich keinerlei Anlass, das langweilige Experiment als interessant zu bewerten.

Leon Festinger und viele andere Sozialwissenschaftler konnten zeigen, dass Vorgänge, wie sie in diesem Experiment untersucht wurden, menschliches Verhalten in vielen Bereichen beeinflussen: Sobald bestimmte Informationen untereinander oder das Verhalten und die Gedankenwelt in Widerspruch zueinander stehen, wird so lange etwas im Kopf geändert, bis wieder Widerspruchsfreiheit herrscht. So können beispielsweise Informationen, die vorher relativ unwichtig waren, plötzlich ein starkes Gewicht bekommen: Dadurch kann die Dissonanztheorie die überraschende Stabilität auch von offensichtlich widerlegten Vorurteilen gut erklären.

Was passiert beispielsweise, wenn ein Mensch, der starke Vorurteile gegenüber Ausländern hat, mit einem Ausländer positive Erfahrungen macht und dadurch Widersprüche in seinem Weltbild auftreten? Nach der Dissonanztheorie gibt es mehrere Möglichkeiten.

- Zunächst kann man diese neue Erfahrung einfach umbewerten und »sich sagen«, dass der Ausländer gar nicht so freundlich war. Im Extremfall wird dieses Ereignis einfach vergessen. Durch dieses Abwerten von Informationen ist die »alte Ordnung« wieder hergestellt.
- Die zweite Möglichkeit besteht darin, zusätzliche neue Informationen in die Gedankenwelt aufzunehmen, die den offensichtlichen Widerspruch scheinbar erklären. In dem Beispiel könnte diese neue Information – die vorher unwichtig war und jetzt aufgewertet wird – darin bestehen, dass man »entdeckt« und es plötzlich für wichtig hält, dass der Ausländer ja eine deutschsprachige Urgroßmutter hat, was »erklärt«, dass er doch nicht so übel ist.

Durch solche Zusatzannahmen ist das alte Weltbild schnell wieder stabilisiert und steht nicht mehr in Widerspruch zu den tatsächlichen Erfahrungen.

Die Dissonanztheorie kann so zur Erklärung von vielen auf den ersten Blick unlogischen menschlichen Verhaltensgewohnheiten benutzt werden. Sie kann nicht nur beschreiben, warum Menschen trotz anderer Erfahrungen Vorurteile aufrechterhalten, sondern auch, warum (wie im geschilderten Experiment) kleine Belohnungen manchmal effektiver sind als große. Dieser Wunsch nach Ordnung im Kopf erklärt in gewisser Weise sogar, warum Menschen häufig einem Partner treu bleiben, auch wenn dieser ihnen nicht gut tut: Ein Weggehen würde in zu großem Widerspruch zu dem bisherigen Verhalten stehen. Bei solchen Versuchen, »Ordnung zu schaffen«, wird nicht nur Information verarbeitet, die von außen auf uns eintrifft: Auch die Stimmung, in der wir uns selbst befinden, spielt eine wichtige Rolle. Wie stark deren Einfluss ist, wurde ebenfalls detailliert untersucht. Einige Ergebnisse auf diesem Gebiet werde ich Ihnen abschließend vorstellen.

Signale aus dem Inneren. Die Rolle unserer Gefühle im Kommunikationsprozess

Wenn wir verärgert sind, helfen manchmal die besten Argumente nicht, bei wichtigen Gesprächen fallen uns vor Aufregung gerade im entscheidenden Moment die Argumente nicht mehr ein, und wenn wir uns gut fühlen, sind wir eher gewillt, uns auf einen Gesprächspartner einzulassen. Offensichtlich spielen die eigenen Gefühle für die Fähigkeit, ein Gespräch zu gestalten, eine wichtige Rolle. Erstaunlicherweise sind solche Phänomene erst zu Beginn der Achtzigerjahre des letzten Jahrhunderts intensiver behandelt worden, weil zuvor über einen langen Zeitraum der Wunsch vorherrschte, psychische Prozesse »logisch« zu erklären, weshalb schwer fassbare Phänomene wie die menschliche Gefühlslage aus dem Blickfeld gerieten.

Dies hat sich mittlerweile geändert, sodass von einer »emotionalen Wende in der Psychologie« gesprochen wird. Gerade schwer beschreibbare Phänomene wie das menschliche Gefühlsleben oder gefühlsmäßige, intuitive Entscheidungen werden immer detaillierter untersucht. Hierbei konnte gezeigt werden, dass unsere Stimmungen enorme Auswirkungen auf unsere Gedächtnisleistungen haben:

In Untersuchungen auf dem Gebiet der so genannten *Mood-Memory-Forschung* (vom englischen »mood« = Stimmung und »memormy« = Gedächtnis) wurden die Versuchsteilnehmer gezielt in unterschiedliche Stimmungen versetzt. Dies ist relativ einfach möglich, indem man beispielsweise verschiedene Informationen über eine zuvor erbrachte Testleistung gibt. Einem Teil der Versuchsteilnehmer wird mitgeteilt, dass sie in einem vorangegangenen Test »überraschend gut«, und anderen, dass sie »wider Erwarten schlecht« abgeschnitten hätten. In aller Regel reagieren Menschen auf solche Rückmeldungen deutlich mit Veränderungen der Stimmung. In nachfolgenden Gedächtnistests, bei denen beispielsweise Wortlisten auswendig zu lernen sind und anschließend abgefragt werden, kann dann überprüft werden, ob die Leistungen von eher freudig oder von eher traurig gestimmten Personen besser sind.

Diese Untersuchungen sind im Einzelnen recht kompliziert, vor allem weil kleine Veränderungen im Versuchsablauf die Ergebnisse beeinflussen können. So ist beispielsweise zu unterscheiden, ob die Versuchsteilnehmer nur beim Lernen dieser Listen in einer bestimmten Stimmung sind oder auch beim nachfolgenden Abfragen. Die Ergebnisse sind darum teilweise widersprüchlich. Insgesamt scheint aber ein Befund Gültigkeit zu haben:

Unser Gedächtnis verhält sich unserer Stimmung entsprechend.

Versuchsteilnehmer, die in einer angenehmen Stimmung waren, hatten nicht nur insgesamt bessere Ergebnisse, sie zeigten dies insbesondere bei bestimmten Gedächtnistests: So konnten sie sich vor allem an solche Wörter besser erinnern, die angenehme Assoziationen wecken. Wörter wie »Urlaub«, »Sonne«, »Strand« wurden in den Gedächtnistests vor allem von den gut gelaunten Versuchsteilnehmern besser erinnert. Die Testteilnehmer in der schlechten Laune waren nicht nur insgesamt weniger erfolgreich im Erinnern, sondern sie schnitten vor allem bei diesen angenehmen Wörtern deutlich schlechter ab.

Als Erklärung für diese Befunde wurde angenommen, dass unsere *Gefühle* eine Art von *Selbsterhaltungstendenz haben*. Wir bemerken und merken also in einer angenehmen Stimmung eher angenehme Informationen und unterdrücken alle möglichen negativen Gedanken oder äußeren Eindrücke. Dadurch bleibt die angenehme Stimmung erhalten. In einer unangenehmen Stimmung dagegen haben wir die Tendenz, wenn überhaupt etwas, dann Unangenehmes zu bemerken. Dies trägt wiederum dazu bei, dass diese Stimmung erhalten bleibt. Manche Menschen mögen darum, wenn sie traurig sind, auch eher traurige Gesichter um sich herum und fühlen sich durch die gute Laune eines anderen sogar gestört. An »schönen Tagen« freuen sie sich dann wieder, wenn auch in ihrer Umgebung strahlende Gesichter sind.

Weitere Untersuchungen konnten zeigen, dass die jeweilige Stimmungslage zudem Einfluss darauf hat, welche Dinge in der Umgebung überhaupt wahrgenommen werden. Sie bestimmt darüber hinaus den *Grad der Aufmerksamkeit*, mit der ein Mensch seine Umwelt beachtet, und sie entscheidet darüber, ob eher risikofreudig oder eher vorsichtig vorgegangen wird. Man kann sich fragen, warum das so ist, und natürlich gibt es auch etliche psychologische Theorien, in denen dieser Frage nachgegangen worden ist. Dabei ist eine erstaunliche Entwicklung festzustellen: Während man lange Zeit den Einfluss unserer Gefühle als eine Art Störfaktor betrachtet hat, der rationales, »vernünftiges« Denken erschwert, kommen neuere Untersuchungen zu ganz anderen Ergebnissen: Sie betonen, dass unsere *gefühlsmäßigen Reaktionen*, die gerade nicht logisch sind und logisches Denken verhindern, äußerst wichtig sind.

Eines der ersten neueren Erklärungsmodelle, das diese besondere Funktion von Gefühlen beschreibt, stammt von dem amerikanischen Sozial- und Wirtschaftswissenschaftler Herbert A. Simon (von dem auch im Zusammenhang mit seiner Individualitätstheorie die Rede war). Er betont (s. Simon 1967), dass Gefühle häufig die Funktion von *Notfallreaktionen* haben. Weil unsere Umwelt so kompliziert und vielfältig ist, können logische Überlegungen in vielen Fällen prinzipiell nicht ausreichen, um zu korrekten Entscheidungen zu kommen. Dies gilt besonders, wenn wir unter Zeitdruck stehen und uns die Möglichkeit fehlt, uns in Ruhe die »nötigen Gedanken zu machen«. Unsere spontanen gefühlsmäßigen Reaktionen sind in solchen Situationen geniale *Vereinfacher*, die uns zu passenden Reaktionen verhelfen. Dies geschieht dadurch, dass wir nicht groß überlegen, sondern einfach *bewährte Verhaltensmuster* zeigen. Dies kann ein Lächeln sein, das eine komplizierte Situation entschärft, oder ein drohender Blick, der die Entschiedenheit der eigenen Position deutlich macht, aber auch das Empfinden von Trauer, das uns selbst – und gegebenenfalls dem Gegenüber – erst einmal deutlich macht, wie groß ein Verlust eigentlich ist.

Mit *gefühlsmäßigen Reaktionen* geben wir also zum einen ein *Signal*, das ein Gesprächspartner in der Regel sofort versteht. Diese Reaktionen sind zudem hilfreich, weil sie bestimmte Rahmenbedingungen für unsere eigene Handlungsplanung setzen: Gefühle entscheiden darüber, mit wie viel Energie wir an neue Aufgaben herangehen. Diese »Entscheidung unserer Gefühle« ist oft sehr weise. Wenn man beispielsweise traurig ist, nimmt man weniger neue Informationen wahr und ist insgesamt weniger aktiv. Das Gefühl der Trauer, das »uns einfach befällt«, ist darum oft hilfreich, gerade weil die Einschränkung der Möglichkeit, neue Informationen aufzusuchen und zu verarbeiten, die Gelegenheit gibt, uns von dem Verlust, der die Trauer ausgelöst hat, zu erholen und langsam neue Kräfte zu schöpfen, bevor wir wieder an Aufgaben herangehen.

Diese wichtige Notfallfunktion von Gefühlen erklärt, warum es in vielen Therapierichtungen darum geht, Menschen zu helfen, ihre Gefühle besser zu spüren und zuzulassen, und warum psychische Probleme und Krankheiten sich häufig darin äußern, dass Menschen bestimmte Gefühle nicht oder nur sehr eingeschränkt erleben können. Man sollte allerdings nicht vergessen, dass diesen Vorteilen emotionaler Reaktionen auch Nachteile gegenüberstehen können. Wenn eben betont worden ist, dass sie geniale Vereinfacher sind, so kann jetzt hinzugefügt werden, dass diese Genies unter Umständen auch zu sehr vereinfachen: Manchmal werden in einer gedrückten Stimmung positive Signale eines Gesprächspartners übergangen oder aber bei der eigenen guten Laune die zweifelnden Untertöne eines Gesprächspartners überhört. Natürlich ist uns der Umfang dieser Beeinflussung meist nicht bewusst. Kaum jemand überlegt sich, in welcher Stimmung er gerade ist. Es ist also wichtig, Gefühle zuzulassen, um schnelle Notfallreaktionen zu haben. Genauso wichtig sind aber auch Phasen, in denen das eigene gefühlsmäßige Verhalten angeschaut und bedacht wird.

> Gerade das Zusammenspiel beider Prozesse – schneller Gefühlsreaktionen und logischer Überlegungen – erlaubt uns, mit einer komplizierten Welt besser klarzukommen.

Die Frage liegt nahe, was aus all diesen Befunden für unsere Fähigkeit, Gespräche zu führen, folgt. Zur Beantwortung dieser Frage ist vielleicht eine kleine Zusammenfassung der vielen komplizierten Informationen aus dem letzten Kapitel hilfreich.

Gesprächsführung als Bedeutungsfindung und die Konsequenzen

Eine Zusammenfassung der vielen Befunde über menschliches Kommunikationsverhalten unterstreicht vor allem eines. Menschliche Kommunikationsprozesse sind viel weniger eindeutig, als sie uns auf den ersten Blick erscheinen:

- Schon das Ausgesprochene ist uneindeutig: Derselbe Satz hat mindestens vier Aspekte, und jeder Aspekt kann unterschiedlich bewertet werden.
- Eine Aussage bekommt einen deutlicheren Sinn durch die vielen nichtsprachlichen Signale, die sie begleiten. Die Bedeutung dieser Signale ist aber ebenfalls nicht eindeutig. Wir senden gleichzeitig auf vielen Kanälen, und ein einzelnes Signal auf einem dieser Kanäle hat keinen feststehenden und eindeutigen Bedeutungsgehalt.
- Diese Signale verarbeiten wir auf eine komplizierte und keinesfalls immer logische Art und Weise und versuchen, dabei die Bedeutung der Aussage zu rekonstruieren. Aus einer Vielzahl von uneindeutigen Signalen versuchen wir also eine eindeutige Botschaft abzuleiten. Wir gehen dabei nicht besonders wählerisch vor, sondern nehmen buchstäblich alles auf, was wir in der Situ-

ation bemerken, und versuchen dann Ordnung und Erklärungen in diese vielfältigen Eindrücke zu bringen. Dieser »Mechanismus« ist so organisiert, dass wir in der Regel erfolgreich sind und auch tatsächlich die Botschaft rekonstruieren, die uns ein Sprecher vermitteln wollte.

- Es gibt aber viele Situationen, in denen wir fehlattribuieren, also – wie im Fall des Wärme-Sympathie-Experiments – eine Information fälschlicherweise auf den Sprecher beziehen, obwohl diese nicht von ihm gesandt wurde.
- Ebenso kann es vorkommen, dass wir zu viel Dissonanz reduzieren, also einen Eindruck, der sich irgendwann gebildet hat, aufrechterhalten und neue Informationen übergehen, auch wenn diese wichtig sind.
- Außerdem spielen die eigenen Gefühle bei diesem Prozess eine wichtige Rolle. Sie sind mitentscheidend dafür, wie viele und welche Informationen wahrgenommen und verarbeitet werden und ob überhaupt logische Überlegungen stattfinden.

Eines ist an diesen Prozessen auffällig. Sie sind jeweils sehr *von unseren Erfahrungen* abhängig: So wird – wie ich Ihnen an der Untersuchung zur Einschätzung der Intelligenz von Brillenträgern zeigen wollte – ein erster Eindruck zwar unter Umständen geändert, aber oft bleibt er über lange Zeit bestimmend, denn zu viele neue Informationen würden auch die Geschlossenheit unseres Weltbilds gefährden, also Dissonanz erzeugen.

Auch unsere Gefühle scheinen eine gewisse Beharrungstendenz zu haben. Was nicht zu ihnen passt, wird leicht weggedrängt. Mit anderen Worten: Wir fügen neue Informationen in das Wissen ein, das wir schon haben. Wir malen – bildlich gesprochen – am liebsten ein paar neue Striche an dem alten Bild, das wir von unserem Gesprächspartner haben, aber wir fangen ungern mit jeder neuen Information ein neues Bild an.

Wenn wir ein solches Bild haben, fällt es uns leicht, auch feine Signale wahrzunehmen: Bei einem Menschen, den wir gut kennen, können wir jede kleine Veränderung der Stimme bemerken, ein Blick kann uns schon sagen, was dieser Gesprächspartner meint, und mit einer einzigen Geste kann schon »alles« ausgedrückt sein.

Dies hängt damit zusammen, dass wir über lange Zeit Gelegenheit hatten, das Bild dieses Menschen durch neue Informationen immer genauer zu gestalten. Es ist dabei relativ unwahrscheinlich, dass wir fälschlicherweise zu viele Information übergehen, um Dissonanz zu reduzieren. Denn wenn wir einen Menschen gut kennen, dann sind wir meistens in der entspannten Gefühlslage, in der wir optimal viele Informationen aufarbeiten können. Weil wir mit dieser Person vertraut sind, können wir hier bisweilen fast zu Spezialisten für die Signale dieses Gesprächspartners werden. Natürlich kann unsere Sehnsucht nach Geschlossenheit und Widerspruchsfreiheit auch dazu führen, dass ein Vorurteil immer wieder bestätigt wird, aber vielfältige und langfristige Erfahrungen mit einem Menschen lassen das zumindest weniger wahrscheinlich werden.

Leider ist diese Möglichkeit, langfristige und vielfältige Erfahrungen mit einem Gesprächspartner zu gewinnen, im betrieblichen Alltag oft gerade nicht gegeben. Wir haben es mit wechselnden Gesprächspartnern zu tun, die wir zudem meistens nur in diesem betrieblichen Arbeitszusammenhang kennen lernen können. Es ist darum schwer, allmählich ein Bild von dem Gesprächspartner aufzubauen, bei dem wir auch kleine und unauffällige Signale deuten können. Der »normale« Informationsverarbeitungsprozess, der uns sonst erlaubt, aus vielen Signalen nach und nach ein »Bild von unserem Mitarbeiter« aufzubauen, kann daher häufig gar nicht ablaufen. Dadurch wächst die Wahrscheinlichkeit, dass wir bei der Bewertung der Aussagen eines Gesprächspartners eben nicht die Bedeutung, die dieser im Kopf hatte, rekonstruieren, sondern eine ganz andere ableiten. Beruflicher Stress und die negativen Gefühle, die dadurch entstehen können, machen es sogar wahrscheinlich, dass wir die vielfältigen Informationen, die ein Gesprächspartner sendet, nicht vollständig wahrnehmen und verarbeiten. Es ist offensichtlich, dass wir deshalb für solche Situationen neue Fertigkeiten brauchen, solche, die mit größerer Sicherheit »senden und empfangen« als das »alte Verfahren«. Ein Großteil der Gesprächsführungstechniken, die ich Ihnen in den folgenden Kapiteln vorstelle, versucht genau dies: Ihnen zu helfen, möglichst eindeutige Botschaften zu vermitteln und auch die Nachrichten der Gesprächspartner möglichst sicher einzuschätzen.

Ein solches klareres und strukturierteres Vorgehen ist ungewohnt, aber unter den »verschärften« Gesprächsführungsbedingungen, die häufig in unserem Berufsleben vorherrschen, notwendig. Wir müssen lernen, die alten Fähigkeiten zu unterstützen und neue Elemente in unser bisheriges Repertoire zu integrieren. Solche Ergänzungen zahlen sich langfristig aus, da sie Sicherheit geben. Innere Sicherheit beeinflusst unsere gefühlsmäßigen Reaktionen, und diese wiederum beeinflussen unsere Fähigkeit, den anderen adäquat zu erleben.

Ein wichtiger Schritt auf diesem Weg ist die Fähigkeit, den anderen wahrzunehmen. Zum Abschluss dieses langen Grundlagenkapitels über die vielen Prozesse, die beim Miteinanderreden stattfinden, möchte ich Ihnen darum eine kleine *Sensibilisierungsübung* (vom lateinischen »sensibilis« = fühlbar) vorschlagen. Eine solche Übung trainiert die Fähigkeit, die vielfältigen Informationen, die ein Gesprächspartner normalerweise sendet, »bewusster« zu empfangen. Eine solche Übung sollte man ruhig öfter wiederholen, da bei der Betrachtung des Verhaltens eines anderen Menschen keinesfalls immer spektakuläre Ergebnisse zu erwarten sind. Vieles kommt einem zunächst einmal ganz normal vor. Je öfter und genauer man jedoch hinschaut, umso eher gewinnt man ein Gefühl dafür, wie unterschiedlich menschliches Verhalten sein kann. Dann fängt man auch allmählich an, das Besondere an jedem Gesprächspartner bewusster wahrzunehmen, zu berücksichtigen und meist auch schätzen zu lernen. Manchmal gewinnt man hierdurch auch einen klareren Blick für die Besonderheiten des eigenen Verhaltens.

Übung zur Wahrnehmung von Gesprächspartnern

Denken Sie an ein *bestimmtes Gespräch* zurück, das Sie innerhalb der letzten Woche geführt haben. Gehen Sie alle in der Übersicht auf Seite 34 genannten Kanäle nichtsprachlicher Kommunikation durch.

(1) Schreiben Sie zu jedem Kanal kurz auf, wie sich Ihr Gesprächspartner verhalten hat. Gehen Sie wirklich schrittweise vor.

- Wie würden Sie den Blickkontakt, der zwischen Ihnen bestand, beschreiben: Wer hat wen angesehen, wer hat weggesehen?
- Wie würden Sie den Gesichtsausdruck Ihres Gesprächspartners beschreiben?
- Was hat Ihr Gesprächspartner mit den Armen und den Beinen gemacht?
- Wie war die Körperhaltung insgesamt?

(Und so weiter für alle genannten Kanäle nichtsprachlicher Kommunikation.)

(2) Auf welchem Kanal kam Ihnen die Botschaft auffällig vor? Auch hier überlegen Sie sich wieder im Einzelnen:

- War der Blickkontakt irgendwie auffällig?
- Wie hat sich der Gesichtsausdruck von dem unterschieden, den Sie sonst von diesem Menschen oder von anderen Menschen kennen?
- Ist Ihnen etwas an der Bewegung der Arme und Beine oder an der Körperhaltung aufgefallen?
- Sitzt dieser Mensch anders als andere?
- Inwiefern unterscheidet sich die Stimme?
- Wie würden Sie Abstand und Winkel einschätzen?
- Was fällt Ihnen an der Situation auf, in der das Gespräch stattgefunden hat?

(3) Überlegen Sie sich: Wodurch sind diese Auffälligkeiten wohl ausgelöst worden? Sie können ruhig ein bisschen spekulieren: Was wollte Ihr Gesprächspartner im Einzelnen (möglicherweise auch unbewusst) damit ausdrücken?

Gesprächsführungstechniken

Wann Gesprächsführungstechniken einsetzen?

Es gibt eine Reihe von Hilfsmitteln, die es erlauben, Gespräche effizienter und souveräner und damit auch freundlicher zu führen. Solche Gesprächsführungstechniken sollten jedoch nicht als »Patentrezepte« verstanden werden, die sofort zum erwünschten Gesprächsverhalten führen. Der Prozess der Veränderung von Kommunikationsvorlieben geht (wie fast jede psychische Veränderung) langsam vor sich. »Gesprächsführungstechniken« sind darum zunächst nur Anregungen, die darauf hinweisen, worauf geachtet werden soll, und die helfen, *die gröbsten Fehler zu vermeiden.*

Es ist daher auch nicht nötig, diese Hilfsmittel in allen Gesprächen einzusetzen. Wir alle wissen, dass Gespräche eher »an der Oberfläche entlangplätschern« oder sehr »in die Tiefe gehen« können. Wir kennen Unterhaltungen, die irgendwann einmal »auf den Punkt kommen«, und solche, bei denen um den »heißen Brei herumgeredet« wird. Wir wissen, dass Gesprächspartner »mauern können« und dass sie uns manchmal auch ihr »Herz ausschütten«. Viele Gespräche bleiben »vage« irgendwo zwischen den beiden Polen Offenheit und Vertrautheit auf der einen Seite sowie Verschlossenheit und Distanziertheit auf der anderen.

Häufig haben Menschen die Vorstellung, dass nur ein offenes Gespräch, bei dem »Klartext geredet« und »den Dingen auf den Grund gegangen« wird, ein gutes Gespräch ist. Diese Vorstellung ist ein bisschen idealistisch und nicht ganz richtig: Gespräche dienen nicht nur dem Austausch von Meinungen und Gedanken. Oftmals sind sie reine Konvention, und der Inhalt des Gesagten ist relativ beliebig. Aber auch solche oberflächlichen Gespräche sind keinesfalls sinnlos. Sie erfüllen eine wichtige Aufgabe: Durch »alte Sprüche« vergewissern wir uns – und das passiert in aller Regel vollkommen unbewusst –, dass der Gesprächspartner ebenfalls noch »der alte ist«, also immer noch auf dieselben sozialen Signale reagiert, die früher einmal wichtig waren. Durch »Smalltalk«, Klatsch und Floskeln stellen wir also sicher, dass wir nach wie vor miteinander reden können und wollen.

Dieses gegenseitige Versichern der Kommunikationsbereitschaft kann sogar so weit gehen, dass Streitpunkte, die immer wieder und ohne dass sich irgendeine Art von Fortschritt ergibt, ja sogar ohne dass dies erwartet wird, aufgekocht werden. Solche Auseinandersetzungen halten sich unter anderem deshalb so hartnäckig, weil sie auch positive Signale sind, die dem Gesprächspartner anzeigen, dass man immer noch »da ist« und dieselbe und damit für ihn verlässliche (!) Meinung hat. Dies ist beispielsweise bei Partnerschaftskonflikten häufig der Fall, wo sich die Partner durch das »Aufkochen« der immer wieder gleichen »alten Kamellen« auf gewisse Weise »die Treue halten«. Sie signalisieren einander, dass sie immer noch auf eine Art, die der Gesprächpartner kennt, da sind. Gerade das, worüber sie sich streiten, betont ja das Gemeinsame, das beide teilen.

Allgemein scheint der Wunsch nach solchen auf den ersten Blick belanglosen Alltagsgesprächen ein grundlegendes menschliches Bedürfnis zu sein, das sich schon in der frühen Kindheit zeigt und entwickelt. Kinder suchen oft den Kontakt zur Mutter oder anderen wichtigen Bezugspersonen, um sich zu vergewissern, dass diese noch da sind. Sie erleben es daher als ausgesprochen angenehm, wenn von dieser Person ab und zu ein paar Aussagen kommen, die sie einfach nur in dem bekräftigen, was sie gerade tun, sie aber ansonsten »in Ruhe ihre eigenen Wege gehen lassen«. Dadurch spüren sie, dass der andere sich noch um sie kümmert, sie aber ansonsten selbstständig und eigengesteuert Neues ausprobieren können. Dieses Verhalten der Mutter oder einer anderen wichtigen Bezugsperson scheint für Kinder so wichtig zu sein, dass es in einigen Formen der Kindertherapie als das wichtigste Instrument betrachtet wird: Lange Phasen einer solchen Therapie bestehen darin, dass das Kind (fast unbegrenzt) ausprobieren kann, was es tun möchte, und dabei von dem Therapeuten oder der Therapeutin, die ihm nur kurz wiedergibt, was es wohl gerade tut und empfindet, »begleitet« wird. (Eine gut lesbare Einführung in diese Therapieform gibt Axlin 2002.)

Fast immer hilfreich: Gesprächstechniken

Auch im betrieblichen Alltag scheinen wir diese Bekräftigung, dass der oder die andere noch da ist, sich nicht verändert hat, immer noch die alten Sprüche macht, also in gewisser Weise verlässlich ist, zumindest ab und zu zu brauchen. Dies lässt verständlich werden, warum ein Großteil des betrieblichen Gesprächsverhaltens der reine Smalltalk, also anscheinend belangloses Gerede, ist und warum wir trotzdem mitmachen.

Dies ist eine Seite. Auf der anderen Seite ist es natürlich häufig ebenso wichtig, in Gesprächen an den Gesprächspartner »heranzukommen«, also von der unverbindlichen Ebene zu größerer Präzision, zu einer genaueren Kenntnis seiner Informationen und damit zu einem besseren Verständnis der Weltsicht des Gesprächspartners zu kommen. Dies empfinden wir – gerade weil die Smalltalk-Ebene ihren Sinn hat und wir uns gerne auf sie einlassen – bisweilen als schwierig. Weil aber beide Formen von Gesprächen ihre Funktion haben, ist es wichtig, für sich selbst die *Entscheidung zu treffen*, ob man nur »mal kurz plaudern« möchte oder an einer Vertiefung des Gesprächs interessiert ist. Oft fehlt diese Entscheidung, und die Gesprächspartner hoffen, dass sie schon »von selbst irgendwie auf den Punkt kommen« werden und es sich ergibt, auch über wichtige Dinge zu reden. Das klappt zwar mitunter, in vielen Fällen ersparen Sie sich aber Zeit und Mühe, wenn Sie selbst diese Entscheidung treffen und ein klar strukturiertes Gespräch anstreben. Dies sollen Gesprächsführungstechniken unterstützen.

Die Bezeichnung *Kommunikations- oder Gesprächsführungstechniken* mag sich »technisch« anhören. Dies ist in gewisser Weise beabsichtigt, denn Gesprächsführungstechniken sind wie Werkzeuge, die helfen können, Gespräche zu gestalten. Wie Sie sehen werden, dienen diese Werkzeuge dazu, ein *faires Gespräch* herzustellen. Dennoch lässt die Vorstellung eines Einsatzes von Gesprächsführungstechniken auch befürchten, dass diese »Techniken« – wie jede andere Technik – missbraucht werden könnten. Diese Gefahr des Missbrauchs ist ein maßgeblicher Vorbehalt, den Teilnehmer Gesprächsführungsseminaren entgegenbringen. Dennoch kann man hier beruhigt sein. Wir alle haben – wie der Cartoon auf den vorangegangenen Seiten zeigt – *natürliche Abwehrmechanismen* gegen eine unfaire Anwendung von Gesprächsführungstechniken. Wir sind sehr sensibel für unfaire Mittel der Gesprächsführung. Alles Fremde wird zunächst vorsichtig bewertet. Wenn es nicht zum sonstigen Stil und den Erfahrungen, die man mit einem bestimmten Menschen gemacht hat, passt, bemerken wir das sofort. Auch und gerade lehrbuchhaftes Gesprächsführungsverhalten wirkt unecht, aufgesetzt und wird in der Regel sofort erkannt. Die Gefahr, damit manipulieren zu können, ist also relativ gering.

Eine weitere Warnung, bevor Sie sich die folgenden Hilfsmittel anschauen: Jedes neue Gesprächsverhalten ist ungewohnt und darum zunächst anstrengend. Schon aus diesem Grunde sollten Sie bei der Anwendung der beschriebenen Hilfsmittel *langsam vorgehen*. Es ist unmöglich, sein Kommunikationsverhalten mit einem Schlag zu ändern. Und selbst wenn das möglich wäre, könnte es Ihnen wie dem Bauern im Märchen ergehen, der ein Jahr lang das Wetter selbst und nach eigenem Gutdünken bestimmen konnte und der danach merken musste, dass er etwas ganz Wichtiges (den Wind), das vorher da war, dessen Bedeutung er aber nicht bemerkt hatte, vergessen hatte. Ähnlich ist es bei uns: Auch in unseren Kommunikationsschwächen sind oft nette Seiten, die wir brauchen und die unsere Gesprächspartner vielleicht sogar schätzen, ohne dass wir das merken.

Langsam vorgehen bedeutet, dass keines dieser Hilfsmittel Sie zwingen soll, jetzt »alles von Grund auf anders« zu machen. Wichtig ist vielmehr, in einem ersten Schritt sensibel dafür zu werden, was man während eines Gesprächs alles macht, also welche Gesprächsführungstechniken man möglicherweise ohnehin unbewusst anwendet. Erst danach sollte man sich überlegen, wie Gespräche besser laufen könnten, und einzelne Techniken bei passender Gelegenheit vielleicht auch ausprobieren.

Ziele sind Auswege aus dem Chaos. Zielorientierte Gesprächsvorbereitung

Bisher ist betont worden, dass menschliches Verhalten und die Arbeitsumgebung von großer Komplexität sind. Nun möchte ich »die andere Seite der Medaille« aufgreifen und darstellen, wie wir mit dieser Komplexität umgehen können. Von ganz zentraler Bedeutung ist dabei die Fähigkeit, *eigene Ziele zu setzen* und diese innerhalb von Gesprächen zu erreichen. Für diese Gesprächsführungstechnik sind drei Regeln hilfreich.

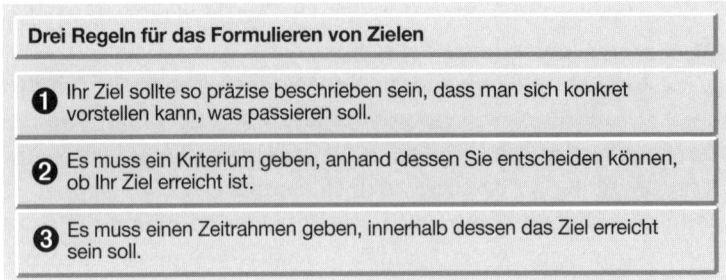

Drei Regeln für das Formulieren von Zielen

❶ Ihr Ziel sollte so präzise beschrieben sein, dass man sich konkret vorstellen kann, was passieren soll.

❷ Es muss ein Kriterium geben, anhand dessen Sie entscheiden können, ob Ihr Ziel erreicht ist.

❸ Es muss einen Zeitrahmen geben, innerhalb dessen das Ziel erreicht sein soll.

Diese Regeln hören sich möglicherweise sehr abstrakt an. Darum ein paar Beispiele zur Verdeutlichung. Zuerst, wie man es *nicht* machen sollte. Man kann sich für ein Gespräch eine Reihe von Dingen vornehmen. Das könnte beispielsweise sein:

> »*Mein Chef sollte auch einmal etwas für mich tun.*«
> »*Herr Maier soll seine Arbeit ordentlich machen.*«
> »*Wir sollten endlich das Problem mit der XY-Abteilung ansprechen und abklären.*«

Diese Vorhaben sind keine echten Ziele, weil sie nicht den genannten drei Regeln entsprechen. Sie sind keine präzise Beschreibung dessen, was konkret passieren soll, weil man sich unter Formulierungen wie »etwas für mich tun«, »ordentlich machen« oder »abklären« ganz unterschiedliche Dinge vorstellen kann. Es gibt weiterhin kein eindeutiges Kriterium, das einem sagt, ob das Vorhaben verwirklicht ist, und es ist auch kein zeitlicher Rahmen zur Verwirklichung des Ziels abgesteckt. Solche vagen Formulierungen haben eher den Charakter von *Wünschen*.

Sich über solche Wünsche klar zu werden, ist zwar ein erster Schritt, um Ziele zu formulieren, aber er ist nicht ausreichend. Wenn man nur seine Wünsche im Kopf hat, wird man nämlich während des Gesprächs sehr leicht von dem abzulenken sein, was man sich ursprünglich darunter vorgestellt hat. Das ist kein Zufall, sondern hängt damit zusammen, dass wir (vgl. S. 60 ff.) über die Reduktion von Dissonanz) die Tendenz haben, Erfahrungen so umzubewerten, dass sie in unsere Vorstellungswelt passen.

Der Vorgesetzte, der während des Gesprächs einfach nett ist, passt dann leicht in das Vorstellungsbild »etwas für mich tun«, ebenso wie Herr Maier, der relativ unverbindlich sagt, er würde sich in Zukunft um seine Arbeit kümmern, in das Bild eines zuverlässigen Mitarbeiters passt. Und schließlich kann man sich unter »Abklären« der Lage mit der XY-Abteilung ebenso die abwiegelnde Bemerkung, »Das wird sich doch alles mit der Zeit einrenken«, vorstellen.

Es ist zudem kaum nachprüfbar, ob sich solche vagen Wünsche erfüllen oder nicht. Damit Herr Maier ein guter Mitarbeiter wird oder der Chef wirklich jemand, der sich um einen kümmert, oder die XY-Abteilung in Schuss kommt, muss sich viel ändern. Während dieser langen Phasen ist es nur schwer möglich zu überprüfen, ob man sich diesem Ziel tatsächlich genähert hat. Zudem ist eine solche Bewertung bei sehr abstrakten Wünschen häufig Ermessenssache. In der Zwischenzeit gibt es kein eindeutiges Kriterium, ob das Ziel erreicht worden ist.

Anders ist das bei einer *konkreten Formulierung* von Zielen. An Stelle der genannten Wünsche könnte man sich also die folgenden Ziele für die kurz angerissenen Gesprächssituationen vorstellen:

> »*Mein Chef soll bis Ende der Woche über meinen neuen Arbeitsbereich entschieden haben.*«
> »*Herr Maier soll ab Dienstag an jedem Morgen zuerst den Warenbestand kontrollieren.*«
> »*Bis zum nächsten Ersten wollen wir die einzelnen problematischen Posten mit der XY-Abteilung durchgesprochen haben.*«

Hier kann im Einzelnen überprüft werden, ob das Ziel während des Gesprächs wirklich erreicht worden ist. Man kann nach dem Gespräch genau sagen, ob der Chef zugesagt hat, sich bis Ende der Woche entschieden zu haben. Ebenso kann überprüft werden, ob Herr Maier sich während des Gesprächs bereit gezeigt hat, den Warenbestand zu kontrollieren, und es kann eindeutig entschieden werden, ob man sich darauf festgelegt hat, die problematischen Posten gemeinsam durchzugehen.

Ein weiterer Vorteil konkreter Zielvorgaben liegt darin, dass sie leichter im Gedächtnis behalten werden und daher im Gespräch auch einfacher anzusprechen sind als abstrakte Wünsche: Wenn ich mir vornehme, Herrn Maier zu sagen, dass er jeden Morgen als Erstes den Warenbestand zu kontrollieren habe, erspare ich mir während des Gesprächs den Stress, nach der passenden Formulierung zu suchen, und ich muss auch nicht lange hin und her überlegen, ob der Wortlaut, den ich benutze, auch wirklich mit meinem Ziel zusammenhängt.

> Es ist daher günstig, Ziele vor dem Gespräch genau so in Worte zu fassen, dass die Formulierung schon genau das beinhaltet, was Sie auch in einem Gespräch sagen werden.

Ganz besonders soll noch einmal betont werden, dass zu einem Ziel auf jeden Fall ein *Zeitrahmen* gehört, innerhalb dessen es erreicht sein soll. Die eigenen Ziele sind ja nicht immer realistisch, und sie werden auch nicht immer erreicht. Ganz im Gegenteil sorgt ja die Komplexität unserer Umwelt dafür, dass es häufig »anders kommt, als man denkt«. In einem solchen Fall sind Veränderungen der eigenen Pläne notwendig. Dies ist oft schwierig genug. Die Entscheidung darüber, ob man eine bestimmte Strategie beibehalten oder etwas ganz Neues ausprobieren sollte, wird aber häufig nicht falsch getroffen, sondern schlicht und einfach übergangen oder vergessen. In einem solchen Fall geben Termine, die man sich selbst gesetzt hat, eine Orientierung. Es gilt: Je klarer diese Termine sind, umso besser werden sie – in aller Regel – im Gedächtnis behalten. Wenn ich möchte, dass die XY-Abteilung sich »in nächster Zeit einmal« um ihre Schwachstellen kümmert, kann ich unter Umständen »lange warten«. Wenn ich vereinbart habe, dass sie zum nächsten Monatsersten zumindest einmal den Lagerbestand kontrolliert hat, kann ich sehr schnell feststellen, ob sich etwas getan hat.

Daraus ergibt sich ein weiterer Vorteil zielorientierten Vorgehens. Gerade feste Termine machen es leichter, *Kontrolle aufzugeben.*

Eine Vereinbarung, dass mein Gesprächspartner bis dann und dann eine bestimmte Aufgabe angegangen hat, ermöglicht es, die Sache bis zu diesem Zeitpunkt zu vergessen und sich anderen Dingen zu widmen.

Konkrete Ziele geben zudem *Sicherheit*. Sie kennen sicher auch die Situation, in der ein Mitarbeiter ewig überlegt, ob sein Vorgesetzter oder seine Vorgesetzte ihm eigentlich wohlgesonnen ist. Jede seiner Handlungen wird dann lange und detailliert interpretiert. Ein solches Verhalten ist ein Anzeichen dafür, dass sich dieser Mitarbeiter zu unkonkrete Ziele oder gar keine überlegt hat. Er wartet – unter Umständen endlos lange – auf die Erfüllung des relativ diffusen Wunsches »Mein Chef soll etwas für mich tun«. Dadurch macht er sich das Leben selbst schwer. Bei kleineren, konkreten Zielen hat man eine viel klarere Orientierung. Dadurch ist es auch eher möglich, sich umzuorientieren, wenn ein Ziel nicht erreicht wird.

Die Entwicklung von Zielen als erster Schritt bei der Vorbereitung eines Gesprächs wird meist als ungewohnt erlebt. Das liegt daran, dass viele Menschen in einer anderen Reihenfolge vorgehen. Sie überlegen sich zuerst, was funktionieren kann, ob und wie sie richtig mit einem Gesprächspartner umgehen, und nicht, was sie eigentlich selbst möchten. Dies gilt natürlich besonders für Gespräche mit Vorgesetzten. Hier ist man es gewohnt, passiv darauf zu achten, ob man alles richtig macht. Durch genau diese Haltung hält man sich aber selbst in der Rolle des »kleinen« Mitarbeiters. Schon dadurch, dass man sich überlegt, was man selbst in einem bevorstehenden Gespräch will, kann man eine Umorientierung erreichen.

Man kann sogar sagen, dass das Entwickeln von eigenen Zielen das Verhältnis zwischen Mitarbeiter und Führungskraft entlastet, weil konkrete Ziele ein realistisches Bild vermitteln, was man möchte und was nicht. Unklare Wünsche wie »Mein Chef sollte etwas für mich tun« oder Gedanken wie »Man müsste mal ordentlich mit der Faust auf den Tisch hauen« werden – gerade weil sie so wenig greifbar sind – von der »Gegenseite« häufig nur als Druck erlebt. Dann erwachen bei einem Vorgesetzten leicht die Ängste, »entthront« oder »bloßgestellt« zu werden. Wenn dagegen die konkreten Ziele zur Sprache kommen, kann das die Angst, die oft auf beiden Seiten besteht, vermindern. Zudem brauchen Vorgesetzte – auch wenn ihnen dies zunächst Angst machen kann – selbstbewusste Mitarbeiter. Sie sind in der heutigen Arbeitswelt darauf angewiesen, dass sie nicht nur »Wasserträger«, sondern ebenso »Entscheidungsträger« oder zumindest selbstbewusste Menschen um sich haben, die ihre eigenen Erfahrungen und Vorstellungen in die Gespräche einbeziehen können.

Ein weiteres Beispiel soll erläutern, was mit der Entwicklung kleiner, konkreter Ziele gemeint ist. Stellen Sie sich vor, in Ihrer Abteilung steht eine technische Neuerung bevor, von der Sie wissen, dass Sie den Arbeitsalltag Ihrer Mitarbeiter ändern wird. Sie beschließen, mit den Leuten zu reden. Welche konkreten Ziele nehmen Sie sich vor?

Natürlich ist es schwer, hier – ganz losgelöst vom Einzelfall und von Ihren individuellen Erfahrungen – eine Antwort zu geben, weil Ziele gerade persönliche Erfahrungen und Wünsche konkretisieren. Dennoch könnten folgende konkreten Ziele für das anstehende Gespräch unterschieden werden:

»Ich möchte innerhalb des Gesprächs jeden Mitarbeiter über die Vor- und Nachteile der technischen Neuerung informieren.«
»Ich möchte von jedem Mitarbeiter hören, was er von der Veränderung hält.«
»Ich möchte zunächst nur erfahren, welche Verbesserungsvorschläge die Mitarbeiter haben, und rege an, diese Vorschläge erst in einer zweiten Besprechung eingehend zu diskutieren.«

Jedes dieser Ziele verlangt und erlaubt eine andere Vorgehensweise für die Gesprächsführung selbst. In jedem Fall aber können Sie nach dem Gespräch entscheiden, ob Sie dieses Ziel erreicht haben, und damit auch bei einem so komplizierten Problem wie einer innerbetrieblichen Neuerung ein Stück geleistete Arbeit »abhaken«.

Vielleicht interessiert es Sie, warum gerade das Setzen von Zielen eine so zentrale Fähigkeit beim Bewältigen von komplizierten Situationen ist. Dazu ein kleiner Ausflug in die psychologische Theorienwelt.

Die Untersuchung von individuellen Zielen ist innerhalb der Psychologie hauptsächlich in einer Teildisziplin verfolgt worden, die sich mit dem Aufbau unserer Alltagshandlungen befasst. Im Rahmen solcher *handlungstheoretischer Modelle* wurde – im Gegensatz zu vielen psychologischen Theorien, die alles »erklären« wollen – versucht, einfach nachzuvollziehen, was Menschen eigentlich »den ganzen Tag über« machen und wie sie das machen.

Dabei ist die Formulierung »den ganzen Tag über« nicht ohne Bedacht gewählt. In einer der ersten Untersuchungen, aus denen sich später handlungstheoretische Modelle entwickelten, haben die amerikanischen Psychologen Roger G. Barker und Herbert F. Wright (s. Barker/Wright 1951; Barker/Wright 1955; Barker 1963) versucht zu beschreiben, was Kinder den ganzen Tag über machen. Wie jeder, der sich selbst einmal die Zeit und Muße nimmt, um das an sich selbst nachzuvollziehen, bemerkt man hier oft ganz persönliche Eigentümlichkeiten. Der kolumbianische Schriftsteller Gabriel García Marquez hat das in seinem wohl bekanntesten Werk »Hundert Jahre Einsamkeit« (Marquez 1984, S. 282) beschrieben. Hier bemerkt eine alte Frau, die nicht mehr sehen konnte, eines Tages, »*dass jedes Familienmitglied tagtäglich, ohne es zu merken, die gleichen Gänge, die gleichen Verrichtungen und zur gleichen Stunde fast die gleichen Worte wiederholte*«. Handlungspsychologische Untersuchungen, die solche »geheimen Handlungspläne« systematisch beschreiben wollten, gingen in der Regel von der Beobachtung einfacher Alltagshandlungen aus.

> Eine relativ einfache Handlungsfolge, wie zum Beispiel Frühstück zubereiten, stellte sich dabei schnell als recht kompliziert heraus, da eine Vielzahl von Einzelhandlungen durchzuführen ist, die zudem in einer wohl koordinierten Reihenfolge und geplant ablaufen müssen. Wie schwierig es ist, diesen Ablauf durchzuhalten, merken wir kaum noch, sondern führen ihn »automatisiert« durch. Beobachtet man jedoch ein Kind, das hier noch nicht so viel Erfahrung hat, merkt man deutlich, welche Koordinierungsleistungen erbracht werden müssen.

Handlungstheoretiker haben ein vergleichsweise einfaches Modell entwickelt, um diese Prozesse zu beschreiben. Sie gehen davon aus, dass bei solchen Tätigkeiten zunächst »im Kopf« ein bestimmtes Ziel vorformuliert und dann abgearbeitet wird. Beim Frühstückmachen ist das relativ einfach: Auf dem Frühstückstisch sollen Kaffee, Brötchen, Wurst, Eier und einiges andere stehen (wobei selbstverständlich hier schon die Meinungen auseinander gehen können). Um ein solches Ziel zu erreichen, entwickeln wir eine Reihe von Teilzielen, also etwa das Kaffeekochen, die Zubereitung der Eier, Brötchenkaufen oder -aufbacken und so weiter. Diese müssen koordiniert werden, denn man kann selbst bei einer so einfachen Aufgabe nicht alles gleichzeitig tun.

Wie leicht erkennbar ist, bestehen die Teilziele selbst wieder aus Teilzielen. Bleiben wir beim Kaffeekochen. Auch diese Tätigkeit besteht wiederum aus einer Fülle von Handlungen, dem Mahlen der Bohnen, dem Wasserkochen und so weiter. Jede dieser Tätigkeiten lässt sich wiederum in einzelne Teilhandlungen zerlegen, sodass das Wasserkochen in Abschnitte zerfällt, in denen das Wasser in den Topf, dieser auf den Herd befördert werden muss und so weiter. Hier ist natürlich ebenfalls noch keine Grenze erreicht und – prinzipiell betrachtet – lässt sich sogar der Griff nach dem Wassertöpfchen in einzelne Abschnitte zerlegen, die alle koordiniert werden müssen.

Allgemein lassen sich solche Prozesse also als *Planhierarchien* beschreiben, innerhalb derer wir uns ein oder mehrere übergeordnete Ziele setzen und bei deren Verwirklichung wir laufend eine ganze Reihe unterschiedlicher Teilziele konstruieren. Sobald wir eines dieser Teilziele verwirklicht haben, gehen wir zum nächsten Teilziel über und arbeiten dieses ab. Nach einer Reihe von Teilzielen sind Zwischenziele erreicht und nach einer Reihe solcher Zwischenziele die übergeordneten Ziele. Eine Vorstellung von einer solchen Planhierarchie gibt die Abbildung auf gegenüberliegender Seite.

Es ist kein Zufall, wenn Sie die Darstellung einer solchen Planhierarchie an Computerprogramme erinnert. In der Tat beziehen sich schon die ersten Arbeiten auf diesem Gebiet (zum Beispiel Miller/Galanter/Pribram 1991) auf Entwicklungen im Bereich der Computertechnik und der Künstlichen Intelligenz. Auch später ist versucht worden, die sehr schematische, dadurch aber relativ exakte Darstellungsweise handlungstheoretischer Modelle für ein Verständnis von Gemeinsamkeiten und Unterschieden menschlicher und maschineller Informationsverarbeitung nutzbar zu machen.

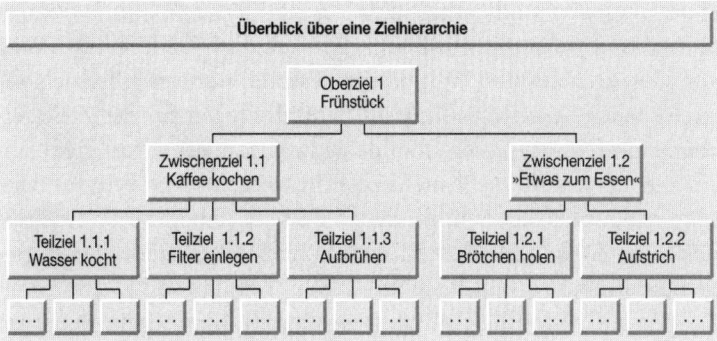

Solche abstrakten Modelle schauen vielleicht zunächst trivial aus. Sie haben ganz ungewöhnlich breite Anwendungsfelder. So ist offensichtlich, dass sich einzelne berufliche Arbeitsfelder dadurch unterscheiden lassen, *wie viele Ebenen die entsprechenden Planhierarchien umfassen:* Führungsaufgaben oder die Arbeit von Selbstständigen haben in aller Regel viele Ebenen. Hier muss ein Mitarbeiter seine gesamte Tätigkeit selbst strukturieren, und ihm werden keine oder nur sehr allgemeine Ziele »von außen« vorgegeben. Fließbandarbeiten haben dagegen nur wenige Ebenen. Es ist stets die gleiche »Routine« zu erledigen, und »übergeordnete Planungsaufgaben«, also die höheren Ebenen einer Planhierarchie, entfallen fast vollständig. Interessanterweise hat die Anzahl der Ebenen, die man bei seiner Handlungsplanung im beruflichen Alltag zu durchlaufen hat, nach vielen Befunden deutliche Auswirkungen auf das individuelle Wohlbefinden. Das gilt besonders für die Extremfälle: Arbeitsabläufe, die sehr komplex sind, weil der Einzelne sich selbst alle Oberziele entwickeln sowie alle Zwischen- und Unterziele ableiten muss, sind ebenso belastend wie Tätigkeiten, bei denen Mitarbeiter nur die unterste Ebene kontrollieren können, also im Grunde nur »ausführende Organe« von Arbeitssequenzen sind, in denen andere Sinn und Ziel (also die jeweiligen Oberziele) festlegen. Für beide Fälle konnte gezeigt werden, dass massive Beeinträchtigungen der psychischen Gesundheit eintreten können.

Sowohl die Überforderung bei zu vielen Ebenen als auch die Unterforderungen bei der Beschränkung auf nur eine Ebene können Stress und stressbedingte Krankheiten mit sich bringen.

Handlungspläne sind deshalb so *wichtig für das individuelle Wohlbefinden,* weil unser Gefühlsleben ganz auf den Grad der Erfüllung von Teilzielen reagiert. Wir erleben Freude, wenn wir Teilziele erreicht haben, Ärger resultiert aus Behinderungen bei der Zielerreichung, und Trauer ist die emotionale Reaktion, die wir erleben, falls ein Ziel überhaupt nicht mehr erreicht werden kann. Wie auf Seite 63 ff. erläutert, lösen Gefühle dann automatisch bestimmte Reaktionen – wie Rückzugsverhalten, also ein bloßes Auf-sich-selbst-Beziehen, oder eine Angriffshaltung – aus. Sie führen dazu, dass unser Körper unterschiedlich aktiviert wird, dass unser Gedächtnis mit bestimmten Schwerpunkten arbeitet und dass wir uns auf bestimmte Themen eher konzentrieren und andere Informationen vernachlässigen.

Wenn keine Handlungsziele bestehen, können solche emotionalen Reaktionen kaum stattfinden. Ohne Zwischenziele, die »im Kopf vorformuliert« waren, kann man sich über Fortschritte kaum freuen, und der »kleine Adrenalinstoß«, der einem in diesem Fall die Arbeit leichter machen würde, unterbleibt dann. Ebenso fehlt die vielleicht wichtige Ruhepause einer Trauerreaktion, weil ein Fehlschlag nicht richtig realisiert wird, wenn kein Ziel vorgesehen war. Das Handlungsgeschehen verläuft dann »ohne Höhen und Tiefen«, aber meist »insgesamt bedrückend«. In diesem Fall ist man geschützt vor selbstwertgefährdenden Erfahrungen, da man ohnehin keine Erwartungen hat, aber man kann auch nicht überrascht werden oder sich über Bestätigungen freuen.

Wie wichtig dieses Zusammenklingen von emotionalen Reaktionen und Handlungsplänen ist, ist beispielsweise an der Arbeit von Programmierern sofort zu erkennen. Untersuchungen haben gezeigt, dass das gesamte Arbeitsgeschehen unterschiedlich erlebt wird, je nachdem ob ein Programmierer das Gefühl hat, auf der »richtigen Spur zu sein«, das heißt, ob er oder sie einen Handlungsplan verfolgt oder nicht. Obwohl, von außen betrachtet, die gleiche Arbeit erledigt wird (nämlich Tasten gedrückt werden), sind die körperlichen Reaktionen grundsätzlich anders, je nachdem, ob die Arbeit »plangemäß« verläuft oder nicht. Der Umfang, in dem Handlungskontrolle erlebt wird, hat daher erheblichen Einfluss auf das Auftreten von stressbedingten Krankheiten (Nibel/Gehm 1990).

Wenn es also einen Handlungsplan gibt, dann hat das entscheidende Vorteile. Man »weiß, wo man sich in der aktuellen Lage befindet«, kann also absehen, wie die nächsten Schritte ablaufen sollten. Vor allem aber kann man – wie oben ausgeführt – emotional auf Knackoder Erfolgspunkte im individuellen Handlungsplan reagieren, und diese emotionalen Reaktionen sind zumindest in den meisten Fällen so strukturiert, dass sie die weitere Handlungsplanung unterstützen.

> Eigene Handlungspläne und Zielvorstellungen bilden also eine Struktur, die man der Komplexität der Aufgabe und der Umgebung entgegensetzen kann.

Dass dies nicht nur »graue Theorie« und es tatsächlich günstig ist, sich bei der Gestaltung von Arbeitsabläufen zuallererst Ziele zu setzen, konnte durch die Untersuchung von Entscheidungsprozessen eindrucksvoll bestätigt werden. Eines der spannendsten Experimente hierzu stammt von dem Bamberger Psychologieprofessor Dietrich Dörner und seiner Arbeitsgruppe.

Dort ist der Frage nachgegangen worden, wie ein effektiver Bürgermeister seine Arbeit angeht. Dessen Aufgabenbereich stellt ein gutes Beispiel für das Handeln in einer komplexen Umwelt dar: Er hat eine Vielzahl von Einzelentscheidungen zu treffen, dies in einer Umwelt, in der jede Entscheidung viele Auswirkungen aufweisen kann und zahlreiche Interessen zu berücksichtigen hat. Zur Beantwortung dieser Frage ließ Dietrich Dörner unterschiedliche Personen für einen Zeitraum von zehn Jahren den Posten des Bürgermeisters einer kleinen Stadt übernehmen. Diese Stadt, Lohhausen, hat 3.700 Einwohner und liegt irgendwo in einem deutschen Mittelgebirge. Ihr Hauptwirtschaftsfaktor ist die städtische Uhrenfabrik, aber es gibt noch andere Institutionen, Einzelhandelsgeschäfte, eine Bank, Arztpraxen und natürlich Gasthäuser. Für den Zeitraum der Untersuchung hatten die Testpersonen diktatorische Möglichkeiten zur Gestaltung des Schicksals von Lohhausen. Sie konnten sowohl über die Ansiedlungen neuer Betriebe entscheiden wie über die Gestaltung der Steuern, über Investitionen und auch den Kapitalverkehr, und schließlich – da die Uhrenfabrik praktischerweise in städtischer Hand liegt – konnten Sie ebenfalls die Geschäftsentscheidungen des Hauptwirtschaftsfaktors der Stadt bestimmen.

Spätestens hier wird deutlich, dass Lohhausen nicht wirklich existiert, sondern nur Teil eines Computerprogramms ist. Die Möglichkeiten, in die Entwicklung dieser »simulierten Stadt« einzugreifen, wurden jedoch als außerordentlich realitätsnah erlebt. Die Testpersonen konnten bestimmte Entscheidungen treffen, die dann ähnliche Auswirkungen hatten, wie dies in unserer realen Welt der Fall ist. Sie konnten Steuern oder Löhne erhöhen und senken, die Produktion einschränken und vieles andere mehr, und dies hatte dann Folgen für die Wirtschaftsdaten der Gemeinde. Bei der Entwicklung des Computermodells wurde darauf geachtet, dass – ganz wie im richtigen Leben – Eingriffe auf eine Einflussgröße Auswirkungen auf eine Vielzahl von anderen aufwiesen: Steuererhöhungen beispielsweise führten zu einer kurzfristigen Zunahme des Kapitals im Stadtsäckel, zugleich aber auch dazu, dass für Neuinvestitionen der betroffenen Firmen weniger Kapital zur Verfügung stand, was wiederum langfristig die städtischen Finanzen treffen musste.

Bei der Planung solcher Eingriffe in die »Entwicklung« der Stadt war nicht von vornherein abzusehen – und das ist ja auch in der Realität umstritten –, ob ein solcher Schritt günstig ist, weil kurzfristig damit für die Stadt Kapital für eigene Investitionen zur Verfügung steht, oder ob er ungünstig ist, weil die Lebenshaltungskosten dadurch ansteigen und dies alle Bürger der fiktiven Stadt belastet. Lohhausen ist also ein System, bei dem auf irgendeine Weise »alles mit allem« zusammenhängt, und natürlich stellt sich die Frage, welche Eigenschaften denn nun dazu befähigen, mit einem solchen System in effektiver Weise umzugehen.

Die Untersuchung, die mit einer Vielzahl verschiedener Testpersonen durchgeführt und zudem in einer Reihe von ähnlichen Nachfolgeuntersuchungen erweitert wurde, erbrachte ein relativ verlässliches Bild von den Fähigkeiten, die sich gegenüber einem solchen komplexen und wechselwirkungsreichen System als günstig erweisen. Eine gute Beschreibung befindet sich in dem Originalbericht über die Untersuchung bei Dörner/Kreuzig/Reither/Stäudel (1983).

Sehr lesenswert und gut lesbar ist auch das umfassendere Buch von Dörner (1989) über die »Logik des Misslingens«, in dem eine Vielzahl weiterer Untersuchungen, die sich mit der Frage beschäftigen, wie ein Einzelner mit einer komplexen Umwelt umgeht, dargestellt und kritisch kommentiert wird. Es ergeben sich einige recht überraschende Befunde:

Zunächst zeigte sich, dass zur Vorhersage der Leistungsgüte bei der Bewältigung komplexer Probleme die verwendeten Intelligenztests völlig ungeeignet waren. Die Fähigkeit, mit einem solchen komplizierten System umzugehen, scheint also *unabhängig von der Intelligenz* zu sein. Weiterhin – auch das zunächst sicher überraschend – spielte das Vorwissen über das System kaum eine Rolle. Und schließlich gab es nur geringe Beziehungen zwischen unterschiedlichen Persönlichkeitsmerkmalen und der Fähigkeit, eine solche komplizierte Umwelt zu gestalten: Die Ergebnisse von Fragebogenuntersuchungen, in denen eine Reihe von Persönlichkeitsmerkmalen (wie der Grad der »Extraversion«, also der Fähigkeit, aus sich herauszugehen, die »Rigidität«, also die Eigenschaft, auf bestimmten Meinungen und Vorgehensweisen zu beharren, oder die individuelle Selbstsicherheit) ermittelt wurden, zeigten kaum systematische Zusammenhänge mit den späteren Testleistungen. Offensichtlich konnten also *vollkommen unterschiedliche Menschen mit einem solchen System effektiv umgehen.*

Im Gegensatz dazu gab es jedoch einige deutliche Hinweise, dass sich erfolgreiche Testpersonen anders verhielten als weniger erfolgreiche. Dieses Verhalten lässt sich zusammenfassend so beschreiben, dass *effektivere Testpersonen der Komplexität des Systems eigene Vorstellungen gegenüberstellen.*

Diese Tendenz zeigt sich an einer Reihe von Einzelbefunden. Erfolgreiche Versuchsteilnehmer machten sich zunächst auf ganz spezifische Weise ihr eigenes Bild von der Wirklichkeit der kleinen Stadt, die ihnen anvertraut war. Ein entscheidender Punkt dabei war, dass sie sich nicht von der Vielzahl von Informationen, die sie über ihre Stadt erhalten konnten, überrennen ließen. Alle Versuchspersonen hatten – auch dies ein durchaus realistisches Abbild unserer von Informationsflut und der Notwendigkeit zur Auswahl bestimmten Wirklichkeit – die Möglichkeit, sich in nahezu unbegrenztem Umfang zu informieren. Erfolgreiche Versuchsteilnehmer entwickelten zunächst eigene Hypothesen über die Wirkung ihrer Eingriffe und versuchten, diese durch gezielte Versuche zu überprüfen. Auch wenn diese Hypothesen falsch waren, was bei der Komplexität eines solchen Systems nie auszuschließen ist, hatte diese Vorgehensweise einen großen Vorteil. Da sie detaillierte Hypothesen über das System aufstellten, wussten sie eher, welche Informationen sie wirklich wollten und welche nicht. Dies reduziert den Aufwand, der beim Bewerten der Information notwendig ist, gewaltig. Dagegen lässt sich die »Strategie« der weniger erfolgreichen Versuchsteilnehmer eher als ein »zielloses Herumprobieren« beschreiben. Alles wurde mit gleichem Interesse behandelt. Solche Versuchsteilnehmer mussten daher mehr Aufwand treiben, weil sie nicht von vornherein zwischen für sie wichtigen und unwichtigen Informationen unterscheiden konnten.

Eigene Überlegungen und Festlegungen führten bei den erfolgreichen Testpersonen weiterhin zu einer besonders effektiven Form der Strukturierung von Handlungen: Sobald sie eine bestimmte Hypothese über ihr Vorgehen gebildet hatten, trafen sie gebündelt eine Vielzahl von Entscheidungen, die aus dieser Annahme abzuleiten waren. An Stellen, an denen ihre Strategie nicht erfolgreich war, legten sie aber häufiger und konsequenter Pausen ein, in denen sie überlegten, welche Strategie sie im Einzelnen bisher eingeschlagen hatten, und sie entwickelten Vorstellungen über die Ursache von Misserfolgen. Da bei ihnen ein relativ klares Handlungskonzept vorhanden war, konnten sie in aller Regel genauer bestimmen, was daran günstig und was ungünstig war.

Als wichtiges Merkmal erfolgreicher Untersuchungsteilnehmer erwies sich weiterhin die *Fähigkeit zur Berücksichtigung von zeitlichen Verläufen:* In vielen Fällen haben Eingriffe in ein komplexes System erst Auswirkungen nach einem gewissen Zeitraum. Weniger erfolgreiche Versuchspersonen »regulierten den Zustand«. Sie versuchten zu jedem Zeitpunkt eine optimale Maßnahme durchzuführen. Erfolgreiche »steuerten« dagegen den »Prozess«. Sie berücksichtigten, dass ihre Eingriffe unter Umständen erst eine bestimmte Zeit brauchen würden, um gewünschte Effekte aufzuweisen. Zusammenfassend lässt sich also sagen:

Der Erfolg basiert auf Folgendem:

- Der Versuchsteilnehmer beschränkt sich auf ein klares Konzept.
- Dieses Konzept wird über den ganzen Zeitraum beibehalten.
- In gewissen Abständen werden Pausen eingelegt, in denen das Konzept überprüft und gegebenenfalls geändert wird.

Diese Strategie bedeutet also nicht, dass es nötig ist, von vornherein das optimale oder überhaupt auch nur ein erfolgsträchtiges Konzept zu verfolgen. Ganz im Gegenteil konnte es durchaus nötig sein, dieses zu ändern. Wichtig aber ist, sich irgendwann festzulegen, eine Strategie über einen gewissen Zeitraum lang durchzuhalten, um zu erkennen, wie sie sich auch mit Langzeitwirkungen auf das System auswirkt, und Phasen einzulegen, in denen man sich eine Pause von den aktuellen Anforderungen gönnt und überlegt, welche Veränderungen sich auf Grund der eigenen Vorstellungen in den letzten Zeittakten ergeben haben. Auf der Grundlage solcher Reflexionsphasen sind Veränderungen der Strategie möglich.

Sehr interessant an Dörners Ergebnissen ist, dass für ein solches effektives Vorgehen keine besonders überragende Intelligenz und keine bestimmten Persönlichkeitsmerkmale Voraussetzung waren. Vielmehr zeigte sich, dass von der Vielzahl erhobener Persönlichkeitsmerkmale allein drei eine gewisse Bedeutung hatten:

- hinreichende Selbstsicherheit,
- die Lust, etwas auszuprobieren, und
- die Fähigkeit, konkrete Erfahrungen in einen abstrakten Plan einzuordnen.

Offensichtlich überbrückt die Selbstsicherheit Phasen, in denen man ein gewisses Zutrauen zur eigenen Strategie braucht, und Phasen, in denen die eigene Strategie bewertet wird. Natürlich ist es notwendig, hierbei die gewonnenen Informationen einzuordnen. Die geringen Zusammenhänge mit Intelligenzleistungen, die sich ergaben, zeigen, dass aber dies weniger eine Frage der intellektuellen Fähigkeiten zu sein scheint als eine Frage der Entschlossenheit, sich spielerisch auf die eigenen Vorstellungen einzulassen.

Zielorientierte Gesprächsvorbereitung

An diesen Ergebnissen wird deutlich, welche bedeutsame Rolle individuelle Ziele und Handlungspläne spielen. Zielvorstellungen sind einerseits angepasst an die Umwelt. Andererseits drücken sie die eigene Sicht der Welt aus: Ähnlich wie es möglich ist, ein Frühstück so oder so zuzubereiten, und ähnlich wie die Lohhausen-Bürgermeister ihre kleine Welt auf ganz unterschiedliche Art wahrnehmen konnten, scheint es nicht unbedingt wichtig, gleich richtig zu reagieren. Vielmehr kommt es offenbar darauf an, eigene Vorstellungen entwickeln und die Erfahrungen aus der Umwelt darin einordnen zu können. Diese inneren Vorstellungen geben eine gewisse Sicherheit, weil man eine eigene Systematik hat, anhand derer man die Veränderungen einordnen kann. Hierbei verkehrt sich ein Problem in einen Vorteil:

> Gerade, weil die Welt so komplex ist und man sie so oder so sehen kann, kann man sie auch auf die je eigene Art sehen und die Handlungen nach eigenen Vorstellungen strukturieren.

Genau diese Fähigkeit, einen eigenen und klaren Standpunkt gegenüber einer komplizierten Umwelt zu entwickeln, aufrechtzuerhalten, aber auch – nach einer gewissen Bewährungsphase – ganz bewusst in Frage zu stellen, wird in vielen Managementbüchern als *Merkmal einer erfolgreichen Führungskraft* beschrieben. Hinzu kommen noch folgende Merkmale: Sie hat eine *unternehmerische Vision* und drückt in einem einfachen Leitsatz den Zweck eines Unternehmens so aus, dass die Mitarbeiter sich damit möglichst identifizieren können. Sie stellt die Gruppe, Abteilung, Unternehmung in einen *Gesamtzusammenhang*. Dabei schafft sie *übergreifende Richtlinien*, die die Mitarbeiter befähigen, selbstständig Entscheidungen zu treffen. In diesem selbst geschaffenen Rahmen *koordiniert* sie die Aktivitäten der Gruppe. Wichtig ist dazu eine gewisse *Distanz vom Alltagsgeschäft*, ein Blick, der sich von den alltäglichen Zwängen lösen kann. Gerade für wichtige und verantwortungsvolle Positionen wird also der *eigenen Sicht des komplexen Zusammenhangs*, in dem jedes Unternehmen steht, eine bevorzugte Stellung eingeräumt.

Mit ein bisschen Übung kommt man dabei genau in die Lage, die sich die erfolgreichen Lohhausen-Bürgermeister geschaffen haben.

Man kann sich Ziele überlegen, und zwar genau die eigenen. Dazu braucht man nur eine gewisse Ruhe, in der man sich loslöst von der Hektik des Alltagsgeschäfts. Ein kleines Geheimnis von Erfolg liegt also – pointiert ausgedrückt – in der Faulheit und im Nicht-Funktionieren, in der Fähigkeit, sich auf sich selbst zu orientieren. Vielleicht kann Ihnen die folgende Übung dazu behilflich sein.

Übung zur Gesprächsvorbereitung

Denken Sie an ein Gespräch, das Sie in nächster Zeit führen werden. Dies kann ein Gespräch aus dem Privatleben oder aus dem beruflichen Alltag sein. Nehmen Sie sich ein bisschen Zeit und schreiben Sie für sich auf. (Aufschreiben hat viele Vorteile: Man kann sich nicht so leicht selbst austricksen. Man sieht, wie schwierig es sein kann, Ziele zu finden, aber auch, wie sich Gedanken mit ein bisschen Übung entwickeln. Vor allem fällt man nicht so leicht auf die beschriebenen Dissonanzeffekte – mit einer nachträglichen Angleichung des vermeintlich Gedachten an die Wirklichkeit – herein.)

- Was wünschen Sie sich für das Gespräch?
- Präzisieren Sie dann: Welche konkreten Ziele können Sie aus diesen Wünschen ableiten? (Denken Sie daran: Ein Ziel soll möglichst genau beschrieben sein, es muss ein genaues Kriterium dafür geben, das festlegt, ob das Ziel erreicht worden ist, und es muss ein Zeitraum definiert werden, innerhalb dessen das Ziel erreicht werden soll.)
- Überlegen Sie sich: Haben Sie ein »gutes Gefühl«, was das Gespräch angeht? Wenn ja, woran liegt das? Wenn nein, weshalb haben Sie ein eher ungutes Gefühl?

Lassen Sie sich sehr viel Zeit für diese Übung. Denken Sie auch nach dem Gespräch noch einmal nach:

- Haben Sie alle Themen, die Sie in dem Gespräch ansprechen wollten, angesprochen?
- Welche der von Ihnen gesetzten Ziele haben Sie erreicht?
- Welche Ziele haben Sie nicht erreicht? Weshalb nicht?
- Was ist Ihnen an Ihrem Gesprächspartner/Ihrer Gesprächspartnerin aufgefallen? Inwiefern hat er oder sie sich anders verhalten als andere Gesprächspartner oder als sonst? Warum wohl?

Gerade weil das Entwickeln von Zielen für viele Menschen so ungewohnt ist, sollte man es üben. Das bedeutet natürlich nicht, dass man jetzt seine gesamte Gesprächsstrategie umbauen soll und sich immer und überall zielorientiert verhalten muss. Man kann so eine Übung eher wie ein sportliches Training betrachten. Auch hier tut es ab und zu einmal gut, sich ein bisschen zu strecken und so seinen Körper, seine Kraft und auch seine Grenzen zu spüren. Ähnlich soll ein Üben Ihnen zeigen, wo Sie stehen, was Sie können und was schwierig ist.

Es ist natürlich schade, dass Sie bei der Übung hier keinen Trainer bei sich haben, der Ihnen genau sagt, worauf Sie achten müssen. Darum seien Sie Ihr eigener Trainer und achten Sie auf das, was Ihnen leicht und was Ihnen schwierig vorkommt. Aber: Seien Sie – wie ein guter Trainer – nicht zu streng mit sich.

Binnenstruktur von Gesprächen. Die fünf Phasen eines Gesprächs

Ebenso wie es günstig ist, systematisch an ein Gespräch heranzugehen, sich also zunächst auf bestimmte, möglichst konkrete Ziele festzulegen, so ist es von Vorteil, innerhalb von Gesprächen bestimmte Strukturen zu erkennen und selbst durchzuhalten. Im Folgenden möchte ich Ihnen einige Ratschläge geben, die es leichter machen, ein Gespräch strukturiert zu führen.

Vorab sei betont, dass diese Gesprächsführungstechnik nicht in allen Gesprächssituationen notwendig und sinnvoll ist. Wenig innere Gliederung weisen beispielsweise Alltagsplaudereien und private Unterhaltungen auf, schon etwas mehr ein informeller Gedankenaustausch, und dieser Strukturierungsgrad nimmt bei Verhandlungen oder Konfliktbewältigungsgesprächen weiter zu. Vor allem Diskussionen mit kontroversen Standpunkten sollten strukturiert geleitet werden, was unter anderem ja auch in ganz besonderen und festgelegten Ritualen beispielsweise bei Parlamentsdebatten zum Ausdruck kommt. (Darauf werde ich noch ausführlich in den Kapiteln »Konfliktbewältigungsgespräche« und »Mitarbeiterbesprechungen« eingehen.)

Vor allem Gespräche, in denen wir mit unbekannten Gesprächspartnern zu tun haben, in denen schwierige Themen und kontroverse Interessen diskutiert werden, haben also eine gewisse Struktur nötig. Hierbei ist es wichtig, *fünf unterschiedliche Phasen* möglichst deutlich auseinander zu halten.

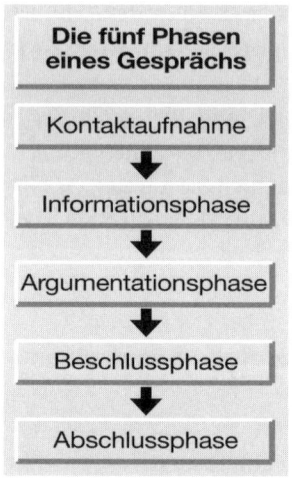

Im ersten Teil jedes Gesprächs, der *Kontaktaufnahme*, geht es darum, ein offenes und freundliches Klima für den folgenden Meinungsaustausch herzustellen. Dabei sind so einfache Dinge wie eine persönliche Begrüßung, eine freundliche Anmerkung oder sonst eine nette Geste, etwa indem man dem Gesprächspartner persönlich einen Platz anbietet, oder ein paar nette Worte zu Beginn einer Diskussion hilfreich.

Dieser Phase des Gesprächs wird manchmal ein gewisses Misstrauen entgegengebracht. Die Begrüßung wird als nette, aber belanglose Floskel abgetan, und große Herzlichkeit erscheint häufig als gekünstelt. Dass diese Gesprächsphase dennoch wichtig ist, wird durch die genannten Ergebnisse aus dem Bereich der Emotionspsychologie (s. S. 63 ff.) unterstrichen. In diesem Zusammenhang ist betont worden, dass menschliche Informationsverarbeitungsprozesse nicht starr wie die eines Computers ablaufen, sondern vor allem durch die jeweilige Stimmung beeinflusst werden. Menschen in einer angenehmen Stimmung haben bessere Möglichkeiten, auf das, was in ihrem Gedächtnis gespeichert ist, zurückzugreifen, und sie erinnern sich auch eher an die positiven Inhalte. Eine Begrüßungsphase, die den Gesprächspartner in eine positive Stimmung bringt, ist darum hilfreich.

Bei der Formulierung einer netten Anrede sollten Sie sich allerdings »kein Bein ausreißen« und »mit Gewalt einen schönen Spruch« formulieren. Meist reichen einfache Sätze wie »Schön, dass Sie gekommen sind« oder »Ich freue mich besonders, Herrn XY begrüßen zu dürfen« schon aus (falls Sie sich wirklich freuen). Wenn Ihnen das zu simpel vorkommt, überlegen Sie sich einfach einmal, wie Sie von unangenehmen Vorgesetzten begrüßt wurden und was Sie in diesem Augenblick gerne gehört hätten.

In der zweiten Phase, der *Informationsphase*, geht es darum, *einen gemeinsamen Plan* für das folgende Gespräch abzustimmen. Dazu gehört, die *Themen* des Gesprächs und den *Zeitraum*, den Sie für die einzelnen Themen vorsehen, festzulegen. Bei ausführlichen und komplizierten Gesprächen, etwa Mitarbeiterbesprechungen (s. S. 211 ff.), ist es zudem wichtig, auch zu einer Festlegung über die *Vorgehensweise* zu kommen. Dabei behilflich sind einfache Standardsätze wie

»Wir haben heute ein Extratreffen, weil wir endlich einmal über den Punkt Entwicklungskosten im XY-Bereich sprechen wollten. Dazu sollten wir uns heute wirklich Zeit nehmen. Wir dürfen aber nicht vergessen, auch noch den Eilantrag der Z-Abteilung kurz zu behandeln. Ich schlage vor, damit fangen wir an, sehen aber zu, dass wir das in einer Viertelstunde durchbekommen. (Pause und kurz Blickkontakt mit den Anwesenden) *Für den Punkt Entwicklungskosten haben wir dann bis 15.00 Uhr Zeit. Ich denke, das könnten wir schaffen.* (Pause und kurz Blickkontakt mit den Anwesenden) *Gibt es von Ihrer Seite noch Themen, die wir heute ansprechen müssten?* (Pause und kurz Blickkontakt mit den Anwesenden) *Wenn das nicht der Fall ist, möchte ich gerne ...«*

Wie Sie an dem Beispiel sehen können, ist es unerlässlich, in diese Planung des Gesprächs auch die *Gesprächspartner einzubeziehen* und daher zu fragen, welche Themen für sie im Zusammenhang mit dem Gespräch wichtig sind, denn nach der Informationsphase sollen Sie einen Plan vom weiteren Verlauf des Gesprächs haben, der von allen Beteiligten getragen wird.

Weiterhin ist es wichtig, *alle* Themen des Gesprächs anzusprechen und zumindest eine grobe Zeitplanung dafür festzulegen. Dadurch können Sie während des nachfolgenden Gesprächs überprüfen, was Sie noch vorhaben und auch, ob Sie zeitlich im Plan sind. Das gibt Ihnen eine Reihe von Steuerungsmöglichkeiten, denn Sie können ein Gespräch, das vom Thema abgleitet, mit Zustimmung aller darauf zurückbringen, da Sie sich ja mit den Gesprächspartnern auf diese Richtung geeinigt haben.

Darum ist es unerlässlich, die Informationsphase ernst zu nehmen und hierfür genügend Zeit einzuplanen. Sie sollten wirklich sicher sein, dass alle zu besprechenden Punkte genannt sind und ein Zeitplan dafür feststeht. Natürlich können während eines Gesprächs neue Punkte auftauchen, deren Bedeutung man zuvor nicht einschätzen konnte. Die genaue Vororientierung, die man sich in der Informationsphase geschaffen hat, ist aber gerade hier hilfreich, denn man kann eher beurteilen, ob für ein solches neues Thema die aktuelle Besprechung der richtige Rahmen ist. Weil in der Informationsphase Themen und Zeitplan festgelegt wurden, ist es relativ einfach, neu auftauchende Themen einzuordnen. Das kann beispielsweise folgendermaßen aussehen:

>>*Ich merke, wir haben jetzt mit dem Punkt Überstundenabbau, den Frau Fischer ins Gespräch gebracht hat, ein ganz neues Thema. Wir wollten uns heute aber vor allem über die Entwicklungskosten unterhalten. Ich schlage darum vor, wir ...*<<

Was Sie vorschlagen, kann im Einzelnen beschlossen werden. Egal wie Sie sich entscheiden, die Argumente sind einsichtig, weil Sie zuvor in der Informationsphase gemeinsam eine zeitliche Vorstrukturierung geschaffen haben.

Viele Vorgesetzte bevorzugen an Stelle der Festlegung in der Informationsphase eine Art von >>Überrumpelungsstrategie<<, bei der im Laufe und meist gegen Ende des Gesprächs neue Themen >>aus dem Hut gezaubert<< werden. Vor einer solchen Vorgehensweise möchte ich Sie warnen. Der damit verbundene Überraschungseffekt mag manchmal zum gewünschten Ergebnis führen. Nach dieser >>Demonstration<< werden Gesprächspartner jedoch oft misstrauisch und sind dies in der Regel während aller weiteren Gespräche. Dadurch entstehen Spannungen, die langfristig auch der Führungskraft nicht gefallen können.

Die *Vorgehensweise bei der Gesprächsvorbereitung* (Ziele setzen) und die Vorstrukturierung des Gesprächs in der *Informationsphase* hängen sehr eng miteinander zusammen. Wenn Sie sich vor einem

Gespräch über ihre Ziele klar geworden sind, können Sie diese meist direkt als Gesprächsthemen in die Informationsphase einbringen. Das gibt dem Gespräch eine bestimmte Richtung, die in Ihrem Interesse liegt. Denken Sie noch einmal an die Beispiele auf S. 82. Das dort an zweiter Stelle genannte Ziel lässt sich in der Informationsphase beispielsweise wie folgt ansprechen:

>*Sie wissen, wir haben einige Änderungen in der Organisationsstruktur vor uns. Ich möchte gerne einmal von jedem von Ihnen Ihre Meinung über diese Änderungen erfahren.*«

Da während der Informationsphase des Gesprächs alle Themen, die zu besprechen sind, festgelegt werden, hat man natürlich auch als Mitarbeiter das Recht, von sich aus eigene Themen in die Planung einzubringen, wenn die Führungskraft nicht für einen »sorgt«. Durch einfache Sätze wie

>*Wir sollten bei all dem heute auf jeden Fall auch über den Personalengpass in der nächsten Woche und was wir da machen können, reden.*«

kann man auf die eigenen Anliegen hinweisen und auch in Gesprächen mit Vorgesetzten eigene Ziele verfolgen. (Ein Beispiel dafür, dass und wie es möglich ist, »zielbewusst« auch »von unten« ein Gespräch zu führen, werde ich Ihnen auf Seite 146 ff. vorstellen.)

Erst nach diesen beiden vorbereitenden Schritten kommt die Kernphase eines Gesprächs: die *Argumentationsphase*, und damit die inhaltliche Auseinandersetzung. Hier zahlt sich eine gute Gesprächsvorbereitung aus. Wenn Sie sich zuvor Gedanken über Ihre Ziele gemacht und eine genaue Abmachung über die Schwerpunkte des Gesprächs erreicht haben, haben Sie für die inhaltliche Auseinandersetzung auch größtmögliche Sicherheit, denn Sie haben gemeinsam die Regeln bestimmt, nach denen vorgegangen werden soll. Mit dieser Sicherheit im Rücken wird es nicht nur einfacher, sich den Raum für die eigene Position zu verschaffen, man hat es zudem leichter, sich auf die Argumente des Gesprächspartners einzulassen. In der Argumentationsphase kann das Gespräch »hin- und herwogen«, Argumente können ausgetauscht, Ideen entwickelt, Vorschläge gemacht und wieder verworfen werden.

An einem Punkt sollten jedoch alle Entscheidungen, die im Laufe des Gesprächs getroffen worden sind, noch einmal deutlich ausgesprochen werden. Dazu dient die vierte Phase, die *Beschlussphase* des Gesprächs. In ihr sollen *alle Entscheidungen noch einmal so formuliert werden, wie sie von allen Beteiligten getragen werden.* Auch hier gibt es Standardsätze, die dies vereinfachen:

> *»Vielleicht können wir kurz rekapitulieren: Wir möchten im B-Bereich zunächst nicht mehr neu investieren.* (Pause, Blickkontakt mit den Anwesenden, um Gelegenheit zu Zustimmung und Widerspruch zu geben) *Die Entscheidung über den neuen Mitarbeiter bei der C-Abteilung vertagen wir erst einmal auf das nächste Quartal* (Pause, Blickkontakt mit den Anwesenden) ... *und was den Punkt Einführung des neuen EDV-Systems angeht, warten wir die Expertise von Herrn Stolpe ab* (wieder Pause und Blickkontakt mit den Anwesenden).«

Auch wenn der Begriff »Beschlussphase« technisch klingt, soll diese Phase ein Stück der eigenen Bequemlichkeit zu ihrem Recht verhelfen: Statt der vielen Argumente und Überlegungen, die in der Argumentationsphase genannt und möglicherweise wieder verworfen werden, müssen Sie sich nur die Entscheidungen aus dieser Phase merken. Die Beschlussphase soll Ihnen helfen, das Gespräch »innerlich abzuhaken«.

Da während eines Gesprächs häufig viele Gedanken aufeinander treffen, ist es wichtig, diese Beschlüsse genau zu formulieren und auch von den Gesprächspartnern bestätigen zu lassen. Dies kann wie im obigen Beispiel durch eine einfache Pause im Satz und Blickkontakt erreicht werden. Manchmal ist es aber deutlicher, tatsächlich noch einmal nachzufragen.

> *»Wir sind uns also einig, dass wir bei der Mittelverteilung jetzt voll auf das X-Projekt setzen und alles andere erst einmal im Hintergrund lassen?* (Pause, Blickkontakt, möglichst mit allen Beteiligten*)«*

Eine solche Beschlussphase ist – auch wenn das ungewohnt erscheinen mag – natürlich ebenfalls in Gesprächen mit Vorgesetzten möglich. Hier kann man das Ergebnis eines Gesprächs genauso festhalten (und sich dann später darauf berufen).

> *»Ich habe Sie doch richtig verstanden, dass Sie bis zum Ende des Quartals über das XY-Projekt entschieden haben?«*

Zu den Beschlüssen gehören – wie in den Beispielen zu erkennen ist – insbesondere auch *Terminfestlegungen*. Nach dem Gespräch sollten Sie und Ihr Gesprächspartner eine genaue Vorstellung davon haben, was bis zu welchem Zeitpunkt getan werden soll.

In der Beschlussphase sollten Sie besonders aufmerksam sein. Hier werden von unfairen Gesprächspartnern häufig noch »Punkte gemacht«. Manchmal fassen Diskussionsteilnehmer oder -leiter eine kontroverse Diskussion so zusammen, dass vor allem ihre eigene Meinung als gemeinsamer Beschluss erscheint. In diesem Fall haben sie das Recht, sich zu wehren. Sie sollten dann sofort ihre eigene Meinung noch einmal ins Gespräch bringen. Dies kann beispielsweise folgendermaßen geschehen.

> A: *»Wir überlassen also die weitere Vorbereitung Herrn B.«*
>
> B: *»Ich möchte gerne noch ergänzen, dass wir uns darauf geeinigt haben, dass ich dabei auch mit der Unterstützung von Herrn C rechnen kann.«*

Denken Sie daran: Der Beschluss einer Diskussionsrunde ist nur dann ein Beschluss, wenn er wirklich von allen Beteiligten getragen wird. Der Beschluss kann auch lauten, dass als Ergebnis klar herausgestellt wird, dass eine Einigung zum jetzigen Zeitpunkt nicht möglich ist.

> *»Ich kann also festhalten, dass wir uns noch nicht auf ein neues EDV-System einigen konnten, weil die Frage der Umstellungskosten und das Problem einer Zwischenlösung für die C-Abteilung noch nicht geklärt sind. Herr Schmidt wird uns aber auf jeden Fall informieren, wenn die neue Kalkulation durch ist.«*

Auf solche Festlegungen kann man sich bei einem späteren Gespräch eindeutig berufen. Solche gemeinsam getragenen Feststellungen können auch klare Konsequenzen haben. In jedem Fall wissen – trotz unterschiedlicher Standpunkte – alle Beteiligten, woran sie sind.

Ebenso wie eine freundliche Begrüßung gehört ein positiver Abschluss, also eine *Abschlussphase*, zu einem Gespräch. Auch das kann man wieder durch die bereits geschilderten Befunde aus der Emotionspsychologie begründen: In einer angenehmen Stimmung werden die positiven Aspekte eines Gesprächs eher erinnert. Wenn Sie also zum Abschluss eines Gesprächs für eine entspannte und freundliche Stimmung sorgen, ist das nicht einmal besonders uneigennützig, denn schließlich werden Sie in vielen Fällen wieder mit demselben Gesprächspartner zu tun haben. Eine angenehme und gelöste Atmosphäre zum Abschluss trägt dazu bei, dass das Gespräch selbst in guter Erinnerung bleibt. Auch dafür müssen Sie sich nicht verstellen. Häufig sorgen schon ein paar Worte wie

»Na wenigstens haben wir uns einmal gründlich und in aller Ruhe ausgesprochen.«
»Vielen Dank, dass Sie sich die Zeit für unser Gespräch genommen haben.«

selbst bei unangenehmen Gesprächen für eine (zumindest einigermaßen) gelöste Abschlussstimmung. Wenn Sie zu einem Gespräch eingeladen haben, tut es den meisten Gesprächspartnern gut, wenn Sie sich für das Kommen bedanken. Die Gesprächspartner haben schließlich Zeit und Kraft geopfert. Wenn Sie sich unsicher sind, ob das vielleicht »zu dick aufgetragen« ist, überlegen Sie sich, wie eine solche kurze Anmerkung zu Ende eines Gesprächs bei Ihnen selbst ankommen würde. Die meisten Menschen freuen sich über ein paar nette Worte zum Abschluss.

Dies ist besonders bei *Mitarbeiterbesprechungen* (s. dazu ausführlicher S. 211 ff.) hilfreich, wird gerade da aber oft übergangen, weil bei dieser Form von Gesprächen alle gefordert sind, dem Inhalt des Gesprächs zu folgen, aber nur vergleichsweise selten die Gelegenheit haben, selbst durch Äußerungen in den Prozess der Meinungsfindung einzugreifen. Am Ende sind dann meist alle froh, dass die Diskussion zu Ende ist, und gehen auseinander. Gerade in einer solchen Situation sind ein paar freundliche Worte des Dankes willkommen und geben allen das Gefühl, »es gemeinsam geschafft zu haben«.

Wenn Sie die fünf Phasen noch einmal im Überblick anschauen (s. S. 96), sehen Sie, dass ein strukturiertes Gespräch eine *Sandwichstruktur* aufweist: Die beiden äußeren Phasen (1 und 5) bilden eine emotionale Einbettung, in der die für ein gutes Gespräch notwendige emotionale Nähe hergestellt (1) und wieder hergestellt (5) werden soll. Dazwischen wird in der zweiten und vierten Phase sehr strukturiert vorgegangen. Diese Phasen schaffen Verbindlichkeit für das Gespräch (2) und für die nachfolgende Zeit (4). Für dieses strukturierte Vorgehen, in dem wichtige Entscheidungen für den Gesprächsverlauf und darüber hinaus getroffen werden, ist die »emotionale Umrahmung« durch die erste und die abschließende Phase in aller Regel hilfreich. In der Kernphase des Gesprächs (3) ist dann »alles möglich«, zumindest ist gerade für diesen Zeitraum keine besondere Regel vorgesehen. Das ist auch verständlich, denn Sicherheit und Verbindlichkeit sind auf doppelte Art und Weise (einmal emotional und einmal durch Strukturbildung) schon in den beiden Rahmenschichten hergestellt.

Da diese Aufteilung also offensichtlich unserer Art entspricht, mit komplizierten Dingen umzugehen, erkennt man ein gut verlaufendes Gespräch oft schon daran, dass diese fünf Phasen in der beschriebenen Reihenfolge durchlaufen werden. Bei *unsachlichen Gesprächen* kommen dagegen meist *Abweichungen von dieser Reihenfolge* vor: Es werden Phasen übersprungen, oder es finden Sprünge zwischen den Phasen statt. Bei solchen Gesprächen wird oft beim erstbesten Thema losdiskutiert (hier kommt also die Phase 2 zu kurz, und es wird gleich in Phase 3 gesprungen), sie beginnen oft ganz abrupt (Phase 1 und bisweilen sogar Phase 2 werden übergangen) oder enden ungewohnt plötzlich (dann fehlt die Phase 5 und manchmal sogar die Abklärung in Phase 4). Oft wird nach Gesprächsende noch »nachgekartet« (»Herr Maier, was mir gerade noch einfällt ...«, und das heißt Sprung zurück aus Phase 5 ungefähr in Phase 3).

Häufig haben Gesprächspartner Schwierigkeiten miteinander, weil sie sich in unterschiedlichen Phasen befinden. Dies ist beispielsweise dann der Fall, wenn Gesprächspartner versuchen, mit einem bestimmten Thema anzufangen, bevor der Rahmen des Gesprächs (in einer Informationsphase) abgesteckt ist. Dies dient manchmal einfach dem Zweck, unangenehme »Themen draußen zu halten«. Oft kommt ein Gesprächsteilnehmer auch zu Beschlüssen, bevor die Argumentationsphase von allen als abgeschlossen angesehen wird. In solchen Fällen ist es wichtig, Übereinstimmung darüber herzustellen, »wo man eigentlich steht«, sprich: in welcher Phase des Gesprächs man sich befindet. Hier sind einfache Aussagen, die die Phasenstruktur des Gesprächs abklären, hilfreich:

> *»Ich glaube, wir sollten uns erst auf die Reihenfolge der Diskussionspunkte einigen.«*
> *»Sind wir da einer Meinung und können zum nächsten Punkt übergehen?«*

Das sind in aller Regel ganz kurz (mit »Ja« oder »Nein«) zu beantwortende Entscheidungsfragen (s. dazu auch S. 113 ff.), deren Beantwortung kaum Zeit in Anspruch nimmt, die aber die Gesprächspartner synchron die Phasenstruktur durchlaufen lassen.

Noch einmal sei daran erinnert, dass eine solche Form der Struktur für viele Gespräche nicht nötig ist. In Alltagsgesprächen können wir häufig »sofort zur Sache kommen« oder uns auch »mittendrin verabschieden«. Die große Vertrautheit mit dem Gesprächspartner und die Tatsache, dass man weiß, »mit wem man es zu tun hat«, gibt in diesem Fall die Sicherheit und die emotionale Geborgenheit, die man in einer ungewohnten Gesprächssituation erst herstellen muss. Je weniger dies jedoch gegeben ist, umso wichtiger wird die Strukturierung durch eine Beachtung der unterschiedlichen Phasen. Das kann man sich relativ einfach aneignen. Die folgende Übung soll Ihnen hierfür Anregungen vermitteln.

Übung zur Strukturierung von Gesprächen

Denken Sie einmal an ein Arbeitsgespräch zurück, das Sie in letzter Zeit geführt haben und überlegen Sie sich:

- Welches waren die fünf Phasen dieses Gesprächs? Wo (ungefähr) hat jede Phase begonnen und bei welchem Punkt hat sie aufgehört?
- Sind alle Phasen vorgekommen?
- Sind die fünf Phasen in der richtigen Reihenfolge durchlaufen worden, oder fanden Sprünge zwischen den Phasen statt?
- Falls die übliche Reihenfolge nicht eingehalten wurde oder falls eine der Phasen zu kurz kam: Welche Ursachen gab es Ihrer Ansicht nach dafür?

Die zeitliche Strukturierung von Gesprächen. Pausenverhalten, Rekapitulieren und Türöffner

Eine der wichtigsten Gesprächsführungstechniken ist die *bewusste zeitliche Strukturierung von Gesprächen.* Zur Verdeutlichung dieses Sachverhalts möchte ich Ihnen einige *Gesprächs-Chronogramme* vorstellen. *(*Das Wort Gesprächs-Chronogramm bedeutet, dass die zeitlichen Anteile der Äußerungen von Gesprächspartnern aufgeschrieben werden – »chronos« ist das griechische Wort für Zeit.) In solchen Schaubildern sind die Redeanteile von unterschiedlichen Gesprächspartnern in ihrer zeitlichen Reihenfolge wieder gegeben.

Als Normalfall erleben wir es, wenn zwei Diskussionspartner ihre Beiträge abwechselnd und mit ähnlichen Zeitanteilen abgeben. Ein entsprechend ausgeglichenes oder »balanciertes« Gesprächs-Chronogramm ist in der folgenden Abbildung zu sehen.

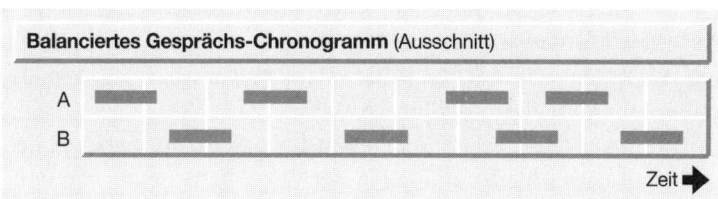

Bei diesem Gespräch beginnt A, dann ergreift B nach einer kurzen Pause das Wort, danach wieder A. Nach einer etwas längeren Pause wieder B. Gegen Ende des Gesprächsausschnitts fällt B dem Sprecher A ins Wort (beide reden kurz gleichzeitig) und A wiederum dem Sprecher B, aber dann scheint das Gespräch »in ruhigeren Bahnen« zu verlaufen, weil keine Überschneidung mehr stattfindet.

Meistens empfinden wir einen einigermaßen ausgeglichenen Wechsel als angenehm. Dies hängt damit zusammen, dass eine solche Abfolge es uns erleichtert, in einem Gespräch persönliche oder schwierige Themen anzugehen: Untersuchungen aus dem Bereich der Selbstenthüllungsforschung haben nämlich gezeigt, dass wir einem bestimmten zeitlichen Muster folgen, wenn wir einander persönliche Dinge berichten. Hier gilt das Prinzip der *Reziprozität* (siehe dazu beispielsweise Spitznagel/Schmidt-Atzert 1986). Dies bedeutet, dass Sprecher den Grad an Offenheit in der eigenen Aussage davon abhängig machen, wie offen der Gesprächspartner in der vorherigen Äußerung war. Gesprächspartner arbeiten sich sozusagen gemeinsam in die Tiefe vor, indem sie auf zunächst oberflächliche und allgemeine Floskeln mit etwas persönlicheren Äußerungen reagieren und dann – wenn auch der Gesprächspartner etwas Persönliches von sich preisgibt – wiederum private Dinge äußern. Von dieser Regel weichen Menschen nur dann ab, wenn sie sich gut kennen (wenn also der Vertrauensvorschuss schon gegeben ist) oder wenn ganz dringende Gründe vorliegen.

Diese wechselseitige Schrittfolge ist anscheinend von so grundsätzlicher Bedeutung, dass wir auf Störungen dieses Musters sensibel reagieren. Es kommt uns »befremdlich« vor, wenn Gesprächspartner, vor allem fremde, »mit der Tür ins Haus fallen« und gleich persönliche Dinge berichten. Ebenso fühlen wir uns »im Regen stehen gelassen«, wenn auf eine eigene private Äußerung nur eine allgemeine und unverbindliche Floskel folgt.

Im Alltag ist dieser Effekt des »Sich-gegenseitig-in-die-Tiefe-Leitens« so stabil, dass wir ihn manchmal sogar benutzen, um durch eigene »Selbstenthüllung«, das heißt: relativ persönliche Aussagen, die Selbstenthüllung des anderen zu fördern.

Damit wir dieses relativ stabile Muster, das uns zur persönlichen Sicht und damit häufig zum Kern der Dinge führt, einhalten können, ist eine »balancierte« Abfolge der Gesprächsbeiträge im Gesprächs-Chronogramm oder zumindest ein ähnliches Gesprächsmuster, bei dem auf die eigene Aussage zumindest eine kurze Bestätigung erfolgt, offensichtlich am besten geeignet.

Abweichungen von diesem stetigen Wechsel werden meist als auffallend erlebt. Oft erlauben sie auch Aussagen über die besondere Konstellation, in der sich die Gesprächspartner befinden. Zur Verdeutlichung dieses Sachverhalts möchte ich Ihnen einige Beispiele geben. Die folgende Abbildung zeigt einen Ausschnitt aus dem Gesprächs-Chronogramm eines Familiengesprächs.

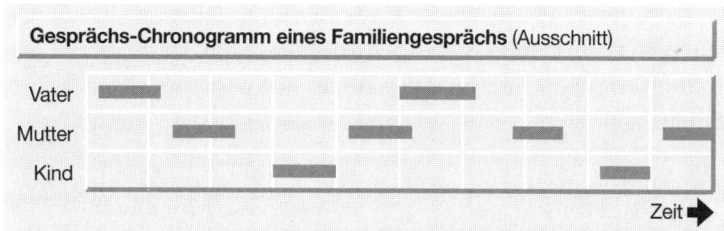

In der Abbildung ist zu sehen, dass das Gespräch damit beginnt, dass der Vater eine Aussage trifft (Eintrag in der ersten Zeile hinter der Abtragung Vater). Danach redet die Mutter (Eintrag in der zweiten Zeile). Nach einer kleinen Pause sagt das Kind etwas, worauf die Mutter wieder das Wort ergreift. Während sie noch spricht, beginnt der Vater mit einer längeren Aussage, worauf die Mutter sofort zu sprechen aufhört. Nach dessen Redebeitrag sagt die Mutter etwas und danach auch das Kind.

Dieses Gesprächs-Chronogramm zeigt einige Auffälligkeiten. Dazu gehört die Tatsache, dass der Vater (in diesem Protokollausschnitt) relativ dominant erscheint: Er unterbricht (die Mutter), wird aber selbst nicht unterbrochen. Zudem scheint er nie direkt zu dem Kind zu sprechen und auch nicht direkt auf die Äußerungen des Kindes zu reagieren. Vielmehr scheint die Mutter eine Art Puffer- oder Übersetzerfunktion zu haben: Sie redet in diesem Beispiel stets zwischen Vater und Kind. Das Kind wirkt in dem Gespräch relativ ruhig: Nachdem die Mutter etwas gesagt hat, macht es erst einmal eine kurze Pause und geht dann darauf ein. Die Mutter macht demgegenüber einen etwas unsicheren Eindruck, denn sie redet sofort nach dem Kind und lässt sich von dem Vater unterbrechen. Nach dessen längerer Ausführung entsteht zudem eine Pause, die von der Mutter überbrückt wird. Wiederum nach einer Pause sagt das Kind etwas, was anscheinend sofort von der Mutter aufgegriffen wird. Aus dem kleinen Gesprächsausschnitt sind natürlich keine sicheren Interpretationen möglich. Dennoch legt dieser Gesprächsausschnitt Deutungen nahe: Der Vater wirkt wie die Autorität des Familiensystems, während die Mutter eher eine Art Mittler- oder Übersetzerrolle zwischen Vater und Kind einnimmt und in dieser problematischen Rolle auch ein wenig überfordert zu sein scheint.

Ein weiteres Beispiel dafür, dass wir schon durch den Anteil von Sprechen und Schweigen etwas ausdrücken, ist in der folgenden Abbildung zu sehen. Es zeigt einen Ausschnitt aus einem Mitarbeitergespräch.

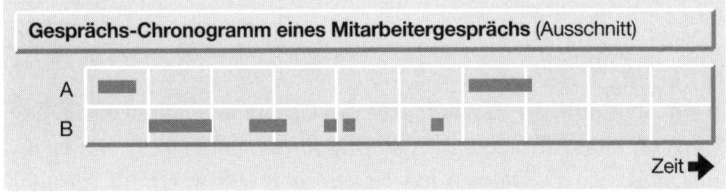

Bei diesem Gesprächs-Chronogramm ist der Anteil von Reden und Schweigen zwischen beiden Gesprächspartnern sehr unausgeglichen. A spricht kurz. Dann reagiert B. Die Erwartung wäre, dass A wiederum das Wort ergreift. Das ist jedoch nicht der Fall. B »springt also in die Bresche« und sagt selbst wieder etwas. Allerdings schon kürzer. Nach der Reziprozität wäre jetzt A »wieder am Zug«. Aber A schweigt eisern. B »lässt sich wieder breitschlagen« und reagiert. Jetzt schon mit einem ganz kurzen Redebeitrag. Dieses »Spiel« wiederholt sich dann noch einmal. Und erst jetzt »lässt sich A herab« und bringt einen eigenen Redebeitrag.

Das Gesprächs-Chronogramm legt nahe, dass wir es bei diesem Gespräch mit einem ungleichen Machtverhältnis zu tun haben: Offensichtlich kann es sich A »leisten«, eine der unausgesprochenen Regeln von Gesprächen, nämlich die Wechselseitigkeit von Gesprächsanteilen, zu durchbrechen. Dies ist häufig bei Vorgesetzten der Fall, die ihre Mitarbeiter durch langes und lastendes Schweigen buchstäblich »verhungern« lassen.

B versucht relativ erfolglos, gegen das Schweigen anzureden, und muss dabei eine ganze Weile buchstäblich orientierungslos sprechen, weil ihm nach den eigenen Aussagen die Rückmeldungen des Gesprächspartners fehlen.

Ein solches Fehlen von Rückmeldungen hat häufig auch Auswirkungen auf den Inhalt des Gesagten: Weil jede Art von Echo fehlt, ist die zweite Aussage in aller Regel schwächer als die erste. Sie wirkt meist wie eine Beschönigung, und manchmal wird – auf Grund des Schweigens des Gesprächspartners – die eigene Aussage zurückgenommen. Dann kann man sich in einer Situation eisigen Schweigens auch selbst »um Kopf und Kragen« reden.

An diesem Extremfall wird erkennbar, dass gerade das *Einhalten von Pausen* eine erfolgreiche Technik zum Führen eines Gesprächs sein kann. Sie fordern den Gesprächspartner auf, selbst das Wort zu ergreifen. Das verdeutlicht auch das folgende Gesprächs-Chronogramm eines weiteren Mitarbeitergesprächs.

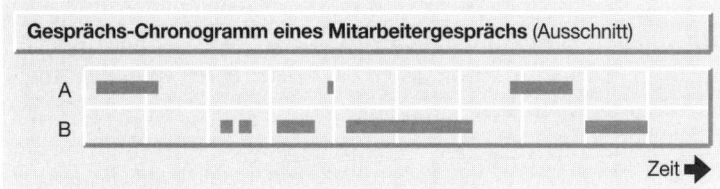

In diesem Mitarbeitergespräch macht A zunächst eine Aussage, nach der B eine ganze Weile nichts sagt. A hält die dadurch entstehende Pause aus. Nach einiger Zeit spricht B doch (ganz der »Regel der Wechselseitigkeit« folgend), zuerst zögernd, dann etwas länger. Hier macht A nur eine ganz kurze Aussage. Worauf B, ermutigt dadurch, dass er jetzt wieder Wechselseitigkeit erlebt, weiter und jetzt ausführlicher redet. Das Gespräch geht dann in eine Phase mit etwa gleich langen Gesprächsanteilen über. Offensichtlich hat die längere Pause zu Anfang des Gesprächs dazu geführt, B aktiv in das Gespräch eingreifen zu lassen.

Das Setzen einer Pause kann also ein wirksames Mittel sein, einen Gesprächspartner zu aktivieren, ihn zu öffnen und zu einem tieferen Verständnis zu führen. Das bewusste Setzen von Pausen ist daher ein zentraler Bestandteil jeder Gesprächsführung.

Durch diese Gesprächsführungstechnik sollen Sie sich aber nicht zu sehr unter Druck setzen lassen. Viele Gesprächspartner können Pausen nicht gut aushalten und reden, obwohl sie das gar nicht wirklich wollen. Es besteht aber nur in den seltensten Fällen eine Verpflichtung, in einer Pause, die nach Ihrer Aussage entsteht, wieder das Wort zu ergreifen. Vielmehr haben Sie das Recht zu schweigen. Betrachten Sie eine Pause daher als einen wichtigen und natürlichen Bestandteil von Gesprächen. Im Grunde wird Ihnen hier die Gelegenheit gegeben, Ihre Gedanken zu sortieren. Sie müssen aber nicht sprechen! Wie ich Ihnen zeigen werde (s. S. 113 ff.), lassen sich wirklich lange und belastende Pausen viel besser dadurch angehen, indem Sie eine Frage stellen, als selbst weiter zu argumentieren.

Eine besonders hilfreiche und einfache Form zum Gestalten der zeitlichen Struktur von Gesprächen ist das *Rekapitulieren*. Hierbei wird die Aussage des Gesprächspartners aufgegriffen und durch eine kurze Wiederholung des Gesagten die Sicherheit gegeben, dass die Aussage angekommen ist. Es wird also keine neue Information gegeben, sondern es wird nur auf die Aussage des Gesprächspartners eingegangen. Dies kann schon durch das Wiederholen eines oder mehrerer Wörter geschehen.

> A: *»Nur wenn es halt nicht anders geht, wird die Störmeldung telefonisch durchgegeben, die schriftliche Meldung folgt dann innerhalb eines Tages.«*
> B: *»Nicht anders geht?«*
> A: *»Ja, damit meine ich …«*

In diesem Beispiel deutet ein Gesprächspartner mit seiner Aussage »nicht anders geht« einen bestimmten Sachverhalt nur an. Das tun wir häufig, weil wir – wie im Kapitel »Theorien zwischenmenschlicher Kommunikation« erläutert – meist davon ausgehen, dass unsere Gesprächspartner »schon wissen«, was mit dem Gesagten gemeint ist, und daher unklare oder schlagwortartige Begriffe gebrauchen. Die Wiederholung dieser Formulierung zwingt dann zu größerer Präzision. Das folgende Beispiel zeigt, dass es manchmal auch günstig ist, einen Sachverhalt mit einer leicht veränderten Formulierung zu wiederholen.

> A: *»Ich bin mir nicht so sicher, ob wir das in der gegenwärtigen Situation überhaupt finanzieren können.«*
> B: *»Sie machen sich vor allem Sorgen um die Kosten. (Pause)«*
> A: *»Sicher, seit wir diesen Kredit ...«*

Auch hier wird versucht, den Gedankengang des Gesprächspartners auf den Punkt zu bringen und dabei seine Gefühlslage anzusprechen. Dies hat häufig die Wirkung, dass ein Gesprächspartner sich direkt aktiviert fühlt, dann mehr und auch Deutlicheres zum Thema zu sagen. Auch das lässt sich dadurch erklären, dass beim Rekapitulieren das Idealbild des balancierten Gesprächs-Chronogramms erhalten bleibt, auch wenn der zweite Gesprächspartner keine neuen Inhalte bringt. Die formale Wechselseitigkeit ist jedoch eine gute Ausgangsvoraussetzung, dass das Thema vertieft wird.

Rekapitulieren ist daher mehr als ein Nachplappern. Es geht um etwas anderes: Der Empfänger sendet keine eigenen Botschaften, er meldet nur das zurück, was nach seinem Gefühl das Wichtigste oder die eigentliche Botschaft des Senders gewesen ist. Er versucht also, *die Welt mit den Augen seines Gesprächspartners zu sehen*, um dadurch zu einem besseren Verständnis des Gesprächspartners zu kommen. Weil wir es in aller Regel als angenehm erleben, wenn ein anderer ernsthaft versucht, unsere eigene Welt zu verstehen, kann dadurch ein Klima des Verständnisses und Vertrauens entstehen und das Gespräch an tiefere Erfahrensschichten herankommen.

Wird das Rekapitulieren als bloßes Nachplappern eingesetzt, verliert es diese Wirkung, weil hierdurch in aller Regel Widersprüche zwischen den vielen nonverbalen Signalen, die während eines Gesprächs gesandt werden, und dem Gesagten entstehen: Sobald Gesprächspartner jedoch Widersprüche zwischen unterschiedlichen nonverbalen Signalen spüren, entsteht Misstrauen. Der öffnende Effekt, der bei wirklichem Interesse durch das Rekapitulieren ausgelöst wird, wird so meist ins Gegenteil verkehrt.

Eine weitere Form der bewussten zeitlichen Strukturierung von Gesprächen ist der Einsatz der so genannten *Türöffner*. Türöffner sind kurze Äußerungen wie »hmm«, »aha« oder »ja«, die dem Gesprächspartner signalisieren, dass seine Äußerungen wahrgenommen werden. Besonders wenn diese Türöffner mit Blickkontakt verbunden sind, reagieren die meisten Menschen stark darauf. Sie erleben sie als Bestätigung und Bekräftigung ihrer eigenen Meinung und als Aufforderung zur weiteren Darstellung des Gesagten.

Dies lässt sich dadurch erklären, dass durch diese kurzen Rückmeldungen Wechselseitigkeit im Gesprächs-Chronogramm entsteht. Nicht nur ein Gesprächspartner führt das Wort, sondern beide wechseln sich ab. Auch wenn die Wortbeiträge unterschiedlich lang sind, bleibt das gewohnte Muster des Sichabwechselns erhalten und ermuntern den Gesprächspartner weiterzureden. Türöffner sind – wie ich Ihnen auf Seite 139 ff. an einem ausführlichen Beispiel erläutern möchte – darum ein Hilfsmittel, um ein Gespräch zu vertiefen. Türöffner werden manchmal aber *falsch eingesetzt*, indem versucht wird, durch Äußerungen wie »mmh«, »ach ja« oder ein betont gelangweilt ausgesprochenes »aha« den Redeschwall eines Gesprächspartners zu stoppen. Das kann funktionieren, muss aber nicht: Ganz im Gegenteil scheinen manche Leute nach solchen Äußerungen erst richtig loszulegen.

Das lässt sich ebenfalls mit dem balancierten Gesprächs-Chronogramm gut erklären: Viele Gesprächspartner erleben Türöffner als Anregung zum Weiterreden, weil dadurch die Balance im Gesprächs-Chronogramm erhalten bleibt. In diesem Fall ist es aussichtslos, den Gesprächspartner durch Türöffner zum Schweigen zu bringen. Anders sieht das bei sensibleren Gesprächspartnern aus: Sie bemerken den Widerspruch zwischen der Aufforderung zum Gespräch, die mit dem Türöffner verbunden ist, und dem gelangweilten Tonfall oder der abwehrenden Gestik, die der Gesprächspartner darüber hinaus sendet. Dieser Widerspruch zwischen den unterschiedlichen Kanälen führt dann schnell dazu, dass das Gespräch beendet wird. Gerade bei intensiven Dauerrednern ist jedoch kaum damit zu rechnen, dass sie durch Türöffner gestoppt werden können, weil sie meist mit der »Produktion« immer neuer Themen beschäftigt sind, dass sie einen solchen Widerspruch gar nicht bemerken. Für sie wirken Türöffner als reine Bekräftigung, in ihrem Redefluss fortzufahren. Zur Beendigung eines solchen Gesprächs müssen darum andere Hilfsmittel angewandt werden (s. S. 134 ff.). Obwohl wir Pausen und Türöffner meist automatisch einsetzen und »ohne groß zu überlegen« darauf reagieren, lässt sich unsere Fähigkeit zur Gestaltung von Pausen auch trainieren. Hierbei soll Ihnen die folgende Übung helfen.

Übung zur zeitlichen Strukturierung von Gesprächen

Beobachten Sie einmal ein kleines Gespräch zwischen mehreren Gesprächspartnern (das geht ganz unauffällig beispielsweise beim Betrachten eines Fernsehinterviews oder einer Familienserie) und überlegen Sie sich:

- Wie steht es um die Pausenlängen? Wie lang sind die Pausen im Vergleich zu Gesprächen, die Sie sonst kennen?
- Welcher der Gesprächsteilnehmer hält Pausen aus? Wer nicht?
- Wer redet typischerweise nach wem? Wer redet nie nach bestimmten Gesprächspartnern? (Diese dritte Übung ist recht schwierig. Sie wird etwas einfacher, wenn man sich eine Strichliste anlegt. Die hierbei erhaltenen Muster sind meist sehr aussagekräftig.)

Nach dieser »Trockenübung« können Sie sich auch überlegen:

- Wie sieht es mit dem Pausenverhalten Ihres Vorgesetzten aus? Lässt er Pausen? Wie reagieren Sie auf solche Gesprächspausen?
- Wie gestalten Sie die Pausenlänge im Gespräch mit Mitarbeitern? Wie reagieren Ihre Mitarbeiter, wenn Sie eine kurze Pause machen?
- Beobachten Sie einmal, ob und wann Sie selbst Türöffner einsetzen. Was macht Ihr Gesprächspartner nach einem Ihrer Türöffner?

Frageformen und ihr gezielter Einsatz

Fragen zu stellen ist ein einfaches Mittel, um die Gedankenwelt eines Gesprächspartners kennen zu lernen. Der bewusste Einsatz von Fragen ist darum eine der effizientesten Techniken der Gesprächsführung. Es gibt aber verschiedene Fragetypen, und diese sind je nach

Situation unterschiedlich effektiv. Besonders wichtig ist die Unterscheidung zwischen *offenen* und *geschlossenen Fragen.*

Offene Fragen fordern den Gesprächspartner auf, aus sich herauszugehen und seine Überlegungen ausführlich darzustellen. Solche Fragen werden auch W-Fragen genannt, weil das Fragewort (in aller Regel) mit einem W beginnt. Wie die folgenden Beispiele zeigen, können offene Fragen nicht (oder nur schwer) mit einem einzigen Wort beantwortet werden:

>*Wie meinen Sie das?«*
>*Was haben Sie hierzu für Vorstellungen?«*
>*Wo sehen Sie die Ursachen?«*

Im Gegensatz dazu stehen *geschlossene Fragen*, die manchmal auch als Entscheidungsfragen bezeichnet werden. Solche Fragen können mit »Ja« oder »Nein« oder mit bestimmten, umgrenzten Inhalten beantwortet werden. Sie legen eine Entscheidung und Festlegung des Antwortenden nahe. Beispiele für geschlossene Fragen sind:

>*Sind Sie mit diesen Konditionen einverstanden?«*
>*Welchen Liefertermin kann ich vormerken?«*
>*Wer kommt alles zu der Besprechung?«*

Im ersten Fall sind »ja« oder »nein« die Antworten, die zu erwarten sind. Im zweiten Fall geht es um ein bestimmtes Datum, und im dritten Beispiel wird ein von vornherein eingegrenzter Personenkreis festgelegt. In diesen Fällen – und darum ist die Bezeichnung »geschlossene Frage« zutreffend – erlaubt die Antwort auf die Frage nicht, ein neues Gebiet anzuschneiden. Natürlich ist diese Trennung nicht immer eindeutig. Selbst Entscheidungsfragen können – das kennt man nicht nur von Interviews mit Politikern – mit einer unbestimmten Aussage offen gelassen werden. Auch auf offene Fragen antworten viele Menschen einsilbig. Die unterschiedlichen Frageformen können den Antwortenden nicht in eine bestimmte Richtung zwingen, sie legen aber einen bestimmten Antwortstil nahe.

Die unterschiedlichen Fragetypen können gezielt je nach Gesprächsphase eingesetzt werden. Da geschlossene Fragen den Gesprächspartner festlegen und es erlauben, konkrete und verbindliche Informationen festzuhalten, sind sie besonders in der Beschlussphase des Gesprächs (Phase 4, s. S. 96 ff.) wichtig. Beispiele für solche geschlossenen Fragen sind:

>»Können wir diesen Punkt abhaken?«*
>»Sind wir hier jetzt einer Meinung?«*

Im Gegensatz dazu sind offene Fragen wichtig, wenn es darum geht, die Gedankenwelt des Gesprächspartners kennen zu lernen. Diese Form der Fragen ist daher bei Problemlösegesprächen und vor allem in der Argumentationsphase von Auseinandersetzungen von entscheidender Bedeutung. Auf Fragen wie

>»Welche Möglichkeiten sehen Sie?«*
>»Woran liegen Ihrer Meinung nach die Schwierigkeiten, mit denen wir im Moment kämpfen?«*
>»Was haben Sie für Erwartungen an dieses Arbeitsfeld?«*

kann es eine große Anzahl unterschiedlicher Antworten geben, und sie geben dem Gefragten die Möglichkeit, sich wirklich »gefragt« (im doppelten Wortsinn) zu fühlen und den eigenen Standpunkt in den Mittelpunkt zu stellen. Ein Beispiel dafür sind Bewerbungsgespräche. Auch hier sind Fragen ein wichtiges Instrument, um die Gedankenwelt des Gesprächspartners kennen zu lernen. Offene Fragen, wie die folgenden, sind typisch:

>»Was haben Sie für Gehaltsvorstellungen?«*
>»Welche Ziele haben Sie für Ihre neue Aufgabe?«*

Besonders in ungewohnten Gesprächssituationen kann der Freiraum, der mit einer offenen Frage verbunden ist, als belastend empfunden werden. Beispiele dafür sind Fragen wie:

>»Wo liegen Ihre größten Stärken?«*
>»Wo liegen Ihre Schwächen?«*

Hier wird besonders deutlich, dass Fragen und vor allem offene Fragen starke Führungsinstrumente sind. Etwas überspitzt kann man sagen, dass man durch die Formulierung einer Frage, eine Aufgabe gibt, nämlich die Beantwortung der Frage.

Mit etwas Übung werden Sie feststellen, dass es in fast allen schwierigen Gesprächssituationen günstig ist, Fragen zu stellen. Wie die folgenden Beispiele noch einmal zeigen sollen, kann man hierdurch schweigende Gesprächspartner aktivieren (Beispiel 1), genauere Informationen abrufen (Beispiel 2), aufdecken, ob die eigenen Aussagen verstanden worden sind (Beispiel 3), ja sogar unsachliche Angriffe abwehren (Beispiel 4):

Beispiel 1:   »*Sie sagen gar nichts. Wie ist Ihre Meinung zu dieser Änderung?*«

Beispiel 2:   »*Ich sehe das noch nicht ein. Vielleicht können Sie noch einmal genauer die eigentlichen Vorteile dieser Finanzierungsform beschreiben.*«

Beispiel 3:   »*Sie schauen mich etwas ungläubig an. Gibt es noch Fragen zu meinem Konzept?*«

Beispiel 4:   »*Sie gehen mich hier ziemlich hart an. Was könnten wir Ihrer Meinung nach tun?*«

Fragen sind also keinesfalls Ausdruck von Unsicherheit, wie häufig vermutet wird. Viel schlüssiger ist der Gedanke, dass ein souveräner Gesprächspartner die Kreativität und das Wissen der Gesprächsteilnehmer abrufen und in die eigenen Überlegungen einbeziehen kann, indem er Fragen stellt.

Es gilt also:

»Wer fragt, führt.«

Fragen sind besonders dann effektiv, wenn sie mit einem bestimmten *nichtsprachlichen Verhalten* verbunden sind. Dazu gehören vor allem Blickkontakt und eine körperliche »Zuwendung« zu dem Befragten. Wie im Kapitel über nonverbale Kommunikation beschrieben (s. S. 44), hat ein Winkel von ungefähr 180 Grad (direktes Gegenübersitzen) einen besonders großen Aufforderungscharakter.

Wenn zudem der Abstand nicht zu groß ist, gehen Gesprächspartner in aller Regel auf diese Kombination von verbalen und nonverbalen Signalen ausführlich ein. Ein weiteres wichtiges Mittel zur Verstärkung des Effekts einer Frage ist eine *Pause* nach der Frage. Das mag sich zunächst banal anhören. Wie an der folgenden kurzen Gesprächssequenz deutlich wird, vergessen jedoch viele Menschen, nach einer Frage eine ausreichend lange Pause zu lassen.

A: *»Wie sieht das denn nun mit einer Hilfskraft zu meiner Entlastung aus? Und wie mit meiner Gehaltsangleichung? Ich warte da schon seit einiger Zeit drauf. Erinnern Sie sich nicht an unser Gespräch vom letzten März? Wir hatten doch damals über eine Probezeit gesprochen.«*

B: *»An das Gespräch im März erinnere ich mich. Sie sprechen aber selbst an, dass wir damals eine Probezeit vereinbart haben, in der es auch darum geht, dass Sie neue Erfahrungen sammeln.«*

An diesem Gesprächsausschnitt ist zu erkennen, dass die erste Frage (die nach einer neuen Hilfskraft) bei einer zweiten nachgeschobenen Frage einfach übergangen werden kann und eine Frage (wie die der Gehaltsangleichung) kaum zum Tragen kommt, wenn die fragende Person – ohne eine Pause zu lassen – daraufhin neue Gedanken ins Gespräch bringt. Solche *Doppelfragen* erlauben es der antwortenden Person, dass sie die Frage oder die Bedeutungsnuance einer Frage heraussuchen kann, die ihr am besten gefällt. Dadurch verlieren die anderen Fragen an Bedeutung, mehr noch: Das ganze Thema wird abgewertet.

Ein solcher Effekt ist noch deutlicher am folgenden Beispiel zu erkennen. Hier wollte ein Mitarbeiter endlich zu einer Entscheidung über ein neues Verfahren kommen.

A: *»Sollten wir nicht langsam das XY-Verfahren nun wirklich einsetzen?« (Pause) »Oder meinen Sie, es wäre besser, doch noch eine Weile das alte System laufen zu lassen?«*

B: *»Sie sprechen da eine Überlegung aus, die ich auch schon hatte. An das alte System sind die Leute ja immerhin gewöhnt.«*

Der Gesprächspartner B zieht A hier offensichtlich über den Tisch, weil dieser die Pause nach seiner Frage nicht durchhalten kann und gleich eine andere nachschiebt. Die Doppelfrage wirkt schon deshalb unsicher, weil der Fragende nicht auf einer Antwort besteht.

Ausgesprochen günstig sind dagegen *Anschlussfragen*. Bei Anschlussfragen wird auf eine erste Antwort des Gesprächspartners Bezug genommen und eine offene Frage dazu gestellt. Beispiele hierfür sind:

> A: *»Welche Schwierigkeiten sind denn nun so gravierend?«*
> B: *»Ich denke da vor allem an die enormen Betriebskosten.«*
> A: *»Sie erwähnen den Punkt Betriebskosten. Wie ist dazu Ihre Einschätzung?«*

Oder:

> A: *»Wo sehen Sie Möglichkeiten für eine Lösung des Problems?«*
> B: *»Meiner Meinung nach liegt alles am Verkauf.«*
> A: *»Sie sagen, es läge alles am Verkauf. Was meinen Sie da konkret?«*

Und als drittes Beispiel:

> A: *»Sie verstehen, dass ich mit meinem Gehalt nicht besonders zufrieden bin (Pause, Blickkontakt, dann wirkt das wie eine offene Frage).«*
> B: *»Da werden wir schon eine Lösung finden.«*
> A: *»Was kann ich mir darunter vorstellen?«*

Am letzten Beispiel kann man deutlich sehen, wie stark Fragen als Führungsinstrumente wirken können. In diesem Ausschnitt aus einem Gehaltfindungsgespräch ist A in einer schwächeren Position. Dennoch bewegt seine offene Frage das Gespräch in die gewünschte Richtung. Natürlich kann eine solche Frage allein nicht alle Probleme lösen. Aber durch die Anschlussfrage an eine sehr vage Aussage wird eine Annäherung an eine Problemlösung erreicht.

Anschlussfragen sind deshalb so effektiv, weil sie auf Aussagen Bezug nehmen, die der Gesprächspartner selbst geäußert hat. Weil er hiermit eigene Vorstellungen zum Ausdruck gebracht hat, besteht nach einer Anschlussfrage immer die Möglichkeit, ja sogar die Notwendigkeit, sich detaillierter zu äußern. So kann ein Gespräch schnell in die Tiefe und auf den Punkt kommen. Ein letztes Beispiel soll das verdeutlichen.

A: »*Wo sehen Sie denn Möglichkeiten, mit Herrn C zu einer Einigung zu kommen?*«

B: »*Na ja, er sollte auch mal ein bisschen zurückstecken.*«

A: »*Und wo meinen Sie das jetzt konkret?*«

B: »*Es geht einfach nicht, dass er die Urlaubsregelung ganz alleine entscheidet.*«

A: »*Welche Vorstellungen hätten Sie?*«

Auch wenn das nicht immer so gut läuft wie in dem Beispiel, kommt man doch in aller Regel durch drei, vier Anschlussfragen sehr nahe an die Ursachen, die die Problemlösung behindern, und auch an Vorschläge zu deren Bewältigung.

Da Fragen solch ein starkes Gesprächsführungs- und Führungsinstrument sind, noch ein paar Ratschläge, wie damit schonend und freundlich umgegangen werden kann:

Stellen Sie wertneutral formulierte Fragen.

Auch in einer Frage will sich Ihr Gesprächspartner ernst genommen fühlen. Auf »suggestive« Fragen, die nicht wertneutral formuliert sind, reagiert ein Gesprächspartner meistens mit irgendeiner Form von Aggression. (Suggestiv kommt vom lateinischen Wort »suggerere = jemandem etwas unterschieben«.) Zuerst die schlechten Beispiele:

»*Wie können Sie nur auf so einen abwegigen Standpunkt kommen?*«
»*Was soll denn das?*«

Dann die guten:

»*Wie meinen Sie das im Detail?*«
»*Welche Vorteile sehen Sie an Ihrem Vorschlag?*«

Solche Fragen sind nicht nur fairer, sondern sie bringen meist auch mehr Informationen, weil sich ein Gesprächspartner als Person und Gesprächspartner angesprochen fühlen kann. Weiterhin sollten Sie beachten:

Wenn Sie Fragen stellen, erklären Sie kurz, weshalb Sie fragen.

Auch hierzu einige Beispiele:

> *»Ihren Vorschlag finde ich schon bedenkenswert. Aber vor allem der Punkt ›Finanzierung‹ erscheint mir nicht befriedigend gelöst, da wir noch immer das Defizit vom vergangenen Jahr mit uns herumschleppen. Welche Vorstellung haben Sie hier?«*
> *»Mich interessiert besonders, wie Sie das technisch umsetzen wollen. Gerade das XY-Verfahren ist, soweit ich weiß, noch nicht ausgereift. Welche Lösungen sehen Sie da?«*

Durch solche Erläuterungen verhindern Sie, dass Ihr Partner misstrauische Vermutungen darüber anstellt, weshalb Sie fragen. Sie legen Ihr Informationsinteresse offen und werden so als Person mit Ihren eigenen Interessen »greifbarer«. Das trägt insgesamt zur Entspannung der Gesprächssituation bei.

Es ist in vielen Fällen günstig, motivierende Fragen zu stellen.

Beispiele für motivierende Fragen sind:

> *»Was sagen Sie als Fachmann denn zu der technischen Umsetzbarkeit dieser Maßnahme?«*
> *»Sie haben da sicher mehr Erfahrung. Aber mir ist nicht klar, wie Sie eine solche Maßnahme in dieser kurzen Zeit umsetzen wollen.«*

Durch motivierende Fragen stärken Sie das Selbstvertrauen Ihres Gesprächspartners. Das ist einerseits freundlich, weil Sie ihn damit aufwerten. Sie helfen ihm dadurch, von der Rolle eines »Schulkindes, das ausgefragt wird«, in die Rolle des »Spezialisten, dessen Meinung gefragt ist«, zu wechseln. Andererseits geht der Gesprächspartner mit diesem gesteigerten Selbstwertgefühl an die Beantwortung *Ihrer* Frage. So ist beiden gedient. Sie gewinnen etwas mehr an Kooperation und haben Ihrem Gesprächspartner eine gewisse Sicherheit vermittelt.

> Stellen Sie vor allem nach längeren Ausführungen oder bei schweigsamen Partnern Bestätigungsfragen.

Solche Bestätigungsfragen wären beispielsweise:

> *»Sind wir bis hierhin noch einer Meinung?«*
> *»Ist das so weit ausreichend erläutert?«*
> *»Sehen Sie das Problem auch in diesem Punkt ähnlich?«*

Dadurch gewinnen Sie selbst größere Sicherheit. Wenn Sie ein »Ja« auf diese kurzen Zwischenfragen gehört haben, wissen Sie, dass Sie in der Darstellung Ihrer Punkte weitermachen können. Sogar bei einem »Nein« können Sie sich in gewisser Weise freuen, denn nun wissen Sie, dass Ihr Gesprächspartner Ihren Überlegungen nicht mehr folgt oder folgen kann. In diesem Fall hätte es ohnehin wenig Sinn gehabt, den bisherigen Gedankengang weiter zu vertiefen. Durch die Rückfrage wissen Sie also in jedem Fall, wo Sie stehen und inwieweit Ihr Gesprächspartner Ihre Ausführungen verstanden hat.

Sie sehen, dass Fragen ein vielseitiges Hilfsmittel zur Steuerung von Gesprächen sind. Aber auch das Frageverhalten ist natürlich keine Technik, die jedem Gespräch eine positive Wendung geben kann. Es ist ein Hilfsmittel zur Gestaltung der Kommunikationssituation, und ein Hilfsmittel allein kann nur manchmal Wunder wirken. Es ist auch nicht davon auszugehen, dass Sie Ihr Frageverhalten von heute auf morgen ändern können. Darum soll Sie die nachfolgende Übung zunächst einmal sensibel für die Möglichkeiten von Fragen und den eigenen Fragestil machen. Darauf können Sie dann aufbauen.

Übung zum Frageverhalten

- Schauen Sie sich einmal eine Fernsehdiskussion nur unter dem Aspekt der Fragetechnik an. Welche Form der Fragestellung wählt der Interviewer oder die Interviewerin?
- Überlegen Sie sich nach einem Ihrer Gespräche, welche Fragen Sie formuliert haben.
- Versuchen Sie ganz bewusst, in einem Gespräch eine offene Frage »unterzubringen«. Überlegen Sie sich nach dem Gespräch, wie der Gesprächspartner reagiert hat.

Ich-Aussagen und die Bedeutung der eigenen Gefühle in schwierigen Gesprächssituationen

Eine weitere Technik für viele schwierigen Gesprächssituationen ist der Einsatz von *Ich-Aussagen*. Das sind Sätze, in denen das eigene Erleben in den Mittelpunkt der Aussage gestellt wird. Sie sind in aller Regel so formuliert, dass das Wort »ich« darin vorkommt. Solche Sätze mit »ich« haben den Vorteil, dass darüber nicht oder zumindest nicht so einfach gestritten werden kann, weil man alles, was man über sich selbst aussagt, natürlich selbst am besten beurteilen kann. Der Gesprächspartner kann dem Geäußerten zwar sein eigenes Erleben entgegensetzen, ihm aber – grundsätzlich betrachtet – nicht widersprechen. Das ist an der folgenden Gegenüberstellung leicht erkennbar.

Ich-Aussage	Aussage über den Gesprächspartner
»Ich bin da anderer Meinung.«	»Sie haben Unrecht.«
»Das sehe ich anders.«	»Ihr Vorschlag ist unbrauchbar.«
»Das überrascht mich jetzt.«	»Sie immer mit Ihren Neuerungen.«

Vor allem wegen dieses Vorteils wird bei Kommunikationstrainings immer wieder griffig gefordert:

Sprich per ich!

Vielleicht am deutlichsten und entschiedensten tut dies Ruth C. Cohn mit ihrem Konzept der »Themenzentrierten Interaktion« (Cohn 2004). Sie hat versucht, Regeln zu entwickeln, die es Gruppen erlauben, erfolgreich und befriedigend an Sachthemen zu arbeiten, und dabei auch die beteiligten Personen mit ihren spezifischen Erfahrungen und Wünschen in diesen Prozess einzubringen. Dabei ist die Forderung, dass jeder »per ich« sprechen solle, eine zentrale Regel, um eine persönlich befriedigende und dennoch sachorientierte Zusammenarbeit zu erreichen. Sie formuliert ganz entschieden:

> *»Die verallgemeinernden Wendungen von ›Wir‹, wie zum Beispiel in ›Wir glauben‹, ›man tut‹, ›jedermann denkt‹, ›niemand sollte‹, sind fast immer persönliche Versteckspiele. Der Sprechende übernimmt nicht volle Verantwortung für das, was er sagt. Er versteckt sich hinter der öffentlichen Meinung oder einer nicht kritisch überprüften Majoritätsentscheidung, um sich selbst und seine Zuhörer zu überzeugen. Wenn ich an meine eigene Aussage glaube, brauche ich keine fiktive quantitative Unterstützung des andern.«* (Cohn 2004)

Ich-Aussagen sind besonders für Menschen ungewohnt, die es schwer finden, den eigenen Standpunkt ernst zu nehmen und wenigstens für eine Weile in den Vordergrund zu stellen. Manchmal werden Ich-Aussagen abgewertet, und es wird argumentiert, dass eine Ich-Aussage schwach und hilflos klinge. Dies ist aber sachlich kaum zu begründen. Ich-Aussagen wie:

> *»Von Ihrer Vorlage bin ich schon etwas enttäuscht.«*
> *»Ich muss mir das erst in Ruhe überlegen.«*
> *»Ich bin sehr erfreut, dass Sie da mit mir am selben Strick ziehen.«*

klingen selbstsicher, ja fast ein wenig autoritär. Denn Sätze, in denen das Wort »ich« vorkommt, sind eine Hilfe, sich und die eigene Weltsicht in den Mittelpunkt zu stellen. Darüber hinaus sind Ich-Aussagen ausbaufähig. Aus einer Ich-Aussage kann recht einfach eine *umfassende und selbst bestimmte Kurzdarstellung der eigenen Lage* formuliert werden. Eine solche *erweiterte Ich-Aussage* ist ein Schlüssel zur selbstbewussten und dennoch fairen Bewältigung vieler kritischer Gesprächssituationen. Sie besteht aus den folgenden drei Schritten:

Die drei Bestandteile einer »erweiterten Ich-Aussage«

❶ Eigenes Erleben aussprechen

❷ Kurz und konkret die Ursachen für dieses Erleben nennen

❸ Auswirkungen auf die Situation darstellen

Das *eigene Erleben* ist der Kern einer Ich-Aussage. Damit zu beginnen hat den Vorteil, dass hier eine Information geäußert wird, die einem in fast jeder Gesprächssituation zugänglich ist, weil solche Ich-Aussagen fast immer als »Umschreibungen von Gefühlen« formuliert sind. Auch wenn Gespräche noch so verwirrend verlaufen, reagieren wir gefühlsmäßig meist recht eindeutig. Daher kann man – mit einiger Übung – auch meistens eine selbst bestimmte und eindeutige Ich-Aussage formulieren. Zu den genannten Beispielen kann man viele weitere ergänzen:

> *»Diese Idee freut mich sehr.«*
> *»Ich fühle mich schon etwas in die Enge getrieben.«*
> *»Ich bin von Ihrem Vorschlag doch sehr verwirrt.«*

Meist liegt das größte Problem darin, überhaupt auf den Gedanken zu kommen, die eigenen Gefühle auszusprechen. Dies wiederum hängt damit zusammen, dass viele Menschen auf Grund ihrer Erziehung oder sozialem Druck in ihrem Leben den Kontakt zu den eigenen Gefühlen nur schwer finden. Sie sind nicht gewohnt, zu spüren und auch nicht zu äußern, welche Gefühle sie in einer bestimmten Situation erleben. In vielen Fällen versuchen Therapeuten daher, mit ihren Klienten einen Zugang zu diesem »verschütteten Gefühlserleben« zu finden. Es werden also keine Ratschläge gegeben, sondern es wird »nur« angesprochen, wie sich ein Mensch in einer bestimmten schwierigen Situation fühlt. Viele Menschen erleben dies wie die Entdeckung einer neuen Welt. Die bekannteste Therapieform, die mit dieser Methode arbeitet, ist die Klientenzentrierte Gesprächspsychotherapie. (Carl Rogers, der Begründer dieser Therapieform, hat recht verständliche Einführungsliteratur hierzu geschrieben; s. zum Beispiel Rogers 1999.)

Im zweiten Teil einer umfassenden Ich-Aussage wird die *Ursache für dieses Erleben* genannt, also kurz gesagt, wodurch das gerade genannte Gefühl ausgelöst worden ist. Beispiele hierfür sind:

> *»..., weil wir schon seit zehn Minuten über denselben Punkt reden.«*
> *»..., weil uns bis heute keine Zahlen vorliegen.«*
> *»..., weil Sie mir zu dem Punkt zuvor eine ganz andere Information gegeben haben.«*

Es ist wichtig, diesen Punkt möglichst exakt und nachprüfbar zu formulieren. Je konkreter eine solche Aussage ist, umso weniger bietet sie Gelegenheit zu unsachlichen Auseinandersetzungen. Also sagen Sie besser »da wir seit zehn Minuten über die Nebenkosten reden« (das kann man nachprüfen) als »weil Sie sich immer in den Vordergrund spielen wollen« (darüber kann man unterschiedlicher Meinung sein). Zu allgemein formulierte Aussagen sind fast immer angreifbar. Konkreten Beobachtungen kann hingegen kaum widersprochen werden. Sie wirken dadurch auch recht kompetent.

Im dritten Teil einer umfassenden Ich-Aussage sollte man schließlich die *Auswirkungen dieses Gefühls auf die aktuelle Gesprächssituation* aufzeigen. Beispiele dafür wären:

> *»... Dadurch ist es schwierig, Ihnen noch einmal meinen eigenen Vorschlag darzustellen.«*
> *»... Ich kann mich daher kaum noch auf neue Argumente konzentrieren.«*
> *»... So haben wir die Möglichkeit, noch einmal in Ruhe über das Ganze nachzudenken.«*

Dieser letzte Punkt wird von Gesprächspartnern meist als *Angebot* verstanden. Ein solcher Hinweis auf die Auswirkung einer Störung macht ersichtlich, dass ein konstruktiver Fortgang des Gesprächs gewünscht wird.

Selbstverständlich ist es nicht nötig, immer alle drei Bestandteile einer Ich-Aussage zu formulieren. Eine Ich-Aussage, die alle drei dieser Bestandteile aufweist, hat jedoch den Vorteil, dass dadurch die gesamte Gesprächssituation – und dies zudem aus der eigenen Perspektive gesehen – angesprochen wird: Es gibt einen Anteil, der sich auf die Gegenwart bezieht (Teil 1, das aktuelle Gefühl), einen, der kurz die Vergangenheit zusammenfasst (Teil 2, Ursachen), und einen, der die weitere Entwicklung anspricht (Teil 3, Auswirkungen).

Ich-Aussagen helfen bei den meisten schwierigen Gesprächssituationen. Ich möchte Ihnen abschließend ein paar Alltagssituationen darstellen, wo Ich-Aussagen eingesetzt werden können. Dabei sollen auch die drei Bestandteile noch einmal verdeutlicht werden. Tritt beispielsweise eine lange, unangenehme Pause auf, ist es relativ einfach, eine umfassende Ich-Aussage wie

> *»Ich bin jetzt ein wenig verunsichert (1), weil im Moment keiner etwas sagt (2), und ich weiß daher auch gar nicht, ob wir noch weiterdiskutieren sollten (3).«*

zu formulieren. Ebenso einfach ist das bei einem wüsten Durcheinander in einer Diskussion. Eine entsprechende Ich-Aussage wäre:

> *»Das wird mir jetzt zu chaotisch (1), da hier im Moment immer wieder einige gleichzeitig reden (2). Dadurch ist es schwer, alle Meinungen mitzubekommen (3).«*

Auf einen unverhofften Vorschlag eines Gesprächspartners kann ebenfalls mit einer Ich-Aussage eingegangen werden:

> *»Ich bin jetzt etwas verwirrt (1), weil Sie einen vollkommen neuen Vorschlag unterbreiten (2). Das macht es schwer, hierauf im Detail einzugehen (3).«*

Und was machen Sie, wenn niemand Ihrer Ich-Aussage zuhört? Dann erleben Sie eine schwierige Gesprächssituation, und in der ist – siehe oben – eine Ich-Aussage meistens hilfreich. Etwa die folgende:

»Ich fühle mich jetzt doch ziemlich unwohl (1). Ich habe jetzt schon einmal versucht zu sagen, dass mir das hier zu chaotisch vorkommt (2). Langsam verliere ich wirklich die Lust (3).«

Möglicherweise kommen Ihnen diese Beispiele für Ihre eigene Berufssituation unpassend vor. Das könnte daran liegen, dass Ich-Aussagen ja gerade das eigene Erleben beinhalten sollen und meine Beispiele nicht notwendigerweise Ihr Erleben beschreiben. Außerdem wird in unterschiedlichen Arbeitszusammenhängen natürlich unterschiedlich formuliert. Ich-Aussagen sollte man darum üben. Der erste Schritt ist überhaupt, »an (s)ich zu denken«. Die folgende Übung soll Ihnen einige Anregungen geben.

Übung zum Einsatz von Ich-Aussagen

Beobachten Sie einmal ein Privatgespräch.

- Achten Sie auf die Formulierung »ich«. Welcher Gesprächspartner benutzt sie häufiger?
- Wer äußert Gefühle?
- Wie erleben Sie diese Gefühlsäußerung oder das Fehlen von Gefühlsäußerungen?

Denken Sie kurz an eine Gesprächssituation, die für Sie schwierig war.

- Beschreiben Sie kurz, wie Sie sich darin fühlten.
- Versuchen Sie, dieses Gefühl als Ich-Aussage auszudrücken.
- Könnten Sie diese Aussage in einer ähnlichen Situation anbringen? (Wenn ja, herzlichen Glückwunsch. Wenn nein, warum nicht? Wie könnte eine bessere Ich-Aussage aussehen?)

Falls Sie diese Übungen schwierig finden, seien Sie getröstet. Ruth C. Cohn hat betont, dass eine solche Form des Sprechens und Denkens kaum in Schnellkursen gelernt werden kann (Cohn 2004). Der Wandel der Einstellung zu sich selbst, der nötig ist, um »selbstbewusst« »per ich« zu formulieren, ist ein großer Schritt bei der Entwicklung der Persönlichkeit.

Rückmeldungen geben und empfangen

Zwischenmenschliche Kommunikation ist – wie erläutert – ein komplizierter und störungsanfälliger Prozess, bei dem auf jeder Stufe der Informationsverlusttreppe (s. S. 30 ff.) Informationen verloren gehen können und bei dem vieles vom Empfänger nur aus dem Gesprächszusammenhang erschlossen wird. Viele Gesprächspartner versuchen, den Informationsverlust, der hierbei stattfindet, gering zu halten, indem sie möglichst präzise und ausführlich formulieren. Sie gehen – ganz zu Recht – davon aus, dass durch sorgfältiges und detailliertes Formulieren zwischen den Stufen »Meinen« und »Sagen« wenig Information verloren geht, übersehen aber, dass ein Mensch keine beliebig großen Datenmengen aufnehmen und verarbeiten kann. Ganz im Gegenteil kann es bei zu großen Informationsmengen zu einer »Wahrnehmungsabwehr« kommen, wodurch dann auf den späteren Stufen der Informationsverlusttreppe (zwischen »Sagen« und »Hören« beziehungsweise »Hören« und »Verstehen«) ein Großteil der Botschaft »auf der Strecke bleibt«.

Eine effiziente Technik zum Vermeiden von Informationsverlust ist der gezielte Einsatz von *Rückmeldungen*: Rückmeldungen (auch *Feed-back* genannt) sind Mitteilungen an den Gesprächspartner darüber, wie er wahrgenommen, verstanden und erlebt wird. Dies kann in ganz unterschiedlicher Form vor sich gehen. In vielen Fällen ist schon ein kurzes Nachfragen ausreichend:

>*»Ist Ihnen das so weit klar geworden?«*
>*»Habe ich Sie richtig verstanden, dass es Ihnen hauptsächlich um den Punkt Lagerkosten geht?«*
>*»Für Sie ist es also wichtig, dass wir innerhalb dieser Besprechung überhaupt zu einem Beschluss über die Auftragserteilung kommen, wobei es dabei nicht so wichtig ist, wer später den Auftrag übernimmt?«*

Durch solche Zwischen-Checks bringt man die Vorstellungswelten in Einklang, man »synchronisiert« sozusagen das eigene Erleben mit dem des Gesprächspartners. Da hier Entscheidungsfragen (s. S. 114 ff.) benutzt werden und der Gesprächspartner nur zu einem

»Ja« oder »Nein« aufgefordert ist, kann diese Übereinstimmung oder Nicht-Übereinstimmung zudem in ganz kurzer Zeit festgestellt werden.

Manchmal ist ein bloßes *Nachfragen* jedoch nicht ausreichend, vor allem wenn Gesprächspartner auf eine Rückfrage zu schnell ihr »Ja« geben, sei es weil sie sich keine Blöße geben wollen oder weil sie es ungewohnt finden, so konkret angesprochen zu werden. In diesem Fall ist es wichtig, sich detailliertere Rückmeldung zu verschaffen, um sicher zu sein, was der Gesprächspartner meint oder verstanden hat. Hier ist eine Aufforderung, selbst den Sachverhalt zu schildern, hilfreich:

> *»Vielleicht könnten Sie noch einmal die für uns wichtigsten Punkte zusammenfassen.«*
>
> *»Ich glaube, es wäre hilfreich, wenn Sie noch einmal kurz darstellen würden, wie Sie den Auftrag angehen werden.«*
>
> *»Könnten wir noch einmal gemeinsam durchgehen, was wir jetzt beschlossen haben.«*

Durch solche Aufforderungen wächst die Sicherheit der Informationsübertragung. Das Abrufen der Rückmeldungen dient jedoch nicht nur der Optimierung des Informationsflusses. Rückmeldungen »lockern« darüber hinaus das *Gesprächs-Chronogramm* (s. S. 105 ff.) auf: Aus einem extrem unbalancierten Gesprächs-Chronogramm mit einer »durchgezogenen Linie«, in dem einer spricht und die anderen irgendetwas hören, machen oder denken, wird eines mit einer gewissen Abwechslung. Da dieses Gesprächsmuster eher unserem Ideal einer balancierten Kommunikation entspricht, wird das Abrufen von Rückmeldungen auch von unsicheren Gesprächsteilnehmern – zumindest nach einiger Zeit – als angenehm erlebt.

Rückmeldungen abrufen ist übrigens nicht nur hilfreich für Führungskräfte. Das Gleiche gilt auch für Mitarbeiter: Viele Vorgesetzte reden viel, und keiner weiß genau, was sie eigentlich meinen. Auch wenn – grundsätzlich – der Chef dafür zuständig ist, die »Kommunikations- und Übertragungssicherheit zu gewährleisten«, bleibt einem Mitarbeiter in einem solchen Fall nichts anderes übrig, als selbst die nötige Präzision der Informationen zu gewinnen.

Wenn man sich innerlich darauf vorbereitet hat, ist dies nicht allzu schwierig. Formulierungen wie

> *»Ich habe Sie also richtig verstanden, dass wir zunächst einmal ...«*
> oder
> *»Es geht Ihnen also darum, dass wir jetzt zunächst vorrangig das XY-Projekt abschließen?«*

können relativ schnell Klarheit schaffen. Sie geben auch eine gewisse Sicherheit, da man sich als Mitarbeiter auf solche Festlegungen eher berufen kann als auf blumige und weit schweifende Erläuterungen.

Manchmal ist es in betrieblichen Kommunikationssituationen nicht ausreichend, nur über Sachverhalte Klarheit herzustellen. Besonders dann, wenn Diskussionen über Einzelpunkte ständig zu Meinungsverschiedenheiten und zu immer wiederkehrenden Auseinandersetzungen führen, ist es wichtig, auch »tiefere Erlebensschichten« anzusprechen. In diesem Fall sind Rückmeldungen, die das eigene Erleben oder das des Gesprächspartners betreffen, ebenfalls hilfreich. Beispiele für entsprechende Formulierungen sind:

> *»Ich merke, Sie zögern sehr, was mein Angebot angeht.«*
> *»Ich stelle fest, ich werde langsam ungeduldig, weil wir jetzt schon zum x-ten Mal die gleichen Argumente austauschen.«*
> *»Ich habe jetzt einige Vorschläge gemacht, aber Sie scheinen insgesamt skeptisch zu sein.«*

Durch solche Rückfragen gewinnt man ein »Gefühl dafür«, wo der Gesprächspartner »als ganze Person« steht. Auf dieser Grundlage wird meist relativ schnell verständlich, warum sich keine Übereinstimmung in Detailfragen erreichen ließ.

Auch wenn Rückmeldungen ungewohnt sein mögen, weil sie Gefühle ansprechen, wirken sie souverän, da sie »Ich-Aussagen« sind, die die eigene Sicht der Dinge zeigen. Sie sind besonders effektiv, wenn sie

- beschreibend, nicht wertend formuliert werden,
- konkret, auf begrenztes Verhalten bezogen sind,
- rechtzeitig nach dem betreffenden Verhalten erfolgen.

Beispiele mit einmal beschreibender und einmal wertender Rückmeldung können dies leicht verdeutlichen:

> »*Sie sind extrem destruktiv.*« (*wertende Rückmeldung*)
> »*Ich merke, die Vorschläge ärgern Sie.*« (*beschreibende Rückmeldung*)
> »*Sie sagen doch eh nie etwas.*« (*wertende Rückmeldung*)
> »*Sie haben bisher geschwiegen. Ich würde auch gerne Ihre Meinung kennen lernen.*« (*beschreibende Rückmeldung*)

In beiden Formulierungen wird jeweils derselbe Sachverhalt angesprochen. Bei der wertenden Rückmeldung wird jedoch ein »Nein« als Antwort des Gesprächspartners zu erwarten sein, und es wird vermutlich ein »Gegenangriff« folgen. Bei der beschreibenden Rückmeldung kann dagegen auch ein Gesprächspartner mit unterschiedlichem Standpunkt im Grunde nur mit »Ja« antworten. Er kann sich selbst dann, wenn auf der Sachebene verschiedene Auffassungen bestehen, verstanden fühlen. Die Wahrscheinlichkeit eines Angriffs sinkt dadurch. Dieser Effekt wird verstärkt, wenn Rückmeldungen möglichst *konkret, auf begrenztes Verhalten bezogen* und nicht allgemein auf die ganze Person und deren gesamtes Verhalten formuliert werden. Auch hierzu ein Beispiel:

> »*Sie sind dominierend.*« (sehr allgemein auf die ganze Person bezogen)
> »*Bisher ist kein anderer Diskussionsteilnehmer zu Wort gekommen, und wir haben uns die ganze Zeit mit Ihrem Vorschlag beschäftigt.*« (konkret und auf begrenztes Verhalten bezogen)

Allgemeine Persönlichkeitszuschreibungen werden meistens als aggressiv erlebt, denn kein Mensch möchte sich analysieren lassen. Solche Persönlichkeitseinschätzungen sind zudem – selbst wenn sie zutreffen (!) – wenig hilfreich: Selbst wenn ein Gesprächspartner dies wollte, besteht für ihn kaum die Möglichkeit, kurzfristig das gesamte Verhalten oder die eigene Persönlichkeit zu ändern. Schon aus diesem Grund wird ein Gesprächspartner in der Regel solchen allgemeinen Einschätzungen widersprechen.

Rückmeldungen sind weiterhin besonders wirksam, wenn sie in einem vertretbaren Zeitraum nach dem betreffenden Verhalten gegeben werden, weil sie dann eher überprüft werden können und problematisches Verhalten somit auch verändert werden kann. Auch hierzu ein Beispiel:

> *»Seit wir an dem Projekt sind, mauern Sie.«* (rückwirkend über einen langen Zeitraum)
> *»Sie haben sich heute Morgen noch nicht geäußert.«* (direkt nach dem betreffenden Verhalten)

Natürlich ist es nicht in allen Situationen einfach, schön formulierte Rückmeldungen zu geben. Oft melden sich Gesprächspartner auch erst, wenn sich viel »angestaut« hat und sie entsprechend unter Druck stehen. In einer solchen Situation wird die Rückmeldung oftmals zur Attacke, selbst wenn »dies nicht so gemeint ist«. Auch unter der »rauen Schale« einer unfreundlichen Rückmeldung steckt daher oft ein »wahrer Kern«, dessen Kenntnis einem weiterhelfen kann. Damit das einfacher ist, gibt es auch Gesprächsführungstechniken, die den *Umgang mit Rückmeldungen* erleichtern:

- Pause machen und zuhören.
- Gegebenenfalls mit einer Ich-Aussage darauf reagieren.
- Eventuell nachfragen.

Um eine Rückmeldung, und vor allem eine etwas rauere, aufzunehmen, braucht man ein gewisses Standvermögen. Dazu wiederum benötigt man Ruhe. Es ist hilfreich, auch bei unfreundlich formulierten Rückmeldungen zunächst einmal ruhig zuzuhören. Und nach einer solchen Rückmeldung eine Pause zu machen. Eine solche Pause gibt Ihnen nicht nur den Raum, die gehörte Information zu verarbeiten, sie erlaubt Ihnen auch, mit Bedacht zu entscheiden, ob und wie Sie auf die Rückmeldung eingehen möchten. Nehmen Sie sich unbedingt diese Zeit!

Wenn Sie auf die Rückmeldung eingehen möchten, ist – wie fast immer – eine Ich-Aussage hilfreich. Beispiel:

A: »*Sie sagen überhaupt nie etwas.*« (sehr allgemeine, auf die ganze Person bezogene, zudem wertende Rückmeldung, die rückwirkend auf einen langen Zeitraum bezogen ist)

B: (Pause) »*Ich habe mir gerade überlegt, ob wir hier nicht sowieso viel zu eilig vorgehen.*«

Hier hat B sich dafür entschieden, den Inhalt der Rückmeldung (»Sie sagen überhaupt nie etwas«) nicht aufzugreifen. Das ist verständlich, denn da ist ein umfangreiches Thema angeschnitten worden, und um das zu erläutern, benötigt man Zeit und sicher auch einen interessierten und offenen Gesprächspartner. B sieht die Bedingungen hierfür offensichtlich als nicht gegeben und stellt (durch die Ich-Aussage) stattdessen seine Sicht der Dinge in den Mittelpunkt.

Man kann natürlich auch auf die Rückmeldung eingehen. Dies sollte wieder mit einer Ich-Aussage geschehen. Um festzustellen, was genau mit der Rückmeldung gemeint war, ist eine offene Frage das geeignete Mittel. Hierzu ein weiteres Beispiel:

A: »*Sie reden immer nur über die finanzielle Seite.*«

B: (Pause) »*Ich halte das auch für das Entscheidende. Was ist denn für Sie der zentrale Punkt?*«

Ebenso kann man die Kritik an der eigenen Person aufgreifen. Dies ist natürlich schwieriger, da man sich leicht als Person in Frage gestellt sehen kann:

A: »*Sie meckern doch eh nur an unserer Abteilung rum.*« (sehr globale, allgemeine und zudem unfaire Rückmeldung)

B: (Pause) »*Das sehe ich nicht so.*« (Ich-Aussage) (Pause) »*Wie meinen Sie das?*« (Offene Frage)

Durch die Ich-Aussage wird die Rückmeldung zunächst einmal eingeschränkt: Sie setzen damit eine eigene Position gegen die Aussage des Gesprächspartners. Durch die offene Frage wird der Gesprächspartner zudem aufgefordert, den Sachverhalt genauer zu erläutern. Hier kommt wieder das Prinzip »Wer fragt, führt« zum Tragen. Daher kann man sich sogar in der Position des Angegriffenen überlegen fühlen. Außerdem sind die Chancen, die sich ergeben, wenn wirklich besprochen wird, was einen Gesprächspartner stört, nicht zu unterschätzen. Manchmal sind es nur kleine Punkte, die der Klärung bedürfen, und in vielen Fällen ist es hilfreich zu erfahren, wie das eigene Verhalten wirkt.

Zum Schluss: Manchmal ist es auch schwierig, mit einer positiven Rückmeldung umzugehen. Gerade eine solche Information kann verunsichern, da wir es nicht gewohnt sind, einander positive Dinge zu sagen. Eine Ich-Aussage wirkt hier ebenfalls souverän:

A: *»Herr Maier, Sie haben wieder einmal die Karre aus dem Dreck gezogen.«*

B: (Pause) *»Ich freue mich, dass Sie das sagen.«*

Danach machen Sie am besten noch eine Pause. Ein Kompliment bekommt man selten, und daher sollte es nicht gleich wieder zerredet oder abgeschwächt werden.

Übungen für den Umgang mit Rückmeldungen

(1) Überlegen Sie sich kurz, was Sie an einem bestimmten Mitarbeiter gestört hat. Schreiben Sie auf, wie Sie ihm das zurückmelden könnten. Vergessen Sie dabei bitte nicht, dass eine solche Rückmeldung am ehesten akzeptiert werden kann, wenn sie beschreibend, nicht wertend und zudem konkret, auf begrenztes Verhalten bezogen ist.

(2) Sie haben sicher schon unangenehme Rückmeldungen erhalten. Überlegen Sie sich, wie Sie bisher damit umgegangen sind. Was haben Sie gesagt? Vielleicht hat Ihnen das obige Kapitel Anregungen für ein anderes Vorgehen vermittelt. Was würden Sie anders machen?

Selbstschutz in Gesprächen. Techniken zum Umgang mit Killerphrasen und endlosen Gesprächen

Viele Gespräche werden dadurch erschwert, dass Gesprächspartner unsachliche und sehr allgemeine Floskeln wie Argumente benutzen oder überhaupt Verunsachlichungsstrategien fahren. Beispiele für Verunsachlichungsstrategien sind Sätze wie die folgenden:

»Als ich in Ihrem Alter war, hatte ich auch noch Ideale.«
»Wir sitzen doch alle in einem Boot.«
»Im Grunde produzieren wir doch alle für den Verkauf.«

Solche allgemeinen Floskeln nennt man *Killerphrasen*, weil sie jede Idee und jede sachliche Anregung killen, oder *Distraktoren* (vom Lateinischen: »dis« = »auseinander«, »trahere« = »ziehen«), weil sie vom eigentlichen Thema wegziehen. Hier ist es nötig, sich selbst zu schützen und *defensive Gesprächsführungstechniken* anzuwenden.

Dies ist nicht immer einfach, weil Distraktoren sehr verführerisch sind. Sie sind so allgemein und unverbindlich formuliert, dass fast jeder Gesprächsteilnehmer etwas mit dem Inhalt anfangen, seine Meinung dazu abgeben und darüber diskutieren kann. Auch bei den Beispielsätzen kann man Gegenargumente formulieren:

»Na ja, in Ihrem Alter braucht man auch keine Ideale mehr.«
»Das Boot hat aber Löcher.«
»Und der Verkauf kann auch nur das verkaufen, was wir produzieren.«

Damit hat ein Distraktor aber schon seinen Zweck erfüllt: Es wird über den Distraktor diskutiert, und das eigentliche Thema gerät dabei aus dem Blickfeld. Die Verunsachlichungsstrategie, die bewusst oder unbewusst beim Einsatz von Distraktoren geplant war, war damit erfolgreich. Darum gilt:

Distraktoren sollten übergangen werden.

Gerade weil Distraktoren so undifferenzierte und unsachliche Gesprächselemente sind, können hier deutliche Abwehrstrategien eingesetzt werden. Am besten ist es, gar nichts zu dem Distraktor zu sagen und auf das eigentliche Thema des Gesprächs zurückzuführen. Dies geht relativ einfach:

A: *»Als ich in Ihrem Alter war, hatte ich auch noch Ideale.«* (Distraktor)

B: »*Ich möchte jetzt doch noch einmal auf die Möglichkeiten dieses Verfahrens zu sprechen kommen.*«

A: »*Wir sitzen doch alle in einem Boot.*« (Distraktor)

B: »*Sicher. Der Punkt Lohnnebenkosten müsste aber noch geklärt werden.*«

Ein solches Zurückführen zum eigentlichen Thema wirkt wesentlich souveräner als der Versuch, geschickt zu kontern, weil der »witzigen Bemerkung« ein eigener entschiedener Standpunkt entgegengestellt wird. Zudem steht man nicht unter dem Druck, auf die »witzige Bemerkung« noch etwas Originelleres »draufgeben« zu müssen.

Entschiedene *Gesprächsführungstechniken sind auch hilfreich, wenn Gesprächspartner in ihren Ausführungen zu keinem Ende kommen*, sich gerne reden hören und jede Gelegenheit nutzen, um auch Belangloses breit darzustellen. In einem solchen Fall dürfen, ja sollten Sie sich ebenfalls wehren.

Dies ist für viele Gesprächsführende (weil man ja schließlich nicht unhöflich sein will) nicht einfach. Beliebte »Strategien« sind dann kleine Ausreden wie »Ich muss jetzt weg«, »Ich habe einen dringenden Termin«, »Mein Zahnarzt wartet auf mich« oder ganz kurze Antworten wie »mmh«, »ja«, »ach, ja«, »recht interessant« und die stille Hoffnung, dass sich der sprudelnde Quell des Gesprächspartners irgendwann von selbst erschöpft.

Vor beidem möchte ich Sie warnen: Ausreden mögen kurzfristig helfen, sind aber nicht zu empfehlen, weil sie signalisieren, dass sie prinzipiell gesprächsbereit sind. Im Grunde sagen Sie damit: »Ich möchte ja gerne, aber leider kann ich im Moment gerade nicht.« Ein hartnäckiger Dauerredner wird mit Sicherheit darauf zurückkommen.

Auch kurze Antworten (»mmh«, »ja«, »ach, ja«, »recht interessant«) sind nicht immer hilfreich. Für sensible Gesprächspartner reichen diese Signale zwar aus, Dauerredner verstehen solche Aussagen jedoch (s. S. 112 f.) als Türöffner und fühlen sich dadurch ermutigt ständig weiterzureden. Besser ist es, sich klarzumachen, dass Sie es gar nicht nötig haben, eine Ausrede zu finden. Sie haben das Recht, ein Gespräch zu beenden. Dabei hilft (fast immer) eine Ich-Aussage:

»Ich schlage vor, darüber reden wir beim nächsten Mal.«
»Ich möchte jetzt doch gerne das Gespräch beenden.«
»Ich denke, wir sollten es an dieser Stelle gut sein lassen.«

Bei besonders hartnäckigen Fällen kann man die »Schallplatte mit dem Sprung« anwenden. Hierbei wird eine solche abschließende Aussage in möglichst gleichem Wortlaut wiederholt, wenn der Gesprächspartner nach der ersten Aussage nicht reagiert. Beispiel:

A: *»... und dann hatten wir noch diesen Stau und da hat mein Sohn doch tatsächlich, das ist sonst überhaupt nicht seine Art, wissen Sie, weil wir doch auch jetzt die neue Einbauküche ...«*
B: *»Ja, ich verstehe Sie. Aber ich möchte jetzt wirklich zum Ende kommen.«*
A: *»... und weil wir doch auch schon vor vier Wochen ...«*
B: *»Ja, gut, aber ich würde jetzt wirklich gerne zum Ende kommen.«*

Eine solche Formulierung mag sich hart anhören. Dies kann aber nötig sein, da Dauerredner häufig so damit beschäftigt sind, neuen Stoff zu suchen, dass sie »zartere« Signale des Gesprächspartners gar nicht wahrnehmen können. In einem solchen Fall ist es wichtig, eindeutig Stellung zu beziehen. Gerade die annähernd gleich lautende Formulierung bei der »Schallplatte mit dem Sprung« verstärkt und verdeutlicht das gesandte Signal.

Bei alldem ist natürlich nicht zu vergessen, dass Dauerreden auch ein versteckter Hilferuf sein kann. Viele Menschen reden über irgendetwas, weil sie Unsicherheit verbergen wollen, weil sie ernste Probleme haben oder einfach weil sie sich einsam fühlen. Unter Umständen kann es wichtig sein, dies einmal zum Thema zu machen. Sie sollten sich aber nicht dazu zwingen lassen. Bevor Sie auf einen solchen versteckten Hilferuf eingehen, sollten Sie sich überlegen, ob Sie das überhaupt wollen und können. Wenn Sie das wirklich vorhaben, sollten Sie sich die Zeit nehmen, sich darauf vorzubereiten. Es ist günstig, in diesem Fall ein gesondertes Gespräch anzustreben, denn diese »tiefere Problematik« ist garantiert nicht das Thema des gerade ablaufenden und Sie langweilenden Gesprächs. Es besteht also auch bei versteckten Hilferufen kein Anlass, sich »zureden« zu lassen. Wenn Ihnen das schwer fällt, üben sie ein bisschen:

Übungen zum Umgang mit Distraktoren und zum Beenden von Gesprächen

Überlegen Sie sich, welche Distraktoren Sie in letzter Zeit in Ihrem Berufsleben zu hören bekamen.

- Wie sind Sie damit umgegangen?
- Überlegen Sie sich, welche Ziele und Themen Sie in diesen Gesprächssituationen hatten. Mit welchen Ich-Aussagen hätten Sie zu diesen Themen zurückführen können?
- Formulieren Sie eine Aussage, die »zu Ihnen passt« und mit der Sie ein »Endlosgespräch« in der oben beschriebenen Form entschieden beenden können, und schreiben Sie sie auf. (Achten Sie darauf, dass dies keine Ausrede ist.)

Öffnende Gesprächsführung und »aktives Zuhören«

Alle bisher genannten Gesprächsführungstechniken können natürlich auch kombiniert eingesetzt werden. Eine Form der Kombination von Gesprächsführungstechniken wird *aktives Zuhören* genannt oder als *öffnende Gesprächsführung* bezeichnet. Die Techniken, die hier zum Einsatz kommen, sehen Sie auf der gegenüberliegenden Seite im Überblick.

Alle diese Techniken sind hilfreich, wenn ich innerlich darauf ausgerichtet und interessiert bin zu erfahren, was der andere mir sagen will. Sie ermöglichen es, von der Ebene eines oberflächlichen und unverbindlichen Gesprächs an wichtige Informationen des Gesprächspartners oder an dessen Gedankenwelt heranzukommen. Aktives Zuhören sollte daher nicht in einer Situation der Ungeduld stattfinden. Es ist wichtig, sich klar darüber zu sein, dass man tatsächlich etwas über den anderen erfahren will. Wenn Sie das wollen, können Sie durch aktives Zuhören eine Vielzahl schwieriger Gesprächsführungssituationen leichter und strukturierter angehen. Diese Möglichkeiten möchte ich an zwei Beispielen im Detail erläu-

Aktives Zuhören umfasst

- Für angenehme Rahmenbedingungen im Gespräch sorgen
- Störungen ausschalten
- Genügend Zeit zur Verfügung stellen
- Strukturiert vorgehen (fünf Phasen eines Gesprächs), damit Raum und Sicherheit für ein persönliches und intensives Gespräch gegeben sind
- Den Gesprächspartner ausreden lassen, nicht unterbrechen
- Rückfragen zu den Informationen des Gesprächspartners stellen
- Offene Fragen stellen
- Möglichst keine Wertungen zu den Ausführungen des Gesprächspartners abgeben
- Aufmerksamkeit und Interesse auch auf der nichtsprachlichen Ebene zeigen (durch Blickkontakt, Kopfnicken, eine offene und dem Gesprächspartner zugewandte Körperhaltung)
- Rekapitulieren
- Türöffner anwenden
- Vor allem aber: Pausen aushalten, damit der Gesprächspartner Zeit hat, seine Gedanken offen zu legen

tern. Sie werden erkennen, dass wir viele Gesprächsführungstechniken ohnehin »gefühlsmäßig« anwenden. Dafür sensibel zu werden ist eine Hilfe, diese Techniken bewusster einzusetzen. Im ersten Beispiel geht es um ein Problembewältigungsgespräch zwischen der Führungskraft A und ihrem Mitarbeiter, Herrn B, in dessen Arbeitsbereich in letzter Zeit immer wieder Störungen aufgetreten sind. Herr B gilt als schwierig und scheint auch mit seinen Mitarbeitern nicht besonders gut klarzukommen. Herr A versucht, das aufgetretene Sachproblem in einer Besprechung anzugehen.

> A: »Guten Tag, Herr B. Schön, dass Sie gekommen sind. Nehmen Sie doch Platz.«
> B: »Guten Tag.«

Die Begrüßungs- oder Kontaktaufnahmephase (Phase 1) des Gesprächs ist damit schon abgeschlossen. Durch die persönliche Begrüßung und das Platzanbieten sind die Grundlagen für eine freundliche Atmosphäre geschaffen.

> A: *»Herr B, ich wollte gerne mit Ihnen einmal in Ruhe über die Störungen, die wir in den letzten beiden Monaten in Ihrer Abteilung erlebt haben, reden.« (Pause) »Ich denke, wir sollten uns dafür ein bisschen Zeit nehmen. Ich habe mich für die nächste halbe Stunde freimachen können, und wir sind dabei auch ungestört.« (Pause) »Mir geht es vor allem darum, einmal Ihre Sicht der Dinge zu erfahren. Vielleicht können wir im Anschluss auch einige Punkte besprechen, die zu einer Verbesserung der Lage führen.« (Pause)*

Das war die Informationsphase des Gesprächs. Die Themen und der Zeitrahmen sind eingeführt. Der Gesprächspartner weiß zudem, dass Störungen ausgeschaltet sind. An dem Beispiel ist außerdem zu erkennen, dass A seine »Hausaufgaben gemacht« und sich Ziele überlegt hat. Er möchte (Ziel 1) erst einmal die Sicht der Dinge von B erfahren, dann eventuell (Ziel 2) Lösungsmöglichkeiten besprechen, aber nicht den Schuldigen verfolgen. B kann jetzt schon merken, dass es nicht darum geht, ihn »zur Verantwortung zu ziehen«. Das nimmt Druck aus der Situation. Die Pause nach dieser längeren Einführung soll B zudem Gelegenheit geben, eigene Themen anzubringen.

> A: *»Für mich stellt sich die Lage so dar: In den letzten zwei Monaten sind wir einige Male in Produktionsrückstand gekommen. Wir haben den wichtigen Auftrag aus X nicht termingerecht über die Bühne gebracht und liegen jetzt schon wieder hinter dem Zeitplan zurück.« (Pause)*

Nun ist die eigene Sicht der Dinge dargestellt, und der Gesprächspartner hat durch die Pause Gelegenheit, diese Information aufzunehmen. Jetzt geht es darum, die Sichtweise des Gesprächspartners kennen zu lernen.

> B: *»Dafür können wir aber nichts.«*

Auffallend und für viele Gespräche typisch ist die Abwehrstrategie, die B anwendet: Ihm ist es am wichtigsten zu erklären, dass er »unschuldig« ist. A sollte jetzt eine weitere kleine Pause machen. Manchmal kommt nach solchen sehr allgemeinen Aussagen noch etwas Greifbares nach. Wenn nicht, ist das auch nicht schlimm, denn das Gespräch hat gerade erst begonnen. A muss sich hier auch nicht verunsichern lassen. Sein Ziel ist es, die Beurteilung der Lage von B zu erfahren. Er muss im Grunde nur an diesem Ziel weiterarbeiten.

A: (Pause, Blickkontakt) »*Wie sehen Sie das denn?*« (Pause, Blickkontakt)

Dies ist eine offene Frage. Verbunden mit dem Blickkontakt und einer weiteren Pause ist das eine deutliche Aufforderung an B, seine Meinung darzustellen. Schön ist, dass A sich nicht auf das Thema »Schuldige« einlässt, sondern dies – wie einen Distraktor, der vom Thema ablenkt – einfach übergeht.

B: »*In der Abteilung geht es doch schon seit Wochen drunter und drüber.*«
A: (Pause)

Eine Pause an dieser Stelle ist hilfreich, um dem Gesprächspartner zu zeigen, dass wirklich Interesse besteht.

A: »*Wie meinen Sie das?*«

Diese Anschlussfrage verstärkt noch den Effekt der Pause.

B: »*Na, das wissen Sie doch auch.*«

Hier wird eine weitere typische Abwehrstrategie sichtbar: Es wird nicht Klartext geredet. Stattdessen wird der Vorgesetzte »unter der Hand« daran erinnert, dass er »eigentlich« Bescheid wissen müsste. Die vier Aspekte einer solchen Aussage (s. S. 26 ff.) sind nicht ganz eindeutig. Eine solche Formulierung lässt sich aber einordnen als ein Mittelding zwischen dem Appell, die eigene Lage doch zu verstehen, und einem versteckten Angriff, in dem die Aussage mitschwingt, dass die Führungskraft eben doch nicht genau weiß, wie die Lage in der Abteilung ist. Solche »doppelten Botschaften« werden oft angewandt, wenn Gesprächspartner sich unter Druck fühlen.

> A: »*Ich möchte gerne Ihre Meinung kennen lernen. Wo liegen Ihrer Meinung nach die Hauptprobleme?*« (Pause)

Wie in fast allen Gesprächssituationen, hilft auch hier eine Ich-Aussage: Mit der Formulierung »Ich möchte gerne Ihre Meinung kennen lernen« ist der Angriff vom Tisch. Die nächste offene Frage führt zum Problem und zu den Zielen, die A sich gesetzt hat, zurück.

> B: »*Die jungen Leute wollen doch alle nichts mehr schaffen.*«
> A: (Pause) »*Sie haben das Gefühl, die arbeiten zu wenig.*«

A hat an dieser Stelle nur einfach die Aussage von B aufgegriffen und »rekapituliert«. Sein Satz gibt keine neue Information. B geht darauf ein. Natürlich stimmt er der Aussage zu, denn es ist seine eigene, und er ergänzt sie durch weitere Informationen:

> B: »*Ja, vor allem der Kurt, der passt auch gar nicht in die Abteilung.*«
> A: »*Es liegt also vor allem an Kurt.*« (Wieder rekapituliert A.)
> B: »*Das will ich nicht sagen. Mir haben in der letzten Woche drei Leute gefehlt.*«
> A: »*Also, es liegt auch am Krankenstand.*« (Pause)

Durch das wiederholte Rekapitulieren hat A jetzt zwei Fakten sichergestellt: Ein Problem ist der Mitarbeiter Kurt, ein anderes der Krankenstand. Das ist schon viel mehr als die ursprüngliche Information, dass »alles drunter und drüber geht«. Jetzt fährt B fort:

> B: »*Vor allem aber an Kurt.*«
> A: »*Wie meinen Sie das?*« (Wieder eine offene Frage.)
> B: »*Ach, Sie wissen doch selbst, dass der nicht mitzieht.*«

Wieder versucht B, A auf »seine Seite zu ziehen«, indem er einen verdeckten Appell (»Sie wissen doch selbst«, und das heißt auch: »Wir wissen doch Bescheid, wir müssen daher auch nicht darüber reden«) sendet.

> A: »*Wie meinen Sie das?*« (A bleibt bei seiner offenen Frage.)
> B: »*Der ist einfach überfordert und dann noch patzig.*«
> A: »*… patzig? Wie meinen Sie das?*« (Wieder einfaches Rekapitulieren und eine offene Frage.)
> B: »*Der kommt mit der neuen Maschine nicht zurecht, macht nur Sprüche und will's dann nicht gewesen sein.*«
> A: (Pause) »*Was können wir da machen?*« (Pause, Pause, Pause)

Wieder eine offene Frage. Und zwar eine besondere: Diese offene Frage geht nicht in die Vergangenheit, sondern ist auf die Zukunft gerichtet und versucht ganz im Sinne der Zielvorgaben von A, Lösungswege aufzudecken. Dadurch wird der Mitarbeiter motiviert, sich mit dem Gesprächsführenden gemeinsam an die Lösung des Problems zu machen. (Diese besondere Form von offenen Fragen wird noch ausführlicher in Zusammenhang mit dem Vorgehen bei Konfliktbewältigungsgesprächen (s. S. 183 ff.) behandelt werden.) Da eine solche Frage eine neue Orientierung verlangt, ist es besonders wichtig, eine ausreichend lange Pause zu lassen.

> B: »*Ich habe doch alles Mögliche versucht.*«
> A: »*… alles Mögliche versucht?*« (Wieder ein einfaches Rekapitulieren.)
> B: »*Letzte Woche habe ich ihm gesagt, wenn er das nicht bald klarkriegt, müssten wir jemand anderen an die Maschine stellen.*«

B geht offensichtlich nicht so einfach auf den Gedanken einer Problemlösung ein. Es ist für ihn – und das ist nicht untypisch für viele Konfliktgespräche – erst einmal wichtig, vergangene Erfahrungen aufzuarbeiten.

> A: »*Mmh.*« (Ein Türöffner, denn die Geschichte geht noch weiter.)

> B: »*Da ist er ziemlich patzig geworden und hat gesagt, das wäre ihm jetzt auch egal.*«
> A: »*Mmh.*«
> B: »*Was würden Sie denn mit so jemand machen?*«

B dreht jetzt den Spieß um und stellt selbst eine offene Frage. Das ist einerseits ein kleiner Machtkampf, denn »wer fragt, führt«, andererseits kommt durch die Frage auch zum Ausdruck, dass sich B in einer Notlage sieht und ihm an einer Lösung des Problems gelegen ist.

> A: »*Ich verstehe, dass das schwierig ist. Was haben Sie gemacht?*« (Pause)

A hat das Ziel, die Sicht von B kennen zu lernen, und er bleibt seiner Strategie (durch eine Ich-Aussage und eine anschließende offene Frage) treu.

> B: »*Ich habe mich umgedreht und habe gedacht: ›Rutsch mir doch den Buckel runter.‹*«
> A: »*Wie soll das jetzt weitergehen?*«

Wieder verzichtet A darauf, »alte Geschichten« aufzuarbeiten, und stellt stattdessen eine offene Frage in Richtung auf die Lösung des Problems.

> B: »*Also, mit Kurt bin ich jedenfalls fertig.*«
> A: (Pause)
> B: »*Vielleicht sollten Sie mal mit dem reden. Der ist einfach schwierig.*«

Die Pause hat sich ausgezahlt. Jetzt haben wir zum ersten Mal einen konkreten Vorschlag, nämlich, dass A einmal mit Kurt reden soll. A kann jetzt entscheiden, ob er diese Anregung aufgreifen möchte oder nicht.

> A: »*Das ist eine Idee. Ich werde es mir mal durch den Kopf gehen lassen. Was könnten wir sonst noch tun?*«

A hat die Anregung aufgegriffen und dies als Ich-Aussage formuliert (»Ich werde es mir mal durch den Kopf gehen lassen«). Dadurch hat er sich die Entscheidung offen gehalten und Zeit gewonnen, sich dies in Ruhe zu überlegen. Zunächst aber steuert er wieder sein erstes Gesprächsziel an, nämlich die Sicht von B über die Lage in der Abteilung kennen zu lernen.

> B: *»Im Grunde kommen wir ja klar, nur die letzten zwei Wochen war halt einfach zu viel los.«*
> A: *»Was meinen Sie da besonders?«*

Auch an dieser Stelle kann A mit der gleichen Strategie weitermachen: A kann offene Fragen stellen, die Antworten durch Rekapitulieren verdeutlichen lassen und durch Pausen Ruhe in das Gespräch bringen. Ich denke, die Vorgehensweise, der A hier folgt, ist klar geworden, und wir können uns daher dem Ende der Unterhaltung zuwenden. Das Gespräch hat auf jeden Fall schon zu konkreten Ergebnissen geführt: A kennt jetzt die Problematik, die Kurt darstellt, hat einen Lösungsvorschlag hierzu gehört und hat Anknüpfungspunkte für das weitere Vorgehen. Vor allem hat er B das Gefühl vermitteln können, dass seine Einschätzungen und sein Rat (im doppelten Wortsinn) »gefragt« sind.

A kann daher gegen Ende des Gesprächs »einen Gang zurückschalten« und über weniger schwierige Themen reden. Der Abschluss des dargestellten Gesprächs könnte dann wie folgt aussehen:

> A: *»Ich möchte noch einmal kurz zusammenfassen: Ich merke, für Sie ist hauptsächlich Kurt ein Problem.«* (Pause) *»Ich denke, ich werde wirklich mal mit ihm reden. Die Sache mit dem Krankenstand verstehe ich ebenfalls. Sie wissen aber selbst, dass wir da nicht sofort etwas ändern können. Ich werde Sie auf jeden Fall auf dem Laufenden halten und bedanke mich zunächst einmal für das Gespräch.«*

Das waren die Beschlussphase (Phase 4) und die Abschlussphase (Phase 5) des Gesprächs. A hat hier die wichtigsten »Beschlüsse« noch einmal zusammengefasst: Er stellt fest, dass für B Kurt das eigentliche Problem ist, und ermöglicht es B durch die Pause, dieser Einschätzung zuzustimmen oder zu widersprechen. Zudem legt er sich verbindlich fest, mit diesem Mitarbeiter zu reden. Auch was das größere Problem Krankenstand angeht, so bestätigt A zumindest, dass er diese Information und damit das Problem wahrgenommen hat. Das ist gar nicht so unwichtig, denn mit einer solchen Sachinformation kann er sich gegebenenfalls auch gegenüber seinem eigenen Vorgesetzten Rückendeckung verschaffen. Weiterhin vereinbart er, dass er B auf dem Laufenden halten wird, und legt so die Grundlage für ein weiteres, sicher einfacheres Gespräch. Das kleine Dankeschön am Ende des Gesprächs tut B gut, denn er hat sich wirklich geöffnet, und es ist als Abschied (Phase 5) sicher ausreichend. A hat in diesem nur wenige Minuten benötigenden Gespräch sehr viel erreicht: Er weiß über die Probleme in der Abteilung besser Bescheid, und er hat auch einen Lösungsvorschlag, der von B mitgetragen wird, da es sein eigener ist. Dieses Beispiel zeigt ein Gespräch, das erfolgreich verlaufen konnte, da die Führungskraft gegenüber einem Mitarbeiter öffnende und damit faire Gesprächsführungstechniken angewandt hat. Diese greifen auch gegenüber »stärkeren« Gesprächspartnern, wie im folgenden Beispiel gezeigt werden soll.

Dieses Beispiel beinhaltet einen Ausschnitt aus einem Gespräch, in dem ein Mitarbeiter eine Gehaltserhöhung von seinem Vorgesetzten möchte. Das Gespräch, das er sich deswegen vorgenommen hat, ist also recht wichtig. Darum hat er sich vorbereitet. Er hat für sich Ziele formuliert. Es erscheint ihm wichtig, seinem Chef, Herrn D, erst einmal seine Lage zu schildern (Teilziel 1) und dessen Meinung dazu zu erfahren (Teilziel 2). Dann möchte er, dass sein Vorgesetzter ihm eine verbindliche Auskunft darüber gibt, welche Möglichkeiten er sieht und für welchen Zeitraum er selbst sich möglicherweise gedulden muss (Teilziel 3). So kann C sich überlegen, wie er sich weiter orientieren möchte. Zudem weiß C, dass bei seinem Chef immer »viel los« ist. Er hat sich darum selbst Ruhe für das Gespräch verschafft und einen Termin geben lassen.

> C: »*Guten Tag.*«
> D: »*Guten Tag.*«
> C: »*Ich habe ein etwas schwieriges Problem. Ich …*«

C beginnt mit einer Ich-Aussage. Das gibt eine gewisse Sicherheit.

> D: *»Schwierige Probleme haben wir alle.«*
> C: *»Ich wollte gerne mit Ihnen über mein Gehalt reden.«*

D hat »Lunte gerochen« und bringt, vielleicht nur, um irgendetwas zu sagen, einen Distraktor (»Schwierige Probleme haben wir alle«). C geht aber – wie das bei Distraktoren meistens effektiv ist – nicht darauf ein, sondern führt zu seinem Thema zurück.

> D: *»Ja?«*
> C: *»Ich bin jetzt seit zwei Jahren hier und habe immer noch mein Eingangsgehalt. Wir haben in der Zwischenzeit einige Projekte ganz erfolgreich abgeschlossen, und ich möchte mit Ihnen gerne einmal über eine Anpassung reden.«*
> D: *»Mmh.«*

D ist ziemlich reserviert. Sein Türöffner fordert jetzt C auf weiterzureden. C hat sein erstes Teilziel erreicht. Er hat D seine Lage geschildert. Das nächste Teilziel ist, die Meinung seines Vorgesetzten zu erfahren.

> C: *»Was meinen Sie dazu?«*

Hier stellt C eine offene Frage, und wer fragt, führt ja bekanntlich. In diesem Fall führt C seinen Vorgesetzten.

> D: *»Na ja.«* (D versucht, Zeit zu gewinnen.)
> C: (Pause – C lässt ihm auch Zeit.)
> D: *»Sie wissen, das ist nicht so ganz einfach.«*
> C: *»Ja?«* (Blickkontakt)

Diesmal gebraucht C mit der Formulierung »Ja?« einen Türöffner.

> D: *»Sie lagen mit Ihrem Eingangsgehalt schon ziemlich hoch. Und dann hatten wir auch etliche Schwierigkeiten mit dem X-Projekt. Ich fürchte, das wird nicht so einfach werden.«*

Jetzt liegen die Karten auf dem Tisch. D hat eine Ich-Aussage benutzt (»Ich fürchte, das wird nicht so einfach werden«) und damit erst einmal Oberwasser.

> C: »*Was für Möglichkeiten sehen Sie?*«

C stellt eine offene Frage in Richtung auf eine Lösung seines Problems.

> D: »*Tja, wie ich schon sagte. Das ist nicht so einfach.*«
> C: »*Sie verstehen sicher, dass das für mich eine wichtige Sache ist. Welche Möglichkeiten sehen Sie denn?*«

C benutzt eine Ich-Aussage und schiebt dann wieder eine offene Frage nach.

> D: »*Ich fürchte, dass ich Ihnen da erst einmal gar nichts versprechen kann.*«
> C: »*... erst einmal?*« (Ein einfaches Rekapitulieren.)
> D: »*Na ja, bis zum Ende des Jahres ist sicher kaum was möglich.*«
> C: »*Sie sagen ›bis Ende des Jahres‹?*«

C bleibt seiner Strategie treu. Er rekapituliert die Aussage von D und formuliert damit eine Art versteckter Frage, um der Lösung seines Problems näher zu kommen.

> D: »*Ja, das ist alles noch unklar. Das hängt auch von dem neuen Projekt ab.*«
> C: »*Wie meinen Sie das?*«

C verfolgt sein Teilziel, eine verbindliche Auskunft seines Chefs zu erreichen, immer weiter.

> D: »*Ich denke, wenn das Projekt klappt, könnte ich etwas für Sie tun.*«
> C: »*Das würde sich dann Ende des Jahres entscheiden?*«

Das ist eine Entscheidungsfrage, die den Vorgesetzten festlegen soll. Zudem hat C die Aussage des Vorgesetzten präzisiert, denn ein Projekt kann sich unter Umständen sehr lange hinschleppen, aber das Jahresende ist ein verbindlicher Termin.

> D: »*Ich denke schon.*«
> C: (Pause) »*Gut. Sie verstehen, dass mich das insgesamt nicht so glücklich macht. Aber so ist wenigstens ein Zeitraum absehbar.*«

In der Pause, die C hier zunächst gelassen hat, kann er sich in Ruhe überlegen, ob er mehr »herausholen« möchte oder ob er sich mit der bisherigen Beschlusslage erst einmal zufrieden gibt. Manchmal führen solche Pausen zudem dazu, dass ein Gesprächspartner noch »etwas nachschiebt«. Mit seiner Ich-Aussage (»... mich das insgesamt nicht so glücklich macht«) hat C seinem Vorgesetzten noch einmal eine Rückmeldung über die eigene Lage gegeben.

> D: »*Gut. Verbleiben wir so.*« (D beschließt jetzt das Gespräch.)
> C: »*Dann bedanke ich mich erst einmal für die Auskunft. Ich denke, ich werde in meiner Sache Ende des Jahres nochmals auf Sie zukommen.*«

Auch C geht auf diesen Abschluss des Gesprächs ein, präzisiert aber noch einmal (in einer sehr kurzen Beschlussphase) den Termin für die weitere Entscheidung.

> D: »*Tun Sie das. Auf Wiedersehen.*«
> C: »*Auf Wiedersehen.*«

Nach dem Gespräch wird C bestimmt nicht vollkommen glücklich sein. Er hat noch keine Gehaltserhöhung. Aber er hat dennoch einiges erreicht: Er hat seinen Chef informiert und ihm die Dringlichkeit seines Anliegens verdeutlicht (Teilziel 1). Zudem weiß er, woran er ist. Das ist ein wichtiger Punkt, denn es ist oft ausgesprochen schwierig, eine Situation auszuhalten, in der nicht abgeklärt ist, wie sich eine bestimmte Sache in der Zukunft entwickeln wird. In dem vorliegenden Gespräch weiß C, dass eine Gehaltssteigerung für ihn in den nächsten Wochen nicht möglich erscheint (Teilziel 2 erreicht, weil C die Meinung seines Vorgesetzten kennt). Er hat aber die Gewissheit, dass sich diese Frage bis Ende des Jahres klärt (Teilziel 3). Das bedeutet auch, dass er dieses Problem bis zu diesem Zeitpunkt »zu den Akten legen« oder sich C in der Zwischenzeit in Ruhe anderweitig orientieren kann, falls er das möchte. Zu dem verabredeten Zeitpunkt kann er dann wieder auf seinen Vorgesetzten zugehen. Da gewissermaßen eine Verabredung vorliegt, ist dies viel leichter, als einen »neuen Anlauf« zu machen. Mit Recht kann er zu diesem Zeitpunkt darauf bestehen, dass sich die Gehaltsfrage entscheidet. Zudem kann er sich darauf berufen, dass ihm sein Vorgesetzter Hoffnungen gemacht hat.

Vielleicht hat Ihnen dieses Beispiel verdeutlicht, dass Gesprächsführungstechniken nicht sofort zur »Lösung aller Probleme« oder einer »besseren und gerechteren Welt« führen. Sie können aber zumindest helfen, die dafür nötige Klarheit zu schaffen. Sie können noch einiges mehr. Und das möchte ich abschließend in einem Resümee zusammenfassen.

Gesprächsführungstechniken. Ein Resümee

Ein Überblick über die hier vorgestellten Gesprächsführungstechniken zeigt, dass es nicht darum geht, Gesprächspartner zu manipulieren, durch Tricks auf Linie zu bringen oder ihnen die eigene Meinung »irgendwie« aufzuzwingen. Es werden ganz andere Schwerpunkte gesetzt: Ein wichtiges Hilfsmittel zur Gesprächsführung ist zunächst das Vorbereiten von Gesprächen. Hier geht es darum, die *eigenen Wünsche* zu erkennen, daraus Ziele abzuleiten und ein Gespräch so zu strukturieren, dass diesen Themen genügend Raum gegeben wird. Der zweite Schwerpunkt liegt in Techniken, die während des Gesprächs Anwendung finden. Diese Techniken (Pausenverhalten, Frageverhalten, Ich-Aussagen, Rückmeldungen) haben eher *defensiven Charakter*: Man sagt nichts (beim Pausenverhalten), man fragt nach der Meinung des Gesprächspartners (Fragetechniken), man öffnet sich (Ich-Aussagen), und man gibt dem anderen Informationen, wie man ihn erlebt (Rückmeldungen). Es geht nicht darum, den anderen zu einer bestimmten Meinung zu bringen, sondern man lässt dem Gesprächspartner Raum, versucht, seine Gedankenwelt zu verstehen, macht die eigene deutlich und versucht, Übereinstimmungen zwischen beiden abzuklären. Vielleicht wirken sie deshalb relativ souverän, weil man »leben will und leben lässt«: Ausgangspunkt ist der Wunsch, die eigene Position zu verstehen und zu vertreten, und nicht der Versuch, die des anderen zu ändern. Nur manchmal ist es wichtig, entschieden vorzugehen: Dies ist dann nötig, wenn Distraktoren vom Thema ablenken, und bei Gesprächspartnern, die kein Ende finden. Aber auch hier werden im Grunde faire Schritte eingeleitet. Es geht nicht darum, den Gesprächspartner auf seine Fehler aufmerksam zu machen, sondern darum, das eigene Recht auf ein sachliches, selbst bestimmtes und freundliches Gespräch durchzusetzen.

Gesprächsführungstechniken: Nicht mit roher Gewalt

Ein bisschen erinnern Gesprächsführungstechniken daher an asiatische Kampfsportarten, wie Judo oder Aikido, bei denen man auch nicht mit roher Körperkraft den anderen brechen will. Vielmehr kommt es hier darauf an, die Kraft des anderen zu spüren, zu akzeptieren und dann für sich arbeiten zu lassen. Gesprächsführungstechniken versuchen etwas Ähnliches: Es geht nicht darum, den anderen zu ändern, sondern seine Meinung zu spüren, damit ich meine eigene besser verstehen und einsetzen kann.

In aller Regel ändert sich durch eine solche Form des Miteinanderumgehens die Beziehung zwischen zwei Gesprächspartnern, denn faire Schritte bauen Angst ab. Und da unsere Wahrnehmung von unseren Gefühlen abhängt, ist es so auch möglich, mehr und neue Seiten von dem anderen kennen zu lernen. Manchmal ändern sich die Personen, die bewusster und eigengesteuerter miteinander reden, sogar selbst. Inwiefern Persönlichkeitsänderung das Ziel von Kommunikationstrainings sein kann, kann man unterschiedlich beurteilen. Auf jeden Fall schaffen Gesprächsführungstechniken mehr Klarheit, und damit ist schon einiges erreicht.

Teil 2:
Schwierige
Gesprächssituationen

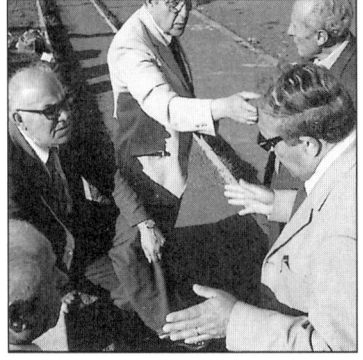

Die Gesprächsführungstechniken, die ich Ihnen bisher vorgestellt habe, sind in vielen und ganz unterschiedlichen Gesprächssituationen einsetzbar. Dies lässt sich damit erklären, dass sie nicht das jeweilige Problem, sondern den einzelnen Gesprächsführenden in den Mittelpunkt stellen: Bei praktisch jedem Problem kann man darum gezielt bestimmte Fragetechniken einsetzen, Ich-Aussagen treffen oder auf das nichtsprachliche Verhalten des Gesprächspartners achten.

Für einzelne Aufgabenfelder und Problembereiche ist es jedoch günstig, sich weitere Gedanken über die psychische Situation, in der sich der Gesprächspartner gerade befindet, zu machen und diese bei dem eigenen Vorgehen einzusetzen. Dieses Hintergrundwissen kann helfen, ein Gespräch mit einer größeren inneren Sicherheit anzugehen. Im Folgenden möchte ich Ihnen ein solches Hintergrundwissen für einige schwierige Gesprächssituationen geben. Es geht dabei zunächst um *Motivationsgespräche*, bei denen der Gesprächsführende aufgefordert ist herauszufinden, warum ein einzelner Mitarbeiter nicht mit dem Elan und dem Interesse seiner Arbeit nachgeht, wie es für die Arbeit sinnvoll und auch für den Mitarbeiter selbst (!) positiv erscheint. Dann erhalten Sie einige Tipps für die Durchführung von *Konfliktbewältigungsgesprächen*. Anschließend werde ich auf das *Verhalten in Mitarbeiterbesprechungen* eingehen, einer – wie in der Einführung zu diesem Buch erläutert – besonders wichtigen Gesprächssituation, da die Aufgaben, die sich heute Unternehmen stellen, im Grunde nur durch das Zusammenwirken vieler einzelner, damit auch verschiedener Mitarbeiter zu lösen sind. Schließlich komme ich auf das Thema *Führung und Gesprächsführung* zu sprechen. Gerade weil immer mehr Mitarbeiter den Wert von Zusammenarbeit und freundlichem Umgang miteinander schätzen lernen, wird die Rolle, die man als Führungskraft auszufüllen hat, unklarer. Das letzte Kapitel soll Ihnen hierzu eine gewisse Orientierung vermitteln.

Mitarbeiter gewinnen und halten

Jeder, der einmal Führungsaufgaben übernommen hat, wird bestätigen, dass die Motivation von Mitarbeitern sehr schwierig sein kann. Mitarbeiter, die nicht »mitziehen« wollen, muss man selbst mitziehen, und die Energie, die man hierfür braucht, ist bisweilen so groß, dass man die Sache lieber gleich selbst in die Hand nimmt.

Einzelne Mitarbeiter sind – wie wir alle – zudem eigenwillige Menschen, und manchmal ist es nicht einfach einzusehen, warum sie so wenig Interesse an der Arbeit haben oder unzufrieden sind. Hinzu kommt, dass man in angespannten Situationen das Mitdenken, Mitziehen und das Engagement der Mitarbeiter manchmal in größerem Umfang braucht, als man das auf Grund von arbeitsrechtlichen Bedingungen tatsächlich verlangen kann. In aller Regel sind Mitarbeiter dazu – in einem überschaubaren Rahmen – auch bereit, weil bloßer »Dienst nach Vorschrift« meist von beiden Seiten als unangenehm erlebt wird. Aber das ist nicht immer der Fall, und Mitarbeiter und Führungskräfte bewegen sich dann in einer Art Pattsituation, in der »die da oben« Druck machen und »die da unten« den Druck möglichst unbeschadet an sich abgleiten lassen wollen und in der beide Seiten unzufrieden sind.

Ich möchte Ihnen daher einige Anregungen geben, wie Sie aus einer solchen Pattsituation herausfinden und Arbeitszufriedenheit für beide Seiten schaffen können. Ich werde dabei mit der zunächst sicher verblüffenden Einsicht beginnen, dass Zufriedenheit keinesfalls das Gegenteil von Unzufriedenheit ist. Dies ist ein zentraler Bestandteil einer der bekanntesten Motivationsmodelle, der Zweifaktorentheorie von Frederick Herzberg. Aus deren Annahmen lassen sich eine Reihe von Ratschlägen für die Gestaltung eines motivierenden Arbeitsklimas ableiten.

Das schwierige Geschäft der Mitarbeitermotivation

Motivation und Demotivation.
Zwei Faktoren und die Arbeit, die wir mit beiden haben

Frederick Herzberg war ein Arbeitswissenschaftler, der nicht nur Theorien entwickelt, sondern sich direkt mit den konkreten Arbeitsbedingungen in Firmen und Unternehmen auseinander gesetzt hat. Auch jetzt – viele Jahre nach seinen ersten Veröffentlichungen zu Beginn der Sechzigerjahre – werden seine Arbeiten immer noch zitiert, und das von ihm beschriebene Modell der Arbeitszufriedenheit ist nach wie vor in der Diskussion.

Dabei tat Herzberg etwas sehr Einfaches. Er befragte Mitarbeiter über ihre konkrete Arbeitslage und versuchte, daraus Schlüsse zu ziehen. Anders als in vielen Fragebogenuntersuchungen ließ er die Beteiligten dabei »selbst zu Wort kommen«: Er forderte sie auf, an eine Arbeitssituation zu denken, in der sie entweder außergewöhnlich zufrieden oder außergewöhnlich unzufrieden waren, und mehr davon zu erzählen.

Nach dieser Erhebung, die ganz von den Erfahrungen der Mitarbeiter bestimmt war, wurden detaillierte Interviews zu Teilaspekten des Geschilderten durchgeführt. Am bekanntesten ist die Pittsburgh-Studie, benannt nach einer Großstadt in den USA, in der 203 Ingenieure und Buchhalter auf diese Weise interviewt wurden (Herzberg 1993).

Auf Grund seiner Befragungen ermittelte Herzberg zwei unterschiedliche Gruppen von Einflussgrößen, die er als entscheidend für das Arbeitsklima betrachtete. Zum einen ermittelte er Einflussgrößen, die zufrieden machen und einen Anreiz bieten, mit Lust und Interesse an die Arbeit zu gehen. Diese nannte er *Motivatoren.* Darüber hinaus stellte er fest, dass es eine Reihe von Arbeitsfaktoren gibt, die einfach stimmen müssen, die aber selbst keinen Anreiz bieten, mit Interesse eine Aufgabe anzugehen. Diese zweite Gruppe nannte er *Hygienefaktoren.* Das ist ein recht anschaulicher Begriff: Ebenso wie Hygiene wichtig für die Gesundheit ist, aber allein nicht zu einem glücklichen Leben führt, sind Hygienefaktoren noch nicht ausreichend, um Zufriedenheit und Lust bei der Arbeit herzustellen.

Fehlen sie aber, so resultiert daraus Unzufriedenheit, ebenso wie Krankheiten ein Ergebnis mangelnder Hygiene sein können.

Als wichtigste Motivatoren ermittelte Herzberg Leistungserfolg, Anerkennung, die Arbeit selbst, Verantwortung in der Arbeit, persönliches Vorwärtskommen und Entfaltungsmöglichkeiten im Beruf. Zu den Hygienefaktoren gehören seinen Ergebnissen zufolge das Gehalt, eine vernünftige Personalpolitik und befriedigende zwischenmenschliche Beziehungen zu Mitarbeitern und Vorgesetzten sowie angemessene Arbeitsbedingungen, wozu auch Arbeitssicherheit und die Sicherheit des Arbeitsplatzes selbst gehören. Ein weiterer wichtiger Hygienefaktor ist das persönliche Umfeld, in dem sich ein Mitarbeiter befindet.

Hygienefaktoren werden oft nicht besonders beachtet: Ähnlich wie ein gesunder Mensch kaum an seine Lunge oder seine Leber denkt, so lange diese funktionieren, erscheinen Hygienefaktoren auch nicht wichtig für den einzelnen Mitarbeiter, solange sie stimmen. Kaum ein Mitarbeiter wird dadurch besonders motiviert, dass der Arbeitsplatz sicher und die Kantine in Ordnung ist oder sich jemand um den Arbeitsschutz kümmert, aber er oder sie spürt sofort, wenn diese »Selbstverständlichkeiten« nicht stimmen. Dann verhält sich ein Mitarbeiter ähnlich wie ein kranker Mensch: Diese eine Sache, die nicht in Ordnung ist, tut weh, und ähnlich wie ein kranker Mensch kann ein Mitarbeiter dann kaum mit Interesse oder Lust auf neue Aufgaben zugehen. Mehr noch: Er kann auch durch den Einsatz von Motivatoren kaum dazu motiviert werden, weil dazu die Basis fehlt.

Sind diese Dinge jedoch in Ordnung, so heißt das noch nicht, dass mit besonderer Lust und gesteigertem Interesse an einer Aufgabe gearbeitet wird. Hier werden Motivatoren wichtig, also Anerkennung, persönliches Vorwärtskommen oder Verantwortung im Beruf, die die Lust an der Arbeit wecken und am Leben halten.

Die Motivation von Mitarbeitern ist genau genommen eine zweifache Arbeit: Zunächst ist es wichtig, Selbstverständlichkeiten sicherzustellen, dann kommt es darauf an, geeignete Motivatoren zu finden, die zusätzlich Interesse und Lust an der Arbeit wecken können.

Frederick Herzberg betrachtete Hygienefaktoren und Motivatoren als voneinander unabhängige Einflussgrößen. Er ging davon aus, dass es zum einen eine einfache Seite im Menschen gibt, die schlicht unangenehme Situationen vermeiden will. Diese Seite möchte, dass die Hygienefaktoren stimmen, damit keine unangenehmen Situationen entstehen. Darüber hinaus gibt es ein »Streben nach Wachstum durch Aufgabenbewältigung«. Diese Seite im Menschen sucht nach Selbstverwirklichung und immer neuen Aufgaben, und für sie resultiert Befriedigung aus dem erfolgreichen Bewältigen dieser Anforderungen.

Aus dieser Zweiteilung zog Herzberg weit reichende Konsequenzen. Nach seinen Annahmen wird Zufriedenheit allein durch den Inhalt der Arbeit dauerhaft gesichert. Motivierend ist also nur der Gehalt der Arbeitsaufgaben, der Sinn der Arbeit im Hinblick auf das Erleben der eigenen Leistungtüchtigkeit und die Entfaltung der eigenen Möglichkeiten. Deshalb muss Arbeit so gestaltet werden, dass umfassende Selbstverwirklichung in ihr möglich ist. Bezahlung, ein effektiver und kooperativer Führungsstil, fortschrittliche Organisationsmethoden und angenehme Arbeitsbedingungen sind nur Rahmenbedingungen.

Diese sehr weit gehenden Thesen sind kritisiert worden. Außerdem zeigte sich in Nachfolgeuntersuchungen, dass Motivatoren, die Zufriedenheit mit der Arbeit auslösen, und ganz andersartig wirkenden Hygienefaktoren, deren Fehlen zu Unzufriedenheit führt, nicht immer eindeutig unterschieden werden können. Untersuchungen ergaben außerdem, dass Herzbergs Ergebnisse sehr stark von seiner Vorgehensweise beeinflusst worden sind. Herzberg hatte ja die Mitarbeiter explizit aufgefordert, sich an *außergewöhnliche Situationen* zu erinnern. Bei späteren Befragungen, die die ganze Bandbreite von Situationen, in denen Mitarbeiter sehr zufrieden, mäßig zufrieden bis ganz unzufrieden waren, beleuchteten, waren zum Teil auch extrem andere motivierende oder demotivierende Einflussgrößen zu finden. Möglicherweise ist nur die ganz große innere Zufriedenheit durch Selbsterfüllung in der Arbeit selbst bedingt, während die »kleine Zufriedenheit« auch schon durch viel einfachere Einflüsse, wie gute Bezahlung und nette Kollegen, ausgelöst werden kann.

Solche Befunde leuchten unmittelbar ein, wenn man sich konkrete Arbeitssituationen vorstellt. Man denke nur an Arbeitsplätze, die stark durch Rationalisierung gefährdet sind: In solchen Fällen wird ein gesicherter Arbeitsplatz ein echter Motivator. Oswald Neuberger, ein Augsburger Arbeitswissenschaftler, beschreibt dies sehr plastisch:

> »Wenn es (...) ›hart auf hart‹ geht, wird einem Arbeitnehmer in den meisten Fällen ein sicherer Arbeitsplatz oder eine Gehaltserhöhung (beides Hygienefaktoren) wichtiger sein als eine Anerkennung durch den Vorgesetzten.« (Neuberger 1974, S. 130)

Umgekehrt wird einem Mitarbeiter, der die Sicherheit des Arbeitsplatzes hat, dieser Faktor möglicherweise so selbstverständlich geworden sein, dass ihm die Arbeitsplatzsicherheit bei einer Beschreibung der Faktoren, die für seine Zufriedenheit von Bedeutung sind, gar nicht mehr ins Bewusstsein rückt.

Solche Überlegungen zeigen den Wert, den Herzbergs Modell heute für sich beanspruchen kann. Grundsätzlich ist eine Unterscheidung in Einflussgrößen, die einem erst auffallen, wenn hier Defizite vorliegen (also Hygienefaktoren), und Einflussgrößen, die einen mit besonderem Engagement an eine Arbeit gehen lassen (also Motivatoren), berechtigt. Weiterhin ist jedoch zu beachten, dass diese beiden Einflussgruppen nicht so statisch voneinander abzugrenzen sind, wie Herzberg das in seinen frühen Untersuchungen noch annahm. Vielmehr sind Motivatoren und Hygienefaktoren keine ein für alle Mal feststehenden Größen, sondern veränderlich. Zwei Prozesse lassen sich dabei voneinander abgrenzen:

Aus Motivatoren können Hygienefaktoren werden. Aus Hygienefaktoren können Motivatoren werden.

Dies bedeutet, dass eine Einflussgröße, die eine Zeit lang motivierend war, nach einiger Zeit zur Selbstverständlichkeit werden kann und dass umgekehrt Dinge, die eigentlich selbstverständlich sind, wieder einen gewissen Anreizcharakter gewinnen, wenn sie lange gefehlt haben. An Beispielen kann man das nachvollziehen.

Zunächst zum ersten Prozess: Eine Gehaltserhöhung (als Motivator) wirkt in aller Regel für eine Weile sehr anspornend. Nach einer bestimmten Zeit ist jedoch die finanzielle Erwartungshaltung höher, und die Gehaltserhöhung verliert ihren Anreizcharakter. Das deutlichste Beispiel für diesen Abnutzungseffekt sind sicher die sozialen Errungenschaften, die in unserer Industriegesellschaft im Laufe der letzten Jahrzehnte durchgesetzt worden sind. Die Absicherung durch Arbeitsschutz oder Sozialleistungen war früher eine Ausnahme in wenigen Betrieben. Dies hat dazu geführt, dass die Arbeit in solchen Betrieben im Bewusstsein der Mitarbeiter etwas Besonderes und ein Motivator war. Heute gehören diese Leistungen zu den Selbstverständlichkeiten, auf die man mit Recht von vornherein Anspruch hat. Damit wurden Motivatoren zu Hygienefaktoren.

Diese Beispiele illustrieren, warum manche Firmen Motivatoren (wie gewisse Vergünstigungen, Dienstwagen, die Einrichtung des Arbeitszimmers, Ausstattung des Arbeitsplatzes) gestaffelt einsetzen. Solche Motivatoren »verbrauchen sich« eben und werden nach einiger Zeit zu Hygienefaktoren. Ein geringfügig gesteigerter Anreiz, wie ein etwas besser ausgestatteter Arbeitsplatz, ein etwas größerer Dienstwagen etc. wird dann häufig als neuer Motivator erlebt.

Auch für den zweiten Prozess, dass Hygienefaktoren zu Motivatoren werden, wenn bestimmte, eigentlich selbstverständliche Voraussetzungen lange Zeit nicht erfüllt sind, gibt es viele Beispiele.

So kann ein unerträgliches Betriebsklima dazu führen, dass ein Wechsel in eine Abteilung, in der nur ein durchschnittliches Klima herrscht, als ausgesprochen erfreulich erlebt wird. Das eigentlich Selbstverständliche wirkt wie eine besondere Motivation. In Zeiten von Arbeitsplatzgefährdung kann ein sicherer Arbeitsplatz zum ausgesprochenen Motivator werden.

Aus Herzbergs Modell und aus den Erweiterungen, die auch die Veränderungen von Motivatoren und Hygienefaktoren berücksichtigen, lässt sich eine Reihe von Schlüssen ziehen. Die folgenden Punkte erscheinen dabei besonders wichtig:

Motivation von Mitarbeitern bedeutet vor allem
● Ursachen für Unzufriedenheit aufdecken
● Vertrauen in das Arbeitsinteresse von Mitarbeitern haben
● Die individuellen Wünsche und Bedürfnisse von Mitarbeitern ernst nehmen

Das Konzept der Hygienefaktoren erklärt zunächst, warum auch bei der Mitarbeitermotivation *Vorsorge besser ist als Heilen*. Für die tägliche Arbeit ist es von entscheidender Bedeutung, dass die Hygienefaktoren beachtet werden: Erst die Abwesenheit der vielen kleinen Ärgernisse, die den Berufsalltag schwer machen, führt zu einer Art »Normalzustand«, und erst in diesem Normalzustand werden die Motivatoren wirksam. Motivation ist also keinesfalls immer die Einführung neuer Motivatoren, sondern zunächst das Herstellen und Erhalten von gewohnten und berechtigten Rahmenbedingungen. Dieses Herstellen der »Arbeitshygiene«, das Abstellen von unnötigen Ärgernissen, die Klärung von Problemen im Mitarbeiterkreis, ist eine Voraussetzung dafür, dass überhaupt Lust an der Arbeit entwickelt werden kann. *Motivation von Mitarbeitern bedeutet darum in erster Linie, die Ursachen für Unzufriedenheit aufzudecken.*

Nach den Befunden von Herzberg kann man großes Vertrauen darauf setzen, dass Mitarbeiter in ihrer Arbeit selbst Motivation finden, wenn diese Bedingungen erfüllt sind, da ihr »Streben nach Wachstum«, um Herzbergs Begriff aufzugreifen, dazu führt, dass auch die Arbeit als Mittel zur Selbstverwirklichung erkannt wird. Dies heißt aber nicht, dass die äußeren Bedingungen, wie ein der Leistung entsprechendes Gehalt, vernünftige Arbeitszeitregelungen, beliebig sind. Vielmehr sind dies Hygienefaktoren und damit Voraussetzungen für Arbeitsfreude. Auf dieser Grundlage kann sich ein Gefühl für den Wert der eigenen Arbeit entwickeln, das sich immer wieder erneuert und dann ständig als Motivator wirkt.

Da Motivatoren und Hygienefaktoren keine unveränderlichen Einflussgrößen sind, kann es keine »Standardrezepte« für die Mitarbeitermotivation geben, sondern es ist zur Motivation von Mitarbeitern (und auch zur Selbstmotivation) wichtig zu erkennen, was für die jeweilige Person von Bedeutung ist. So zeigt sich immer wieder, dass die Übernahme neuer Aufgaben (etwa von Bildungsaufgaben, in denen die Möglichkeit besteht, eigene Erfahrungen weiterzugeben) für viele ältere Mitarbeiter eine große Motivation sein kann. Dies widerspricht den gängigen Vorstellungen, dass ältere Mitarbeiter meist Angst vor Neuerungen haben. Ein wesentlicher Bestandteil eines Motivationsgesprächs ist darum die Suche nach den spezifischen Anreizen, die für einen Mitarbeiter in seiner aktuellen Situation interessant sind.

Bei alldem ist es wichtig, ein »Gefühl« dafür zu entwickeln, was Mitarbeiter erwarten können, um zufrieden mit ihrer Arbeitssituation zu sein, und zu spüren, wo sie der »Schuh drückt«. Dies ist aber gerade in unserer Arbeitswelt, wo sich die Arbeitsplatzgestaltung und die Aufgaben schnell ändern, oft gar nicht so einfach. Nach der folgenden Übung zu Motivatoren und Hygienefaktoren werde ich daher diesen Punkt noch ausführlicher erläutern.

Übung zur Unterscheidung von Motivatoren und Hygienefaktoren

Denken Sie an die letzten zwei Wochen zurück.

- Welche Ereignisse waren in dieser Zeit für Sie so motivierend, dass Sie mit Lust an Ihre Arbeit gegangen sind?
- Welche Ereignisse verschlechterten das Gefühl, das Sie sonst Ihrer Arbeit gegenüber haben? Wo sind also Hygienefaktoren angegriffen worden?
- Sehen Sie Überschneidungen zwischen »Ihren« Motivatoren und Hygienefaktoren, oder lassen sich beide Einflussgrößen – so wie Herzberg das annahm – auch bei Ihnen voneinander abgrenzen?

Ursachen für Arbeitsunzufriedenheit oder was zu einem befriedigenden Arbeitsleben gehört

Unzufriedenheit mit der Arbeit kann sehr viele Ursachen haben. Meist werden bei einer Auflistung dieser Ursachen sofort zu niedriges Gehalt, schlechte Vorgesetzte und ungünstige Bedingungen am Arbeitsplatz oder fehlende Aufstiegschancen genannt. Wichtige

Punkte, die nicht so leicht ins Auge fallen (und darum auch bei der Bewertung von Arbeitsplätzen oder bei Verhandlungen zwischen den Tarifpartnern in aller Regel nicht aufgegriffen werden), betroffen

- die Strukturierung der jeweiligen Aufgabe und
- die Struktur der betrieblichen Organisation

Aufgaben sollten einerseits nicht monoton sein, sondern unterschiedliche Fähigkeiten fordern und einen Wechsel zwischen den verschiedenen Tätigkeiten mit sich bringen. Andererseits ist eine gewisse Kontinuität in der Art der Aufgabe wichtig. Ein zu schneller Wechsel wirkt verunsichernd und kann sich daher auf Dauer ebenso frustrierend auswirken wie eine zu monotone Tätigkeit. Das bedeutet: *Die eingesetzten Fähigkeiten sollten also sinnvoll variiert werden können.*

Weiterhin soll man sich mit der Aufgabe identifizieren können. Dies kann man vor allem dann, wenn sie in ihrem Zusammenhang verstanden wird, also wenn erkennbar ist, wozu die einzelnen Arbeitsschritte dienen. Dazu gehört auch, dass die *Wichtigkeit der jeweiligen Aufgabe* für das gesamte Unternehmen oder die Abteilung ersichtlich wird. Fühlt man sich nur als »kleines Rädchen in einem großen Getriebe«, so führt das langfristig zu Unzufriedenheit. Weiterhin ist es wichtig, die Arbeit *nach eigenen Vorstellungen, unabhängig und nach eigenem Ermessensspielraum* gestalten zu können, damit der Erfolg als Ergebnis der eigenen Anstrengung und Fähigkeit erlebt werden kann.

Es ist fast trivial zu betonen, dass ein Mitarbeiter daher *Informationen über das Ergebnis seiner Arbeit* braucht. Bei vielen Arbeiten erkennt man das automatisch am Produkt beziehungsweise an den Ausschusszahlen. Aber bei vielen Tätigkeitsfeldern, wie zum Beispiel in der Projektvorbereitung, fehlen solche direkten Rückmeldungen vielfach. Wenn hier eine Führungskraft nicht von sich aus Rückmeldungen gibt, hat ein Mitarbeiter leicht das Gefühl, »für die Schublade zu arbeiten«, und kann so auf Dauer keine Befriedigung bei der Erledigung seiner Aufgabe finden.

Ebenso wie die Struktur der Aufgabe muss der organisatorische Rahmen stimmen, in dem die Tätigkeit durchgeführt wird. Auch hierzu gibt es eine Reihe von Empfehlungen.

Zunächst braucht jeder Mitarbeiter einen *eindeutig festgelegten Arbeitsbereich*. Er muss wissen, wer ihm dienstlich über-, unter- oder nebengeordnet ist. Dabei sollte er nur einen Vorgesetzten haben, dem er voll verantwortlich ist. Ist dies nicht der Fall, müssen zumindest der Dienstweg und die Kompetenzen sorgfältig festgelegt sein. Besonders wichtig ist hierbei, dass keine Kompetenzüberschreitungen stattfinden. So dürfen direkte Vorgesetzte von höheren Vorgesetzten nicht übergangen werden, und ebenso soll derjenige, der ein Aufgabegebiet übertragen bekommt, es auch ungehindert wahrnehmen dürfen. Unklare Kompetenzverteilungen und Überschneidungen führen fast immer zu Konflikten oder zu einer Verunsicherung der Mitarbeiter.

Dann braucht jeder Mitarbeiter seinen *Fähigkeiten und Neigungen gemäße Aufgaben*. Der Aufgabenbereich muss genau umrissen sein, und ein Mitarbeiter muss in den von ihm zu verrichtenden Abläufen und den dabei zu benutzenden Arbeitsmethoden ausgebildet sein. Von großer Wichtigkeit ist auch, dass sich die Aufgaben verschiedener Mitarbeiter nicht gegenseitig überschneiden. Für die Erledigung jeder Aufgabe sollte zudem ein Zeitraum bestehen, der den Fähigkeiten der Mitarbeiter hinreichend Spielraum lässt.

Ebenso wie eine einzelne Aufgabe sollten der *Aufbau einer Arbeitsgruppe und die übertragene Aufgabe übersichtlich* sein. Dazu gehört, dass ein Vorgesetzter nur eine begrenzte Anzahl von Mitarbeitern beaufsichtigt und betreut, damit er sich jedem in ausreichendem Umfang widmen kann. Die räumliche Entfernung zwischen Vorgesetztem und Mitarbeiter sollte nicht zu groß, aber auch nicht zu klein sein, damit einerseits Kontrolle und Rückmeldung möglich sind, andererseits der Mitarbeiter das Gefühl hat, selbstständig arbeiten zu können. Die Mitarbeiter müssen ebenfalls Übersicht über die Aufgliederung ihres Arbeitsbereichs haben und bei der Festlegung von Arbeitsabläufen entsprechend ihrer fachlichen Erfahrung beteiligt werden.

Wer einem Mitarbeiter eine Aufgabe gibt, sollte darauf achten, dass dieser auch entsprechende *Entscheidungsmöglichkeiten*, gegebenenfalls *Weisungsbefugnis* gegenüber weiteren Mitarbeitern, *Zugriffsmöglichkeiten auf technische Hilfsmittel* und vor allem genügend *Zeit* hat. Sonst ist Unzufriedenheit vorprogrammiert, selbst wenn die neue Aufgabe »eigentlich« einen Anreiz für das Engagement des Mitarbeiters darstellt.

Es ist offensichtlich, dass die genannten Bedingungen keinesfalls einfach zu erfüllen sind. In gewisser Weise kann man zwar darauf vertrauen, dass Mitarbeiter sich selbst den Spielraum schaffen, um motiviert an eine Aufgabe herangehen zu können. Aber grundsätzlich betrachtet hat die Führungskraft dafür zu sorgen, dass die oben beschriebenen Rahmenbedingungen für die Arbeit der Mitarbeiter bestehen.

Die genannten Punkte werden besonders anschaulich, wenn Sie sich Ihre eigenen Arbeitsbedingungen vor Augen halten. Mit Sicherheit fallen Ihnen dabei auch mögliche Ursachen für die eigene Unzufriedenheit oder die Ihrer Mitarbeiter ein.

Übung zu den Ursachen von Arbeitsunzufriedenheit

- Überlegen Sie sich, ob die umrissenen Merkmale einer Aufgabenstruktur und der Organisationsstruktur für Ihre Aufgaben erfüllt sind. Gehen Sie Punkt für Punkt vor und schreiben Sie kurz Ihre Einschätzung auf.
- Falls Sie selbst Aufgaben delegieren, überlegen Sie sich, ob für Ihre Mitarbeiter die oben genannten Punkte erfüllt sind. Falls nicht, welche Verbesserungsmöglichkeiten sehen Sie?

Falls Ihnen jetzt einige Ursachen für die eigene Arbeitsunzufriedenheit aufgefallen sind, die Ihnen vorher nicht ganz klar waren, sollten Sie sich nicht wundern. An dieser Stelle kommt ein spezifisch menschlicher Faktor zum Tragen. Wir schaffen es häufig, Unzufriedenheit für eine Weile zu übergehen. Sie wird dann manchmal erst als »verschleppte Reaktion« auf Dinge sichtbar, die mit dem eigentlichen Ausgangspunkt der Enttäuschung kaum noch etwas zu tun haben. Wie weit solche Prozesse gehen können, werde ich im folgenden Kapitel schildern.

Von unserem Umgang mit Unzufriedenheit

Das Aufdecken von Unzufriedenheit in einem Motivationsgespräch ist vor allem deshalb so schwierig, da wir Menschen auf frustrierende Ereignisse keinesfalls immer klar und zielbewusst reagieren und konstruktive Veränderungen herbeiführen. Vielmehr führen Enttäuschungen zunächst häufig dazu, dass scheinbar unlogisch reagiert wird: Wir sind verärgert über irgendeine beliebige Person, werden krank und vieles andere mehr.

Das Repertoire an Möglichkeiten, derart unlogisch auf frustrierende Erlebnisse zu reagieren, ist äußerst umfangreich. In der folgenden Tabelle (s. S. 169ff.) ist (in Anlehnung an eine ausführliche Darstellung des Arbeitswissenschaftlers Oswald Neuberger 1974, S. 67ff.) eine Reihe von Beispielen für typische Reaktionen auf Misserfolgserlebnisse und Frustrationen aufgelistet.

Aufgeführt sind achtzehn im Grunde »typisch menschliche« Verhaltensweisen und deren mögliche Erklärungen. Bei den genannten typischen Reaktionen auf Misserfolgserlebnisse fällt auf, dass sie zum Teil zu Reaktionen führen können, die auf den ersten Blick positiv wirken: Ergebnis einer »Reaktionsbildung« (Beispiel 8) kann beispielsweise ein Mitarbeiter sein, der sich ganz deutlich für die Firmengrundsätze einsetzt, Resultat einer »Regression« (Beispiel 9) ein Mitarbeiter, der sich besonders arbeitsam zeigt, und als Folge einer »Selbstbeschuldigung« (Beispiel 16) resultiert möglicherweise ein Mitarbeiter, der sich selbst gegenüber außerordentlich kritisch ist. Dennoch sind diese Reaktionen Ausdruck einer inadäquaten Form der Verarbeitung von negativen Erfahrungen. Diese Übersicht lässt verständlich werden, warum es oft schwierig ist, mit Menschen über die Ursache ihrer Demotivation zu sprechen und diese zu ändern:

> Es gibt eine ganze Reihe von unterschiedlichen, größtenteils unbewussten Prozessen, die dazu führen, dass die wirklichen Ursachen für Probleme aus dem Bewusstsein verdrängt werden.

Infolgedessen sitzt einem in Mitarbeitergesprächen oft ein emotional geladener oder ein fassadenhaft kalter Mensch gegenüber, der die tiefer liegenden Probleme schon »abgewehrt« und auf die be-

Bezeichnung	Erläuterung	Beispiel
1. Konversion (»Flucht in die Krankheit«)	Emotionale Spannung und Konflikte drücken sich in einer Vielzahl von seelisch bedingten Krankheiten (Kreislaufbeschwerden, Asthma, Hautkrankheiten, Magengeschwür) aus.	Einen Tag, nachdem ein von ihm entwickeltes Projekt abgelehnt wurde, fesseln starke Kopfschmerzen einen Projektleiter ans Krankenbett.
2. Verschiebung	Umlenkung aufgestauter Gefühle auf Personen, Ideen oder Sachen, die mit der eigentlichen Ursache nicht in Beziehung stehen.	Nachdem ein Meister von seinem Chef kritisiert worden ist, schikaniert er deswegen seine Mitarbeiter.
3. Flucht in die Fantasie	Tagträume oder andere Formen von Gedanken verhelfen zur Flucht aus der Wirklichkeit und zu erlebter Befriedigung.	Ein wenig geschätzter Arbeiter träumt den ganzen Tag davon, bei einer Besprechung einen Vorschlag zu machen, der von allen als Rettung aus einer schwierigen Situation begrüßt wird.
4. Identifikation	Eine Person erhöht ihr Selbstwertgefühl, indem sie ihr Verhalten ganz nach einer anderen Person ausrichtet, häufig verinnerlicht sie auch Werte und Überzeugungen des anderen. Damit hat sie in der Gedankenwelt Teil an deren Erfolgen.	Nicht selten findet man, dass ein Assistent oder Stellvertreter einer Führungskraft deren Sprache, Gestik, Kleidung oder Geschmack übernimmt.
5. Trotz, Ablehnung (Nein sagen)	Aktiver oder passiver Widerstand, der unbewusst und ohne ausreichende reale Begründung abläuft.	Ein Mitarbeiter, der gegen seinen Willen in einen Ausschuss entsandt wurde, kritisiert jede Äußerung, die dort fällt.
6. Projektion	Das Individuum schützt sich vor den eigenen unerwünschten Eigenschaften oder nicht akzeptierten Gefühlen, indem es sie anderen zuschreibt.	Erfolglose Mitarbeiter, die selbst keine Karriere gemacht haben, blockieren den Aufstieg anderer, denen sie vorwerfen, sie wären überehrgeizig.

Bezeichnung	Erläuterung	Beispiel
7. Rationalisierung	Inkonsequente oder unerwünschte Verhaltensweisen, Überzeugungen oder Motive werden »verschleiert«, indem akzeptable Erklärungen vorgeschoben werden.	Als Ursache für Probleme wird geringer Verdienst angegeben und dies auch laufend kritisiert, aber nicht der eigentliche Grund, Ärger mit dem Vorgesetzten.
8. Reaktionsbildung	Nicht verwirklichte Wünsche werden verdrängt, und an ihrer Stelle werden die entgegengesetzten Einstellungen oder Verhaltensweisen mit großem Nachdruck vertreten.	Ein unerwarteterweise nicht beförderter Mitarbeiter verteidigt mit Eifer seinen Chef und ist ein Vorbild für die Befolgung von Firmengrundsätzen.
9. Regression	Die Person fällt auf eine frühere, weniger »entwickelte« Verhaltensweise zurück.	Eine Führungskraft ist bei Vorhaben gescheitert und flüchtet sich nun in Büroarbeit und Kleinkram, der besser von Mitarbeitern ausgeführt würde.
10. Verdrängung	Antriebe, Wissen, Erfahrungen und Gefühle werden vollständig aus dem Bewusstsein ausgeschlossen, um Angst oder Schuldgefühle zu vermeiden.	Ein Mitarbeiter »vergisst« völlig, seinen Chef über eine unangenehme Situationen zu informieren.
11. Fixierung	Die Aufrechterhaltung einer bestimmten Reaktion, auch wenn sich wiederholt gezeigt hat, dass sie zu keiner Lösung der Probleme führt.	Eine bestimmte Vorschrift, die sich längst als unsinnig erwiesen hat, wird weiter eingehalten, um es »denen da oben« zu zeigen.
12. Resignation (Apathie, Desinteresse)	Der psychische Kontakt mit der Umwelt wird abgebrochen und jede emotionale oder persönliche Beteiligung abgebaut.	Ein Mitarbeiter, der trotz großer Anstrengungen nicht gelobt oder ermutigt wurde, erledigt seine Arbeit dann achtlos und unbeteiligt.

Bezeichnung	Erläuterung	Beispiel
13. Flucht	Rückzug aus dem Bereich, in dem man Erniedrigung, Frustration, Konflikte usw. erfahren musste.	Ein bei seinen ersten Kontaktversuchen gescheiterter Mitarbeiter kapselt sich völlig ab, wird zum Einzelgänger und fehlt häufig.
14. Aggression	Eine Person »rächt« sich für eine erlittene oder empfundene Niederlage oder Beeinträchtigung, indem sie andere unterdrückt, beherrscht oder schädigt.	Ein Mitarbeiter, der von seinen Kollegen ständig gehänselt und verlacht wurde, sieht »Rot« und fängt eine Rauferei an oder beschädigt absichtlich eine Maschine.
15. Verleugnung der Wirklichkeit	Eine Person verschließt die Augen vor der Realität, um damit Beeinträchtigungen ihres Selbstgefühls zu entgehen; bestimmte Vorkommnisse werden einfach nicht wahrgenommen.	Ein Mitarbeiter, der auf Grund mangelnder Fähigkeiten bei Beförderungen übergangen wurde, will nicht wahrhaben, dass seine Fähigkeiten nicht ausreichen, sondern glaubt, dass allein Alter und Beziehungen wichtig sind.
16. Selbstbeschuldigung	Anstatt seine Aggressionen auf die Ursache zu richten, kehrt ein Mensch sie gegen sich selbst: Indem er vorbeugend sich selbst bezichtigt, nimmt er anderen die Möglichkeit, ihn zu kritisieren.	Ein Mitarbeiter macht sich selbst schlecht und sichert sich dadurch Trost und Hilfe von Vorgesetzten und Kollegen.
17. Überkonformität »Ja sagen«	Dadurch, dass eine Person alle Anweisungen pedantisch genau befolgt, sichert sie sich gegen Vorwürfe ab und hat beim Versagen vor sich und anderen eine Rechtfertigung.	Ein Mitarbeiter, der von seinem Chef wegen einer Unachtsamkeit kritisiert worden war, arbeitet nun übergenau.
18. Kompensation	Die Person verfolgt irgendein Vorhaben mit hohem persönlichen Einsatz, um damit eine erlebte oder tatsächliche Unzulänglichkeit auf einem anderen Gebiet wettzumachen.	Ein Arbeiter, dem der Aufstieg in seiner Firma versagt geblieben ist, wird zum engagierten Vorsitzenden eines Vereins und reduziert sein Engagement in der Firma.

schriebene Art negativ verarbeitet hat und dann meistens nicht mehr an sie herangehen kann oder will.

Man kann sich fragen, warum sich Menschen, wie in den Beispielen geschildert, häufig auf so unlogische Art verhalten. Die vielleicht einfachste und schlüssigste Erklärung ist, dass solche Verhaltensweisen dazu dienen, *das Selbstbild, das eine Person von sich hat, zu schützen*: Indem ein Mitarbeiter krank wird (Beispiel 1), muss er nicht über eine Ablehnung nachdenken, indem er andere demütigt (Beispiel 2), bleibt die eigene Demütigung aus dem Bewusstsein, indem ein Mitarbeiter in seiner Fantasie lebt (Beispiel 3), muss er nicht an die belastende Realität denken, und durch eine übermäßige Identifikation mit dem Vorgesetzten (Beispiel 4) bleibt die eigene, vielleicht weniger strahlende und interessante Realität aus den Gedanken ausgeklammert. Schließlich muss sich jemand, der Erfolge auf einem anderen Feld als der beruflichen Arbeit erringt, nicht als Versager sehen, wenn das dort nicht gelingt (Beispiel 18). Diese scheinbar unlogischen Reaktionen auf Misserfolgserlebnisse werden darum auch *Abwehrmechanismen* genannt. Dieser Begriff kommt aus der psychoanalytischen Theorie von Sigmund Freud und bezieht sich darauf, dass unsere Persönlichkeit sehr viele Möglichkeiten hat, Erlebnisse, die das Selbstwertgefühl bedrohen, aus dem Bewusstsein abzuwehren.

Es ist im Grunde verständlich, dass es notwendig ist, das eigene Selbstbild zu schützen. In einer sich ständig ändernden Welt braucht jeder Mensch etwas, das beständig ist. Ein solcher fester Punkt ist die *Achtung vor der eigenen Person*. Daher ist begreiflich, dass Erlebnisse, die diese Achtung in Frage stellen, abgewertet oder ganz verdrängt werden oder dass Handlungen durchgeführt werden, die möglichst weit von der Welt dieser unangenehmen und selbstwertgefährdenden Erfahrungen wegführen. Zugleich ist offensichtlich, dass diese einfachen Mechanismen auf Dauer keinesfalls zu einer erfolgreichen Abwehr unangenehmer und die eigene Person in Frage stellender Erlebnisse führen müssen. Vielmehr kann sich gerade auf Grund dieser Abwehr der Realität und der Weigerung, konstruktiv mit ihr umzugehen, die Situation auf Dauer verschlimmern.

Der Übergang zwischen »normalen«, »angepassten« Reaktionen auf Misserfolgserlebnisse und der »problematischen Verarbeitung«

ist dabei fließend: Ein Merkmal menschlichen Verhaltens ist es ja gerade, die persönlichen Erfahrungen bei der Planung der Handlungen zu berücksichtigen. Bei den genannten »Abwehrmechanismen« ist dieses im Grunde positive Prinzip nur auf die Spitze getrieben. Die Art der Reaktion hängt immer noch mit der Vorerfahrung zusammen, aber das Ausmaß ist übertrieben. Es ist verständlich, wenn ein Mensch (Beispiel 18) nach einem Misserfolgserlebnis andere Betätigungsfelder sucht. Aber das alleinige Engagement auf diesem Gebiet ist problematisch. Ebenso ist es durchaus »normal«, nach einem Misserfolgserlebnis erschöpft und ruhebedürftig zu sein (Beispiel 1). Schlimm und manchmal für den Einzelnen sogar gesundheitsbedrohlich wird diese Situation dann, wenn dieses normale Ruhebedürfnis des Körpers übersehen und übergangen wird. Ebenso ist es durchaus »normal«, wenn ein Mitarbeiter sich mit seinem Vorgesetzten identifiziert (Beispiel 4), da er in ihm ja ein erfolgreiches und daher nachahmenswertes Vorbild hat. Problematisch ist einzig, wenn dabei die besonderen Stärken der eigenen Person vergessen werden.

Oswald Neuberger, der die Liste (s. S. 169 ff.) zusammengestellt hat, betont zudem, dass solche auffälligen Reaktionen in vielen Fällen auch die »letzte Möglichkeit« sind, die ein Mitarbeiter in einer schwierigen Situation zeigt, wenn andere, angepasstere nicht zum gewünschten Erfolg geführt haben. Er formuliert, dass häufig übersehen wird,

> »dass die ›angepassten‹ Reaktionen in vielen Fällen von vornherein zum Scheitern verurteilt sind, weil sie dem Individuum nicht erlauben, mit dem Machtvorsprung, der Komplexität oder der Überlegenheit der anderen Seite fertig zu werden und die eigenen berechtigen Ansprüche durchzusetzen« (Neuberger 1974, S. 71).

Da die Abwehrmechanismen offensichtlich zu unserem menschlichen Verhalten gehören, sollte man ihre Auswirkungen auch bei jedem Mitarbeitergespräch, in dem es um Unzufriedenheit, geringe Motivation oder Beschwerden über die aktuelle Arbeitssituation geht, beachten: Man wird immer wieder Mitarbeiter erleben, die die Ursachen ihrer Unzufriedenheit nicht sofort angeben wollen oder können, sondern »erst einmal« mit »unsachlichen« und häufig stark emotional getönten Äußerungen reagieren und in ihrer Reaktion nur sehr indirekt oder gar nicht die Ursache der Frustration erkennen lassen. Dieses Verhalten dient dem Selbstschutz und ist verständlich.

Darum sollte man bei einem solchen Gespräch versuchen, den Mitarbeiter behutsam zu weniger emotionalen Reaktionen zurückzuführen. Es geht vor allem darum, Druck abzubauen, Raum zu lassen, damit die jeweilige Sichtweise dargestellt werden kann und damit der Mitarbeiter selbst den Weg von kurzschlüssigen Abwehrmechanismen zu konstruktiveren Formen des Umgangs mit Unzufriedenheit finden kann.

Vor einem möchte ich Sie ganz deutlich warnen: Es kann bei einem Motivationsgespräch niemals darum gehen, die »tieferen« psychischen Ursachen von Demotivation zu deuten oder die Funktionsweise der genannten Abwehrmechanismen – wie ein Psychoanalytiker – zu »analysieren«. In aller Regel wehren sich Mitarbeiter, wie Menschen allgemein, gegen Deutungen, die von außen an sie herangetragen werden. (Selbst im Rahmen einer Therapie, wo zumindest grundsätzlich »über alles gesprochen werden kann«, geschieht eine Deutung des Verhaltens nur sehr vorsichtig, und wenn, dann nur auf der Grundlage einer über einen langen Zeitraum aufgebauten zwischenmenschlichen Beziehung zwischen Therapeut und Klient.) Weil sich Abwehrmechanismen langsam entwickeln und Ergebnis vieler persönlicher Erfahrungen sind, kann man als Führungskraft mit der Deutung oder dem Aufarbeiten dieser Erfahrungen nur überfordert sein. Hinzu kommt, dass zwischen Vorgesetzten und Mitarbeitern Abhängigkeiten bestehen. Auch das macht es für einen Mitarbeiter schwer, Deutungen, die die Ursache für seine Unzufriedenheit analysieren, anzunehmen. Es geht also eher darum, *neue Möglichkeiten für eine Zusammenarbeit zu schaffen, als alte Erfahrungen aufzuarbeiten.*

Wie das konkret aussehen kann, werde ich im Kapitel »Wie man Motivationsgespräche führt. Ein Resümee« (s. S. 180 ff.) detaillierter darstellen. Zuvor möchte ich Ihnen im Rahmen einer Übung noch die Gelegenheit geben, das Bild von unseren Abwehrmechanismen mit etwas eigenem Erleben anzureichern.

Übungen zu unserem Umgang mit Unzufriedenheit

- Denken Sie an ein für Sie frustrierendes Erlebnis aus Ihrem beruflichen Alltag. Wie sind Sie mit dieser Frustration umgegangen? Welcher der genannten Abwehrmechanismen lässt sich Ihre Verhaltensweise möglicherweise zuordnen?
- Überlegen Sie sich für jeden der in der Tabelle (s. S. 169 ff.) genannten Abwehrmechanismen ein Beispiel aus Ihrer eigenen Geschichte oder aus dem Verhalten eines Kollegen oder einer Kollegin. Spekulieren Sie einmal ein bisschen: Warum war es wohl in diesem Fall schwierig, eine »geradlinigere« Form der Verarbeitung des Misserfolgserlebnisses zu finden?

Was motiviert und was nicht und wann und warum

Wie erläutert, bedeutet Motivation in erster Linie, Hygienefaktoren zu beachten, einen vernünftigen Rahmen zu schaffen, in dem Mitarbeiter sich ohne vermeidbare Ärgernisse selbstbewusst weiterentwickeln können. Das Interesse an der Arbeit kommt dann, wenn die Bedingungen für die Arbeit stimmen. Dennoch sind auch äußere Anreize wichtig, vor allem wenn eine Umorientierung auf ein neues Arbeitsgebiet ansteht, da in diesem Fall die Motivation nicht aus der Arbeit selbst entstehen kann. Im Folgenden werde ich erläutern, was bei einer solchen »Motivationsarbeit« zu beachten ist. Hierbei soll besonders darauf eingegangen werden, dass unterschiedliche Menschen durch verschiedene Einflussgrößen motiviert werden, Aufgaben mit Enthusiasmus anzugehen, weil die Bedürfnisse, derentwegen wir Anstrengungen auf uns nehmen, sehr verschieden sein können und sich zudem im Laufe der Lebensentwicklung verändern. Was in einer Phase des Lebens ein starker Anreiz war, um für ein Ziel zu kämpfen, kann in einem anderen Lebensabschnitt vollkommen gleichgültig sein.

Dieser Sachverhalt ist in einer Reihe von psychologischen Theorien beschrieben worden. Am bekanntesten dürfte das Motivationsmodell von Abraham H. Maslow sein, das in vielen Betriebsseminaren vermittelt, häufig diskutiert und in einer ganzen Reihe von Lehrbüchern dargestellt wird. Dies ist erstaunlich, denn Abraham H.

Maslow hatte ursprünglich keine Theorie der Arbeitsmotivation entwickeln wollen. Vielmehr war er Therapeut und gilt als einer der wichtigsten Vertreter der Humanistischen Psychologie, einer Denkrichtung innerhalb der Psychologie, in der vor allem die Entwicklungsmöglichkeiten und die Besonderheit, die jeder Mensch darstellt, in den Mittelpunkt der Überlegungen gestellt werden.

Das zentrale Thema seiner wissenschaftlichen Arbeit war die Suche nach den Bedingungen und Möglichkeiten der »Selbstverwirklichung« des Menschen (s. dazu Maslow 2005). Für ihn war wichtig, dass der Weg zur Selbstverwirklichung von Mensch zu Mensch unterschiedlich ist. Er ist ferner davon ausgegangen, dass die zahlreichen Bedürfnisse, die auf dem Weg zur Selbstverwirklichung von Bedeutung sind, in einer bestimmten Reihenfolge stehen. Diese Reihenfolge ergibt das Bild einer Pyramide, so wie sie in der folgenden Abbildung dargestellt ist.

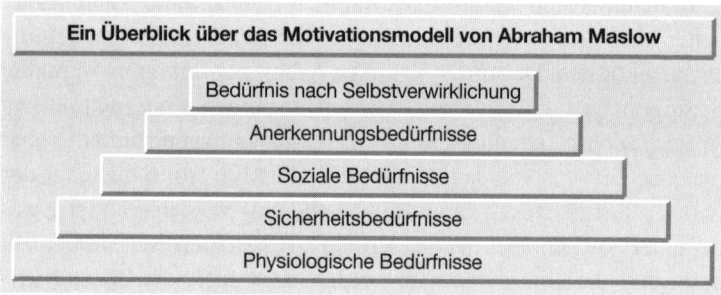

Innerhalb dieser *Bedürfnispyramide* unterscheidet Maslow fünf Schichten von Bedürfnissen:

- Zu den *physiologischen Bedürfnissen*, die manchmal auch *Existenzbedürfnisse* genannt werden, zählt Maslow alle Grundbedürfnisse des Organismus wie unser Verlangen nach Nahrung, Luft, Ruhe, Schlaf, sexueller Betätigung und das Bedürfnis nach Aktivität.
- Die nächste Stufe bezieht sich auf das Sichern der Bedürfnisbefriedigung der ersten Stufe. Zu den *Sicherheitsbedürfnissen* zählen folglich das Bestreben nach einer generellen Absicherung der

Existenz, die Suche nach einem Schutz vor Bedrohung und Beraubung und der Wunsch nach Sicherheit des sozialen Besitzstandes und des Arbeitsplatzes.

- Zu den *sozialen Bedürfnissen* gehört der Wunsch nach zwischenmenschlichen Kontakten, nach Liebe, Zuneigung, Geborgenheit und Sicherheit, die sich durch Zugehörigkeit zu einer Gruppe ergeben.

- Über das Bedürfnis nach sozialen Kontakten hinaus geht der Wunsch, innerhalb einer Gemeinschaft eine besondere Rolle einzunehmen. Die so genannten *Anerkennungs- oder Ich-Bedürfnisse* umfassen demnach das Streben nach Achtung, Anerkennung, Status, Prestige, Macht und Einfluss und nach Respektierung der eigenen Person.

- Als letzte Stufe und als umfassenden Ausdruck aller vorher genannten Bedürfnisse sieht Maslow das *Bedürfnis nach Selbstverwirklichung*, den Wunsch nach Erfüllung, die Sehnsucht, die eigenen Möglichkeiten auch ausleben zu können, sich als besonderen Menschen zu spüren und zu entfalten. Die Bedürfnisse auf der letzten Stufe sind nie gesättigt, da aus der Befriedigung eines Bedürfnisses auf dieser Ebene neue Ziele und Bedürfnisse erwachsen. Maslow nennt sie darum auch *Wachstumsbedürfnisse*. Es geht um »das Streben, mehr und mehr das zu werden, was man ist, alles zu werden, was man werden kann« (Maslow 2005).

Maslow betont bei seinem Stufenmodell, dass die höher stehenden Bedürfnisse erst dann an Bedeutung gewinnen, wenn die in der Stufenfolge zuerst genannten befriedigt sind. Das klingt plausibel, denn ohne die Befriedigung ganz elementarer Bedürfnisse wie einer ausreichenden Menge an Nahrung, körperlicher Unversehrtheit verlieren übergeordnete Wünsche in aller Regel sofort ihre Bedeutung, und ohne soziale Beziehungen sind Anerkennungsbedürfnisse überhaupt nicht denkbar. Es spricht einiges dafür, dass diese Stufenfolge auch die unterschiedlichen Bedürfnisse in verschiedenen Abschnitten der beruflichen Entwicklung charakterisiert. Man kann als Faustregel annehmen, dass im Laufe der beruflichen Entwicklung die Bedürfnisse in der gleichen Reihenfolge an Bedeutung gewinnen, wie sie in Maslows Modell angeordnet sind.

Demnach geht es in der beruflichen Entwicklung zunächst darum, überhaupt einen Arbeitsplatz zu haben. Dies ist sozusagen Existenzsicherung auf der untersten Ebene. Diese Sicherheit will ausgebaut werden. Arbeitsplatzsicherheit und Einkommen spielen erst danach eine wichtige Rolle – ebenso wie bei Maslows Modell erst auf der zweiten Ebene die Sicherheitsbedürfnisse folgen. Wenn diese Sicherheit gewährleistet ist, gewinnt das Sozialleben innerhalb eines Betriebs und damit die dritte Ebene an Bedeutung. Sobald auch dieses Bedürfnis befriedigt ist, spielen Macht, Status und Anerkennung eine größere Rolle. Dies entspricht Maslows vierter Ebene, den Anerkennungsbedürfnissen. Manchmal schafft es ein Mitarbeiter danach auch noch, die fünfte Ebene in Maslows Modell zu erreichen: Es geht hier nicht mehr um Sicherheit, Einkommen oder Einfluss, sondern darum, die ganz persönlichen Vorstellungen zu verwirklichen, etwas genau so zu gestalten, wie man das selbst für richtig hält.

Natürlich ist eine feste Zuordnung bestimmter Phasen der beruflichen Entwicklung zu den fünf Ebenen in Maslows Modell etwas spekulativ. Auch Maslow hat dieser exakten Reihenfolge der Bedürfnisentwicklung, die in dem Pyramidenmodell ausgedrückt ist, weniger Beachtung geschenkt, als dies in Lehrbüchern dargestellt wird. Er hat eher die Bedeutung der Wachstumsbedürfnisse und die Einzigartigkeit betont, in der Menschen ihre je eigenen Wachstumsbedürfnisse befriedigen und weiterentwickeln. Dennoch ist die Reihenfolge der Entwicklung der fünf Bedürfnisklassen nicht vollkommen beliebig. Viele Bedürfnisse, die zunächst wichtig sind (wie beispielsweise Sicherheit, Einkommen), können später von vollkommen untergeordneter Bedeutung sein, während in der Pyramide höher angesiedelte Bedürfnisse, wie die nach Macht oder Selbstverwirklichung, sich möglicherweise erst sehr spät entwickeln.

Das Malowsche Modell kann als Richtschnur bei der Beurteilung der Bedürfnisse dienen, die für einzelne Mitarbeiter von Bedeutung sind. Es ist daher günstig, sich zu überlegen, was für genau diesen Mitarbeiter in seiner Lage motivierend sein kann. Es ist vorstellbar, dass manche Mitarbeiter besonders durch die Einflussgrößen motiviert werden, die Sicherheit, also Bedürfnisbefriedigung auf Maslows zweiter Stufe, versprechen. Dies dürfte vor allem für Mitarbeiter der Fall sein, die sich eine sichere Existenz noch nicht aufbauen konnten. Für solche Mitarbeiter sind in erster Linie finanzielle Anreize oder die Aussicht auf eine sichere Anstellung von Bedeutung. Soziale Aspekte der Arbeit sind hier ebenso wie die Möglichkeiten, Status und Macht zu gewinnen, von untergeordneter Bedeutung. Für Mitarbeiter, die dies erreicht haben und sich auch finanziell ausreichend abgesichert fühlen, mag ein solcher Anreiz von weitaus geringerer Bedeutung sein. Für sie sind die Einflussgrößen, die in Maslows Modell auf höheren Ebenen angesiedelt sind, meist wichtiger. Das kann beispielsweise die Mitarbeit in einer Arbeitsgruppe sein, in der sie sich verstanden und geachtet fühlen. Erfahrene Mitarbeiter legen oft auch großen Wert darauf, dass ihr Wissen anerkannt wird. Dies vielleicht gerade, weil neue Entwicklungen, die jüngere Mitarbeiter mitbringen, bedrohlich wirken können. Hier ist das Bedürfnis nach Anerkennung vordringlich zu beachten.

Diese Überlegungen können besonders bei dem schwierigen Prozess einer Motivation von Mitarbeitern, die »schon alles erreicht« haben oder finanziell nicht mehr aufsteigen können, hilfreich sein. Wichtig sind hier Motivatoren, die den Status eines Mitarbeiters betonen oder seine soziale Stellung verbessern. So kann eine zusätzliche Aufgabe, sogar dann, wenn sie mit Mehrarbeit verbunden ist, motivierend wirken, wenn sie sozial anerkannt ist. Dies gilt vor allem für Tätigkeiten, bei denen ältere Mitarbeiter ihr Wissen an jüngere weitergeben können. Eine solche Aufgabe erfüllt das Bedürfnis nach Achtung und sozialem Miteinander.

Anregungen vermittelt Maslows Modell vor allem, wenn Sie an konkrete Personen denken. Die folgenden Übungen können Ihnen einige Anregungen geben.

Übungen zur Bestimmung der Motivationsstruktur

- Welche der fünf Bedürfnisstufen in Maslows Modell ist für Sie selbst zurzeit besonders wichtig?
- Denken Sie an eine(n) Ihrer Mitarbeiter(innen) oder Kolleg(inn)en. Überlegen Sie sich, inwiefern für ihn oder sie die fünf Bedürfnisstufen in dem Modell von Maslow jeweils von Bedeutung sind. Welche Stufe dürfte für diesen Menschen am wichtigsten sein? Wie könnte für diese(n) Mitarbeiter(in) eine Motivation auf der Stufe, die Sie als wichtigste einschätzen, konkret aussehen?

Wie man Motivationsgespräche führt. Ein Resümee

Die vielen Punkte dieses Kapitels lassen sich zu *Empfehlungen* für das Führen von Motivationsgesprächen zusammenfassen. Zunächst gilt, dass Motivation im Wesentlichen *Kleinarbeit* ist. Es geht bei allen Versuchen, Mitarbeiter zu gewinnen und zu interessieren, in erster Linie darum, dafür zu sorgen, dass die Hygienefaktoren stimmen. Meistens sind es nicht die großen neuen Motivatoren, die fehlen, sondern irgendwelche kleinen alltäglichen Ärgernisse, die einem den Spaß an der Arbeit verderben. Es ist daher wichtiger, sich um diese zu kümmern, also ab und zu nachzufragen, wie es mit der Arbeit läuft, als irgendwann das große Motivationsgespräch zu führen. So gewinnt man ein Gefühl dafür, was für den einzelnen Mitarbeiter von Bedeutung ist, und kann besser auf Missstände eingehen.

Ebenso wichtig wie das Nachfragen sind kurze *Rückmeldungen über Arbeitsergebnisse*. Solche Rückmeldungen gehören zu den organisatorischen Voraussetzungen, die ein Mitarbeiter mit Recht beanspruchen kann. Sie kosten die Führungskraft nur wenig Zeit, sind für den Mitarbeiter aber wichtige Informationen und damit für das Selbstwertgefühl und die Motivation oft entscheidend.

Immer dann, wenn Mitarbeiter unmotiviert erscheinen, ist es wichtig, darüber zu reden. Hierbei sollten die Punkte beachtet werden, die über Arbeitsunzufriedenheit aufgelistet worden sind. Mitarbeiter gehen häufig nicht sofort auf die tatsächliche Ursache von Unzufriedenheit ein. Sie reagieren in vielen Fällen zunächst mit emotionalen Äußerungen und lassen in dieser Reaktion nur indirekt oder gar nicht die Ursache der Frustration erkennen. Es ist wichtig, diese Reaktionen einzukalkulieren. Man sollte sich für ein solches Gespräch deshalb Zeit nehmen und für einen ungestörten Rahmen sorgen: Dieses Gespräch muss auf jeden Fall unter vier Augen stattfinden. Insgesamt sind hierbei die erläuterten Techniken öffnender Gesprächsführung hilfreich (s. S. 138 ff.). Dazu gehören offene Fragen, die dem Mitarbeiter die Gelegenheit geben, seine Sichtweise der Dinge darzustellen und sich langsam an den Kern des Problems heranzuarbeiten. Fragen wie »Welche Möglichkeiten sehen Sie?«, »Was sollte Ihrer Meinung nach geschehen?«, die nach vorne gerichtet sind, sind dabei besonders hilfreich.

Die Bereitschaft, die Ursachen der Unzufriedenheit zu erfahren, ist die wichtigste Voraussetzung für ein erfolgreiches Motivationsgespräch.

Bei der Motivation eines Mitarbeiters für eine neue Aufgabe sind *Motivatoren* wichtig. Da Motive so wandlungsfähig und wechselnd sind, ist es unerlässlich, ein Gefühl dafür zu bekommen, womit ein bestimmter Mitarbeiter *für neue Aufgaben* zu *begeistern* ist. Vor einem solchen Gespräch ist es auf jeden Fall günstig, sich kurz selbst in die Lage dieser Person zu versetzen und sich zu überlegen, welche Anreize für diese Person wichtig sein könnten. Als Anregung können Sie das Modell von Maslow zu Hilfe nehmen (s. S. 176).

Bei der Motivation für eine neue Aufgabe ist ein weiterer Faktor wichtig: Jede Veränderung bietet Chancen, aber auch Gefahren.

Wenn beispielsweise in einer Abteilung eine neue Maschinengeneration eingeführt wird und sich ein Meister darin einarbeiten soll, ist er als »Mann der ersten Stunde« mit der Maschine vertraut und zumindest für eine Zeit lang den Alltagstrott in der Abteilung los. Zugleich bringt diese neue Aufgabe Risiken und Ängste mit sich. Der Mitarbeiter könnte sich durch die neue Technologie überfordert fühlen oder die Befürchtung haben, seine Arbeitsbelastung könnte zu groß werden.

Wenn ein Mitarbeiter zu einer größeren neuen Aufgabe motiviert werden soll, sollte beides angesprochen werden: Es ist nicht ausreichend, einfach einen Motivator (finanzielle Vergütung, Aufstieg, späteren Ausgleich durch Freizeit) einzusetzen, sondern es muss zudem vermittelt werden, dass Ängste ernst genommen werden und Hilfen erfolgen.

Auch hier helfen öffnende Gesprächsführungstechniken wie offene Fragen und Ich-Aussagen, die heiklen Punkte anzusprechen. Rückmeldungen wie »Ich merke, Sie schauen skeptisch. Woran liegt das?« (mit einer ausreichend langen Pause nach der Frage) führen in aller Regel relativ schnell zum Punkt. Wenn klar ist, welche Befürchtungen mit der neuen Aufgabe verbunden sind, können Maßnahmen dagegen überlegt und durchgeführt werden. Im Grunde sind solche Maßnahmen die nötigen Hygienefaktoren für die neue Aufgabe. Sie verhindern Unzufriedenheit und Unsicherheit. Wenn diese Hygienefaktoren sichergestellt sind, können Mitarbeiter ein Gefühl dafür bekommen, dass eine neue Aufgabe auch neue Möglichkeiten mit sich bringt. Erst dann wird, um mit Herzberg zu sprechen, die Arbeit selbst zum Motivator.

Abschließend eine kleine Warnung auch an Sie: Die Motivation von Mitarbeitern ist ein schwieriges Geschäft. Man sollte sich als Führungskraft nicht übernehmen und versuchen, »überall und sofort« die »optimalen« Arbeitsbedingungen zu schaffen. Wichtig ist eher, diese Aufgabe nicht aus den Augen zu verlieren und »kleine Dinge« zu tun, also darauf zu achten, was Mitarbeitern gefällt und wo sie Schwierigkeiten haben, das Gespräch darüber zu suchen und Rückmeldung zu geben. Das »gute Klima«, das dadurch entstehen kann und das Mitarbeitern die Möglichkeit gibt, sich selbst zu entfalten, ist in aller Regel eine weit größere Motivation als ein großer Rundumschlag. Und noch ein Tipp: Auch solche kleinen Rückmeldungen brauchen Zeit. Planen Sie diese Zeit ein.

Übung zur Vorbereitung von Motivationsgesprächen

Denken Sie an einen bestimmten Mitarbeiter oder eine Mitarbeiterin.

- Überlegen Sie sich, womit dieser Mensch in seinem betrieblichen Alltag zufrieden ist und was ihn wohl im beruflichen Alltag stört.
- Wie könnten Sie ein Gespräch gestalten, in dem diese Unzufriedenheit angesprochen und eventuell auch angegangen wird?

Falls Sie bei der zweiten Frage nur schwer eine Antwort finden, denken Sie noch einmal daran, dass in vielen Fällen auch kleine Erleichterungen als angenehm erlebt werden.

Konfliktbewältigungsgespräche

Kooperation oder Konflikt. Warum wir (häufig) nicht zusammenarbeiten, auch wenn wir das wollen

Konflikte sind in Unternehmen an der Tagungsordnung. Das mögliche Konfliktpotenzial hat der Arbeitspsychologe Ansfried Weinert folgendermaßen beschrieben:

>*»Unterschiedliche Gruppen haben in Organisationen unterschiedliche Ziele, sie beschäftigen unterschiedliche Arten von Leuten, sie haben unterschiedliche Stellenwerte für die Organisation und sie arbeiten mit unterschiedlichen Zeitrahmen. Dies sind hinreichende Voraussetzungen für vielfaches Konfliktpotenzial.« (2004)*

Zudem haben Mitarbeiter unterschiedliche Wünsche, Erwartungen und Ziele, und unser Wissen in einem so komplizierten System wie der Wirtschaft immer beschränkt, ebenso unsere Lernfähigkeit und unser Problemlösevermögen. Weil das so ist, ist jede unserer Handlungen, grundsätzlich betrachtet, von einem gesunden Halbwissen geleitet. Wir vereinfachen, und unser Wissen ist immer nur eine Annäherung, nie ein »vollkommenes Verständnis« der augenblicklichen Lage. Wir suchen daher eher nach zufrieden stellenden »hinlänglichen« Lösungen, als dass wir ideale Lösungen anbieten können. Diese Annäherung an eine optimale Lösung kann also unterschiedlich aussehen.

An dieser Stelle wird aber ein Vorteil von Organisationen, dass nämlich Mitarbeiter mit unterschiedlichem Wissen und verschiedenen Aufgaben gemeinsam an einem Problem arbeiten und deshalb auch unterschiedliche Sachverhalte sehen können, zu einem Nachteil: Gerade die Vielfalt der möglichen Sichtweisen kann dazu führen, dass keine Einigung möglich erscheint. Solche Probleme treten

Kooperation oder Konflikt?

zwangsläufig auf, denn in vielen Entscheidungssituationen ist nicht einmal absehbar, ob es überhaupt eine richtige Lösung geben kann.

Das möchte ich Ihnen an einem Beispiel erläutern: Stellen Sie sich dazu vor, Sie stehen vor folgender Situation: Zwei Firmen A und B arbeiten an einem ähnlichen Produkt. Wie immer, müssen beide möglichst schnell vorankommen. Sie, als Mitarbeiter in der Firma A, stehen vor der Frage, ob Sie die Unterstützung der Firma B suchen sollen. Dabei machen Sie sich folgende Überlegungen: Je nachdem, ob Sie mit der Firma B kooperieren oder nicht, verändert sich der Entwicklungsaufwand für das Produkt. Sie gehen davon aus, dass bei einer offenen und ehrlichen Kooperation für beide Firmen ein Entwicklungsaufwand von 200.000 Euro entsteht. Ohne diese Kooperation brauchen beide Firmen aber jeweils 350.000 Euro, also bedeutend mehr.

Jetzt besteht aber auch die Möglichkeit, dass Sie zwar offen Ihre Informationen weitergeben, die Firma B dies jedoch nicht tut, sondern ganz im Gegenteil unwichtige oder irreführende Informationen liefert. In diesem Fall würde Sie die Entwicklung des Produkts 500.000 Euro kosten, und für die Firma B würden –

vor allem weil die Abstimmungsprobleme entfallen – noch einmal bedeutend geringere Entwicklungskosten von nur 100.000 Euro anfallen. Natürlich könnte dieses Spiel – und das wissen auch die Entscheidungsträger in der Firma B – ebenso umgekehrt laufen, und Sie selbst könnten sich durch gezielte Desinformation einen Wettbewerbsvorteil verschaffen. In diesem Fall entständen für Ihre Firma nur 100.000 Euro Entwicklungsaufwand, und die Firma B müsste 500.000 Euro investieren.

Der besseren Übersicht halber sind die Zahlenwerte dieser Überlegungen in der folgenden Abbildung zusammengefasst. Die erste Ziffer des Zahlenpaars in jedem der vier Zahlenfelder nennt jeweils den Entwicklungsaufwand der Firma A und die zweite den der Firma B. In der Waagrechten sind die möglichen Entscheidungen der Firma B und in der Senkrechten die der Firma A eingetragen.

Beispiel für eine typische Entscheidungssituation innerhalb eines experimentellen Dilemmas				
	Firma B kooperiert		Firma B kooperiert nicht	
Firma A kooperiert	Kosten für A 200.000	Kosten für B 200.000	Kosten für A 500.000	Kosten für B 100.000
Firma A kooperiert nicht	Kosten für A 100.000	Kosten für B 500.000	Kosten für A 350.000	Kosten für B 350.000

Natürlich ist dieses Beispiel gegenüber der Realität sehr vereinfacht. Es handelt sich hierbei nur um eine Spielsituation, wie sie in experimentellen Untersuchungen über menschliches Konfliktverhalten häufig benutzt wird. Innerhalb dieser Untersuchungen werden einfache Entscheidungssituationen vorgestellt und die Überlegungen der Teilnehmer dann im Einzelnen analysiert. Diese Vereinfachungen blenden viele Möglichkeiten aus, die man in der Realität hat. So wird man vor einer solchen Entscheidung in einer realen Firma A Informationen über die Firma B einholen, man wird Gespräche führen, um auszuloten, inwieweit wirklich sinnvoll kooperiert wird, und vieles mehr. Gerade diese vereinfachten Situationen lassen jedoch typische Gedanken und Überlegungen von Konfliktparteien deutlich werden: Ein häufig auftretendes Denkmuster sieht etwa folgendermaßen aus:

> *»Im Grunde möchte ich mit der Firma B kooperieren. Dies ist für beide Seiten am günstigsten, weil bei Kooperation nur ein relativ geringer Entwicklungsaufwand nötig ist. Andererseits kennt mich die Firma B nicht und könnte vermuten, dass ich nur ein Scheinangebot mache, aber im Grunde nicht kooperiere. Das würde für die Firma B einen beträchtlichen Nachteil mit sich bringen. Dagegen wird sie sich mit Sicherheit schützen wollen und ihrerseits nicht wirklich mit mir zusammenarbeiten. Dann ist es für mich auf jeden Fall besser, nicht zu kooperieren, sondern Fehlinformationen zu geben.«*

Dieser Gedankengang mag absurd sein, aber er ist in sich nicht unbegründet: Die *Angst vor Benachteiligung* führt oft dazu, dass man selbst vorsorglich *möglichst sichere Strategien* wählt. Dazu gehört die Strategie des Nicht-Kooperierens: In diesem Fall wird man – egal wie sich die Konkurrenz entscheidet – nie über 350.000 Euro Entwicklungsaufwand haben. Falls die andere Firma dann doch unerwarteterweise kooperiert, schneidet man mit der Entscheidung, nicht zu kooperieren, mit einem Entwicklungsaufwand von nur 100.000 Euro sogar besonders gut ab. Kooperation ist demgegenüber immer mit Risiko verbunden.

Solche Überlegungen werden oft als Erklärung für die Dauerhaftigkeit von aggressivem Verhalten angesehen: Der amerikanische Sozialpsychologe Harold H. Kelley (1970) beispielsweise hat auf der Grundlage solcher Spielsituationen gezeigt, dass viele Menschen davon ausgehen, dass andere nicht kooperieren. Sie senden daher keine Signale für Zusammenarbeit aus, auch wenn sie das im Grunde möchten. Den Mitmenschen bleibt in einem solchen Fall aber kaum etwas anderes übrig, als unkooperatives Verhalten zu zeigen, denn sonst würden sie ihrerseits Nachteile erleben. Dies wiederum wird von einem solchen Menschen als Bestätigung seiner Erwartung erlebt.

Man kann aber auch anders denken und damit Argumente für eine kooperative Strategie finden: Mit beiderseitiger Kooperation ist beiden Firmen am ehesten gedient, denn gegenüber einem Alleingang reduziert sich die Entwicklungsdauer beträchtlich. Dies ist besonders dann von Bedeutung, wenn nicht nur einmal, sondern mehrere Male eine Entscheidung ansteht. So gedacht, erscheint es immer am günstigsten, Zusammenarbeit anzubieten.

Beide Begründungen sind in sich schlüssig, und Fazit dieser Gegenüberstellung kann nur sein, dass es keine »richtige« Strategie gibt: Die einzelne Entscheidung hängt immer davon ab, was man von dem anderen vermutet. Dies wiederum basiert auf den Vorerfahrungen, die man mit anderen gemacht hat.

Man kann sich vorstellen, dass bei einer Teamentscheidung über die zu wählende Strategie ganz unterschiedliche Auffassungen bestehen können. Dabei können gegensätzliche Standpunkte jeweils Argumente für sich beanspruchen, die kaum zu widerlegen sind, weil sie auf jeweils persönlichen Einschätzungen beruhen. Konflikte resultieren also keinesfalls immer daraus, dass ein Beteiligter eine »falsche« und der andere die »richtige« Ansicht hat oder einer von beiden »mit Recht« eine bestimmte Entscheidung für sich beanspruchen kann. Im Gegenteil führt vor allem die Tatsache, dass derselbe Sachverhalt von beiden Seiten anders gesehen werden kann, zu Auseinandersetzungen. Dies wird auch in Untersuchungen zu den Ursachen von Konflikten immer wieder betont. Hierbei werden häufig die Arbeiten des amerikanischen Sozialpsychologen Muzafer Sherif zitiert, weil er nicht nur Theorien entwickelt, sondern Menschen in realen Konfliktsituationen beobachtet hat. Häufig zitiert wird beispielsweise sein *»Zeltlager-Experiment«*.

Bei dieser Untersuchung teilte er eine Gruppe von Jugendlichen nach Zufall in zwei Teilgruppen auf und beobachtete über mehrere Tage, wie diese Gruppen ihre Identität fanden, wie sich Konflikte entwickelten und wie sie überwunden wurden. Ein besonders wichtiges Ergebnis war die Tatsache, dass viele Konflikte daraus resultierten, dass die Jugendlichen schnell ein extrem stabiles und auch vorurteilsbelastetes Bild von »den anderen«, mit denen sie nichts zu tun hatten, entwickelten. Dieses »Feindbild«

war durch Information allein kaum zu erschüttern. Dies war nur durch gemeinsame Unternehmungen möglich, in denen die Jugendlichen merken konnten, dass sie sich (etwa bei einer Reparatur der Wasserzufuhr, die eine Gruppe alleine nicht schaffen konnte) gegenseitig unterstützen konnten.

Auf Grund dieser und anderer Experimente unterschied Sherif drei Konflikttypen:

- Verteilungs-,
- Beurteilungs- und
- Bewertungskonflikte.

Nur selten sind Konflikte reine *Verteilungskonflikte*, bei denen ein »Kuchen nur einmal verteilt werden« kann und sich die Konfliktparteien darum streiten, wer das größte Stück bekommt. Viel häufiger sind Konflikte Beurteilungs- und Bewertungskonflikte.

Beurteilungskonflikte entstehen dadurch, dass unterschiedliche Informationen Entscheidungen beeinflussen, sei es weil die Informationsquellen verschieden sind, sei es weil diese Informationen verschiedenartig verarbeitet werden: In vielen Untersuchungen konnte beispielsweise nachgewiesen werden, dass für viele Menschen der »erste Eindruck« entscheidend ist und nachfolgende Informationen diese erste Einschätzung nur wenig beeinflussen können, während andere Menschen Informationen relativ unabhängig von der Reihenfolge der Darbietung bewerten. Für dieses Phänomen gibt es eine Reihe von Erklärungen: Zum einen unterscheiden wir uns in der Konzentrationsfähigkeit, zum anderen gibt es verschiedene »Stile der Informationsverarbeitung«. So zeigen viele Menschen großes Interesse an Details, haben es aber schwer, die großen Zusammenhänge zu erkennen, während andere Detailinformationen eher übergehen, sie ohnehin nur die großen Züge, die sie in den konkreten Einzelangaben zu erkennen glauben, interessieren. Beide Stile haben Vor- und Nachteile, sodass kaum davon gesprochen werden kann, dass einer der »richtige« ist.

Zudem haben wir unterschiedliche Interessen, Ziele, Werte und Verhaltensregeln. Konflikte, die daraus resultieren, nennt man *Be-*

wertungskonflikte. In dem geschilderten Entscheidungsspiel wurden diese Bewertungskonflikte dadurch untersucht, dass man die Entscheidungssituation in einer Vielzahl von Durchgängen wiederholte. Hierbei wurden die Rahmenbedingungen für die Entscheidungen variiert. Besonders spannend wurden diese Spielverläufe, wenn die Konsequenzen für die Spielpartner verschieden waren, wenn also beispielsweise bei einer Kooperation von beiden Seiten die eine Firma nur 170.000 Euro Entwicklungskosten hatte, die andere dagegen 200.000 Euro. Es lässt sich zeigen, dass – langfristig betrachtet – auch in diesem Fall Kooperation die günstigste Spielentscheidung für beide Seiten ist. Dennoch tritt diese Strategie schon bei geringfügig unterschiedlichen Zahlenwerten beider Konfliktparteien in den Hintergrund. Die Tatsache, dass ein Partner ein wenig mehr profitiert als der andere, wurde häufig als Argument für aggressive Strategien betrachtet, selbst wenn der Gewinnunterschied sehr gering ist.

Hierbei zeigt sich also, dass bei gleicher »Informationslage« unterschiedliche Werte handlungsentscheidend sind: Für einen Teil der Spieler kam es im Wesentlichen darauf an, besser dazustehen als die andere Firma. Ob dieses Ziel mit eigenen Verlusten »erkauft« werden musste, war von vollkommen untergeordneter Bedeutung. Für andere Teilnehmer war dagegen erstes Ziel, die eigene Bilanz möglichst positiv aussehen zu lassen, unabhängig davon, ob der Mitspieler größere Gewinne hatte oder nicht. Einige Spieler schließlich vertraten eine dritte Strategie, in der es ihnen am wichtigsten erschien, dass beide Parteien möglichst hohe Punktwerte erzielten. Da wir bei der Betrachtung von Sachverhalten stets unser inneres Wertsystem einfließen lassen, sind Konflikte, die auf den ersten Blick wie Verteilungskonflikte wirken, häufig Beurteilungs- oder Bewertungskonflikte.

Das soll an folgendem Beispiel verdeutlicht werden. Obwohl es hier – oberflächlich betrachtet – nur darum zu gehen scheint, wie ein rares Gut zwischen zwei Konfliktparteien aufgeteilt wird, zeigt eine genauere Betrachtung des Hintergrunds, dass dieser Verteilungskonflikt nur die Oberfläche für tiefer liegende Bewertungsunterschiede darstellt.

Ein Alltagskonflikt und was dahinter stecken kann. Ein Fallbeispiel

In der Abteilung automatische Fertigung eines größeren Industriebetriebs sind zwei Meister, nennen wir sie Herrn Grau (55 Jahre alt) und Herrn Schwarz (35 Jahre alt), beschäftigt. Zur Aufrechterhaltung des Fertigungsbetriebs ist es notwendig, dass mindestens einer der beiden Meister anwesend ist. Herr Grau und Herr Schwarz verstehen sich nicht besonders gut. Der ältere, Herr Grau, wirft Herrn Schwarz vor, dass er durch seinen laschen Führungsstil die Autorität der Meister untergraben würde, während Herr Schwarz bei Maßnahmen, die Herr Grau anordnet, häufig sagt, diese seien nicht mehr zeitgemäß, in einer fortschrittlichen Firma sollte das anders gemacht werden, die Leute sollten selbst entscheiden können, was wichtig ist.

Dieser schwelende Konflikt tritt eines Tages offen zu Tage: Im Februar kommt es zu einer Auseinandersetzung um die Sommerurlaubstermine. Herr Grau hat sich schon im Januar in die Urlaubsliste eingetragen. Herr Schwarz meldet erst einige Zeit später seinen Anspruch für den gleichen Zeitraum an. Er möchte in den Schulferien mit seiner Frau und den schulpflichtigen Kindern in Urlaub fahren. Die beiden kommen zu keiner Einigung. In einem Gespräch, das der Vorgesetzte beiden schließlich einräumt, pocht Herr Schwarz auf sein Recht, im fraglichen Zeitraum mit der Familie Urlaub machen zu können. Herr Grau argumentiert, dass er sich nur an die bestehende Regel gehalten hat. Er habe einen Monat nach Ausliegen der Urlaubsliste und nachdem ihn niemand angesprochen hat, seinen Urlaub bereits geplant. Im Übrigen hätte er in früheren Jahren auch nicht immer mit der Familie in Urlaub fahren können.

In diesem Beispielfall ist eine ganze Reihe von Konflikten vermischt. An der Oberfläche geht es um einen Verteilungskonflikt. Die fragliche Urlaubszeit kann nur einmal »verteilt« werden, und beide Seiten erheben darauf Anspruch. Dies ist jedoch nur die eine Seite. Bei dem Versuch, ihre jeweiligen Interessen durchzusetzen, berufen sich beide Konfliktparteien auf verschiedene moralische Normen und Wertvorstellungen: Herr Grau hat sich seiner Ansicht nach korrekt verhalten. Er hat sich rechtzeitig eingetragen und sich damit an eine Regel gehalten, die sich eingebürgert und bewährt hat. Für Herrn Schwarz »sieht die Welt ganz anders aus«: Er hält den gemeinsamen Urlaub mit seiner Familie für das Entscheidende. Dass er sich erst später um die Urlaubsliste gekümmert hat, ist für ihn weniger wichtig, zumal das doch nicht heißen kann, dass es im Februar zu spät ist, den Termin für den Sommerurlaub abzustimmen. Beide Parteien haben ihre eigene Gedankenwelt. Herr Grau pocht auf das Bewährte, darauf, dass die Dinge ihren gewohnten Gang gehen, Herr Schwarz hingegen versucht, eher die menschliche Seite zu sehen als überkommene Regeln. Der Verteilungskonflikt ist nur der Anlass, an dem unterschiedliche Grundhaltungen aufeinander prallen.

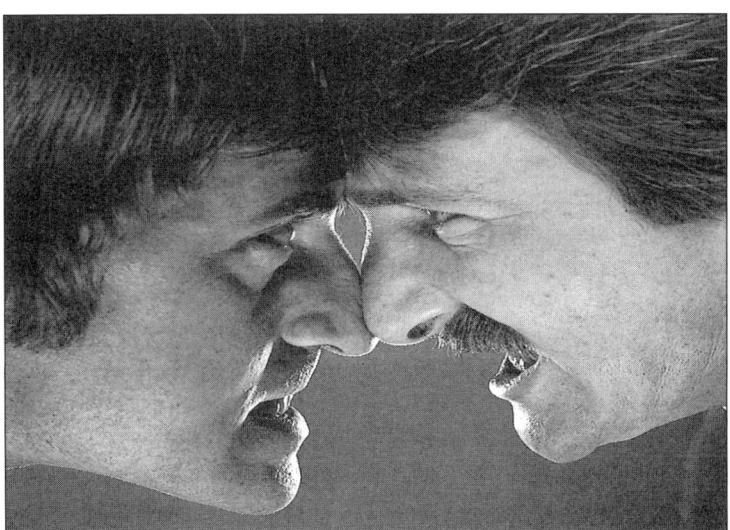

Konflikte drücken Grundhaltungen der Beteiligten aus

In einem solchen Fall ist eine Einigung allein aus der Sachlage heraus schwierig. Dies gilt vor allem, wenn die Rechtslage nicht eindeutig ist. Bei zwischenmenschlichen Konflikten ist dies jedoch häufig der Fall, da vieles – was ja auch sein Gutes hat – durch Konvention, also »weil das alle so machen und das schon immer so war«, geregelt wird und nicht durch einen Gesetzestext. Es ist auch nicht davon auszugehen, dass eine rein rechtliche Entscheidung auf Dauer immer befriedigend ist, weil die »unterlegene« Seite in vielen Fällen versucht, sich auf einem anderen Gebiet durchzusetzen und es der Gegenseite in einem anderen Arbeitsfeld so schwer wie möglich zu machen. Im Grunde sind solche Reaktionen verständlich, da der aktuelle Konflikt meist nur das Ergebnis tiefer liegender Meinungsverschiedenheiten ist.

In diesen Fällen ist es wichtig, eine übergreifende Konfliktbewältigung zu suchen. Diese Form der Konfliktbewältigung ist aber schon deshalb schwierig, weil es ein typisches Merkmal tiefer liegender Konflikte ist, dass beide Seiten nicht miteinander reden. Dies hängt damit zusammen, dass die Konfliktparteien in aller Regel die eigene Überzeugung für so »selbstverständlich« und »unmittelbar einsichtig« halten, dass sie davon ausgehen, dass diese gar nicht mehr mitgeteilt werden muss. Vielmehr wird angenommen, dass die andere Seite – »wenn sie nur mal nachdenken würde« – schon »von selbst« merken müsste, dass diese Position die richtige ist.

Die Möglichkeit, die eigentlichen Ursachen solcher Konflikte anzugehen, ist aber nur in einem Gespräch gegeben, auch wenn dies schwierig ist, da hierbei ja »alte«, »selbstverständliche« und verhärtete Werthaltungen der Konfliktparteien aufeinander stoßen, zu denen dann auch noch die »realen Interessensunterschiede« kommen. Mit Reden allein scheint hier zunächst wenig möglich. Dennoch ist ein Konfliktbewältigungsgespräch gar nicht so schwierig, wenn ein paar einfache Regeln beachtet werden. Diese möchte ich Ihnen an dem genannten Beispiel erläutern.

Regeln für das Leiten von Konfliktbewältigungsgesprächen

Konfliktbewältigungsgespräche gehören zu den besonders unbeliebten Führungsaufgaben, da oft die Befürchtung besteht, in den Konflikt hineingezogen zu werden, einer der beiden Konfliktparteien Unrecht zu tun oder es sich sogar mit beiden zu verderben, auf jeden Fall aber viel Zeit in eine Auseinandersetzung investieren zu müssen.

Diese Befürchtungen sind nicht unberechtigt: Konfliktparteien stehen häufig »mit dem Rücken zur Wand«, reagieren emotional und bisweilen sehr heftig, was verständlich ist, da aktuelle Konflikte oft das Ergebnis von grundlegenden Unterschieden in der Sicht der Welt sind. Wenn diese Sicht der Welt angegriffen wird, haben die Konfliktparteien ihrerseits die Befürchtung, »eine Welt bricht zusammen«. Sie suchen daher in dem Leiter eines Konfliktbewältigungsgesprächs eine Person, die »endlich erkennt«, dass sie Recht haben, und versuchen, diese Person auf ihre Seite zu ziehen.

Genau gegen diese Gefahr müssen Sie sich wappnen. Es gibt Regeln, die dies erleichtern. Das fängt schon damit an, dass Sie sich überlegen sollten, *ob und wann Sie ein Konfliktbewältigungsgespräch* mit beiden Konfliktparteien führen sollten. Dies ist auf jeden Fall Ihre Aufgabe, wenn die Beteiligten Sie darum bitten. Meistens haben dann schon einfachere Formen der Konfliktbewältigung versagt, und Sie werden wirklich gebraucht. Ansonsten aber ist es wichtig, dass Sie sich vor einem solchen Gespräch überlegen, inwiefern Sie selbst ein solches Konfliktbewältigungsgespräch für sinnvoll halten. Das kann der Fall sein, wenn Produktionsziele längere Zeit nicht erreicht werden und Auseinandersetzungen auszuufern drohen. Aber Sie sollten aufpassen, dass Sie nicht in die Rolle des Friedensstifters geraten, der gar nicht gerufen worden ist. Konfliktbewältigungsgespräche setzen immer die Bereitschaft der »Konfliktparteien« voraus, sich zu öffnen. Wenn Sie als Einziger – auch wenn Sie das für wichtig und hilfreich halten – eine solche Öffnung anstreben, kann es leicht sein, dass beide Parteien »mauern«. Seien Sie also vorsichtig bei dem eigenen Wunsch, ein Konfliktbewältigungsgespräch herbeizuführen.

Wenn Sie dies dennoch tun, dann sollten Sie den Konfliktparteien einen eindeutigen Grund für das Konfliktbewältigungsgespräch nennen können. Das kann beispielsweise sein, dass bestimmte Projektziele nicht erreicht wurden oder dass sich Mitarbeiter beschwert haben. Alle Deutungen wie »Ich habe das Gefühl, zwischen Ihnen beiden stimmt etwas nicht« oder »Ich merke, zwischen Ihnen herrscht immer so ein aggressiver Ton« sind keine eindeutigen Gründe. Selbst wenn Sie mit Ihrer Einschätzung Recht haben, so besteht doch für die Konfliktparteien die Möglichkeit, diese Interpretation einfach abzulehnen. Bei eindeutigen Gründen ist das anders. Hier ist klar nachvollziehbar, warum man sich über das Problem unterhalten muss.

Regel 1: Seien Sie Schiedsrichter, nicht Mitstreiter

Grundsätzlich gilt: Wenn Sie eine Konfliktbewältigung anstreben, dann gehen Sie *schrittweise* vor. Versuchen Sie nicht, in einer »großen Generalaussprache« das Problem zu lösen. Vereinbaren Sie *besser mehrere kleine Gesprächstermine*. Es ist zudem in vielen Fällen hilfreich, zunächst Einzelgespräche mit den Beteiligten zu führen, um deren Meinung kennen zu lernen, und erst dann zu einem gemeinsamen Gespräch einzuladen. Auch für diesen gemeinsamen Versuch können Sie mehrere Termine einplanen. So kann es günstig sein, in dem ersten Gespräch die Konfliktparteien aufzufordern, einander nur die jeweiligen Erwartungen mitzuteilen, sie für das zweite Gespräch zu bitten, Vorschläge zur Bewältigung zu überlegen, und möglicherweise erst bei einem weiteren Termin eine Einigung anzustreben. Ein letztes Gespräch ist dann in vielen Fällen sinnvoll, um nachzuprüfen, wie sich die gemeinsame Entscheidung bewährt hat.

Die Effektivität eines solchen schrittweisen und behutsamen Vorgehens kann gut an dem Beispielfall von Herrn Grau und Herrn Schwarz aus dem vorhergehenden Kapitel erläutert werden.

In einem ersten Gespräch kann Herr Grau erst einmal über das Anliegen von Herrn Schwarz, das er möglicherweise noch gar nicht kennt, informiert werden und gebeten werden, sich Lösungsvorschläge zu überlegen. Erst in einem weiteren Gespräch können beide Konfliktparteien miteinander an der Lösung des Problems arbeiten.

Selbstverständlich ist es möglich, dass anstehende Probleme schon in einem ersten Teilgespräch einer Lösung zugeführt werden können. Das ist dann umso erfreulicher. Aber es ist generell günstiger, *mehrere kurze Gespräche* anzusetzen, da lange Unterredungen meist anstrengend sind und man sich dadurch der Möglichkeit beraubt, dass den beiden Gesprächspartnern in den »Zwischenzeiten« ein Lösungsvorschlag einfällt.

Auch innerhalb des Gesprächs sollten Sie *nie vergessen, dass Sie der Schiedsrichter und kein Mitstreiter sind*. Sie sind einzig dafür zuständig, dass die Regeln eingehalten werden. Dies ist umso leichter, je strukturierter *Sie* vorgehen.

Dies betrifft vor allem die Informations- und die Beschlussphase, also die strukturierenden Anteile eines solchen Gesprächs (s. S. 96 ff.). Wenn man bei der Vorstellung bleibt, dass Sie als Leiter eines Konfliktbewältigungsgesprächs wie ein Schiedsrichter wirken sollen, bedeutet dies, dass Sie *in der Informationsphase die Regeln für das Gespräch festlegen*. Ebenso wie bei einem sportlichen Match wird eine Auseinandersetzung umso fairer verlaufen, je genauer beide Parteien wissen, welches Verhalten »erlaubt« ist und welches nicht. Sie müssen darum zu Anfang des Gesprächs deutlich machen, wie innerhalb des Konfliktbewältigungsgesprächs vorgegangen werden soll.

Dazu sind – wie generell in der Informationsphase – die *Gesprächsthemen*, der *Zeitraum* und das *Vorgehen* im Einzelnen abzustimmen. Für ein Konfliktbewältigungsgespräch ist es zudem besonders wichtig, möglichst *genaue Einzelziele* festzulegen.

Für einen Konfliktfall wie den zwischen Herrn Grau und Herrn Schwarz bedeutet dies: Es muss abgeklärt werden, ob es in dem Konfliktbewältigungsgespräch darum gehen soll, eine allgemeine

Entscheidung für die Urlaubsregelung oder nur eine Lösung für das laufende Jahr zu finden, oder ob beide Parteien lediglich ihren Standpunkt darlegen sollen. Dies kann durch einfache Verabredungen zu Beginn des Gesprächs ohne große Mühe erreicht werden:

»*Wir wollten uns heute über das vor kurzem aufgetretene Problem mit der Urlaubsregelung unterhalten. Ich denke, wir sollten uns dafür Zeit nehmen. Aber ich gehe davon aus, dass wir mit einer halben Stunde zurechtkommen.* (Zeitrahmen festgelegt)
Ich schlage vor, dass wir zunächst einmal nur darüber reden, was dieses Jahr werden soll. (Thema genau eingegrenzt)
Ich möchte Sie bitten, dass jeder kurz erläutert, wie er sich eine Regelung vorstellt. Vielleicht fangen wir mit Ihnen, Herr Grau, an. Dann werde ich auch Sie, Herr Schwarz, bitten.« (Und jetzt steht auch die Spielregel für das Vorgehen fest)

Damit haben Sie Regeln etabliert, an denen sich beide Parteien orientieren können. Besonders wichtig ist, dass beide Seiten die Gewissheit haben, dass sie zu Wort kommen. So haben sie die Möglichkeit, der anderen Seite zuzuhören und sich auch auf ihren eigenen Beitrag zu konzentrieren. Die Machtkämpfe um Rederecht und Dauer der Beiträge können so vermieden werden.

Solche Festlegungen sind für spätere Phasen des Gesprächs hilfreich, da Sie als Diskussionsleiter dann die Möglichkeit haben, zum Thema zurückzuführen, falls einer der Beteiligten unsachlich wird oder andere Themen einführt. Nach einer solchen Regelung besteht für Sie als Diskussionsleiter immer die Möglichkeit, einen Gesprächspartner zu stoppen, wenn er dem anderen ins Wort fällt:

»*Herr Schwarz, ich möchte Sie kurz unterbrechen. Wir hatten vereinbart, dass zunächst Herr Grau seine Sicht darlegt. Ich weiß, dass Sie anderer Meinung sind. Aber Sie erhalten nachher das Wort.*«

Natürlich muss eine solche Einigung auf bestimmte Ziele nicht bedingungslos durchgehalten werden. Gerade bei einem Konfliktbewältigungsgespräch können auch neue Themen, die für die Klärung des Sachverhalts wichtig sind, zur Sprache kommen. Sie sollten jedoch in jedem Fall gemeinsam darüber entscheiden, ob eine solche Erweiterung der Themenliste sinnvoll ist. Wenn Sie das versäumen, besteht leicht die Gefahr, dass eine der Konfliktparteien versucht, durch neue Themen das Gespräch in ihre Richtung zu verlagern.

Ebenso wie es wichtig ist, möglichst exakte Regeln für das Gespräch vorzugeben, sollten auch *Ergebnisse und Teilergebnisse möglichst detailliert festgehalten* werden. Das ist relativ einfach, indem Sie das Gesagte kurz rekapitulieren.

> *»Ihnen, Herr Grau, geht es vor allem darum, dass endlich eine eindeutige Regelung getroffen wird und dass nicht jedes Jahr aufs Neue das Vorgehen diskutiert werden muss.«* (Pause, Blickkontakt mit Herrn Grau)

Solche Sätze sind wichtig, da sie die Gesprächsteilnehmer festlegen und herausarbeiten, was für sie wichtig ist. Auf solche eindeutigen Aussagen kann man später bei der Entscheidungsfindung leichter zurückkommen. Vergewissern Sie sich daher, dass die Konfliktparteien genau das gemeint haben, was Sie rekapituliert haben, und fragen Sie gegebenenfalls nach. Dies gilt besonders für die *Beschlussphase des Gesprächs*. Wie im folgenden Beispiel sollten Sie noch einmal alle Beschlüsse zusammenfassen und sich jeweils die Zustimmung beider Seiten holen:

> *»Ich denke, wir können für heute so verbleiben, dass Herr Grau sich noch einmal mit seiner Frau und seinem Reisebüro darüber abstimmen wird, ob sein Urlaub nicht doch zumindest um eine Woche verlegt werden kann.* (Pause, damit Widerspruch möglich ist) *Herr Schwarz hat sich bereit erklärt, gegebenenfalls auf die letzte Juliwoche zu verzichten, falls wir dadurch zu einer Einigung kommen.* (Pause, damit Widerspruch möglich ist)
> *Wir sollten auch noch einmal über die Notbesetzung für den Feiertag im Mai reden.* (Pause, damit Widerspruch möglich ist)
> *Für das nächste Jahr wollen wir festhalten, dass Sie sich zuerst miteinander absprechen, bevor ein Urlaubsvorschlag in die Liste eingetragen wird.«* (Pause, damit Widerspruch möglich ist)

Das sind jetzt Festlegungen zur Struktur der Gespräche. Aber Sie werden sich fragen, wie man zu einer Lösung kommt, wenn anscheinend unversöhnliche Gegensätze bestehen. Hier gibt es ebenfalls einige recht effektive Vorgehensweisen.

Wieder ist entscheidend, dass Sie in einem solchen Gespräch nur der Schiedsrichter sind und kein Mitspieler. Darum halten Sie Ihre *eigene* Meinung und *eigene* Lösungsvorschläge so lange zurück wie möglich. Auch dann, wenn Sie eine bestimmte Vorstellung davon haben, wie Sie selbst das Problem lösen würden, ist es günstig, die Kreativität und die Gedanken der Konfliktbeteiligten zu nutzen. Häufig finden die Konfliktparteien eine Lösung, die den beiden viel besser passt als die, die Sie vorgeschlagen hätten.

In dem Fall von Herrn Grau und Herr Schwarz kann eine solche Einigung beispielsweise darin liegen, dass einer seinen Urlaub verschiebt und dafür die Zeit zwischen Weihnachten und Neujahr für sich beanspruchen kann. Vielleicht stellt sich aber auch heraus, dass es einem der beiden nur darauf ankam, die Urlaubsregelung endlich einmal grundsätzlich anzusprechen, weil er sich im letzten Jahr übergangen gefühlt hat. In vielen Fällen ist ein solcher Konflikt ohnehin nur der Anlass, um sich überhaupt einmal auszusprechen. Wenn es bei der Auseinandersetzung »im Grunde« um ganz andere Themen geht, liegen Sie auch mit dem besten Lösungsvorschlag für den Sommerurlaub daneben.

Ein weiterer Grund, die eigene Auffassung zurückzustellen, liegt darin, dass Konfliktparteien – vor allem in ernsthaften Krisen – begierig auf Rat von außen, zugleich aber auch sehr misstrauisch sind, da sie sich als »Kämpfende« in einer inneren Abwehrhaltung befinden. Ein gut gemeinter, schlichtender Ratschlag kann dann leicht als Angriff erlebt werden. Wenn dieser Vorschlag zudem einem der beiden Gegner etwas besser gefällt als dem anderen, ist es sehr wahrscheinlich, dass dieser Sie für voreingenommen hält. Natürlich kann es im Laufe eines Konfliktbewältigungsgesprächs dazu kommen, dass die Parteien Sie darum bitten zu entscheiden. In einem solchen Fall ist Ihre eigene Lösung erwünscht. Sichern Sie sich aber ab, dass wirklich beide Seiten Sie als Entscheidungsinstanz möchten:

»Herr Grau hat mich gebeten, dass ich in dieser Sache entscheide. Sie, Herr Schwarz, haben vorhin etwas Ähnliches gesagt. Das wäre eine Möglichkeit. Haben Sie Ihrerseits noch einen Vorschlag?«

An dem Beispiel wird deutlich, wie diese Absicherung vor sich gehen kann. Zugleich wird aber auch angesprochen, dass dies eine von mehreren denkbaren Lösungsmöglichkeiten ist. Wenn dies der einzige Vorschlag bleibt, können Sie ruhigen Gewissens Ihren Lösungsvorschlag verwirklichen, denn beide Parteien haben zugestimmt, dass Sie die Entscheidungsinstanz sind. Aber auch jetzt sollten Sie sich nicht unter Druck setzen lassen, sondern sich Zeit nehmen, die eigene Entscheidung zu überdenken.

»Sie haben mich gebeten, über den strittigen Urlaubstermin im Juli zu entscheiden. Ich habe Ihre Argumente gehört. Sie verstehen sicher, dass ich keine Seite benachteiligen und mir daher das Ganze noch einmal in Ruhe durch den Kopf gehen lassen möchte. Sie hören aber bis spätestens Freitag von mir.«

Eine solche Übernahme der Entscheidung sollte generell nur als eine Möglichkeit von vielen betrachtet werden. Die Regel ist, dass Sie als Schiedsrichter »den Ball im Spiel halten sollten«, also immer darauf dringen, dass die Konfliktparteien miteinander reden. Dazu können Sie die ganze Palette öffnender Gesprächsführungstechniken (s. S. 138 ff.) anwenden: Vor allem ist es wichtig, offene Fragen zu stellen, die auf eine mögliche Lösung zielen. Wenn der Aufforderungscharakter einer solchen Frage zudem durch Blickkontakt verstärkt wird, ist das eine starke Anregung, tatsächlich über Problemlösungen nachzudenken.

»Welche Möglichkeiten sehen Sie, Herr Grau?« (Lange Pause mit Blickkontakt)
»Sie haben die Vorschläge von Herrn Grau gehört. Welche Möglichkeiten sehen Sie, Herr Schwarz, darin?« (Lange Pause mit Blickkontakt)
»Welche Erwartungen haben Sie an Herrn Schwarz?« (Lange Pause mit Blickkontakt)

Bei allen Fragen, die auf die Ursachen des Konflikts zielen, müssen Sie dagegen aufpassen. Bei Fragen wie »Welche Gründe haben Sie für Ihr Verhalten?« wird der Antwortende aufgefordert, Argumente zu nennen, die seine Position bestätigen. Wenn der Angesprochene darauf eingeht, wird vor allem seine ursprünglich aufgebaute Position verhärtet. Eine einvernehmliche und gemeinsam tragbare Lösung wird somit schwieriger.

Wichtig ist es, nach diesen lösungsorientierten offenen Fragen *ausreichend lange Pausen zu lassen*, denn die Konfliktparteien brauchen Zeit, um klare Gedanken zu formulieren. Es ist zudem wichtig, dass Ruhe für eine solche kreative Arbeit an der Problembewältigung besteht. Für diese Ruhe müssen Sie als Schiedsrichter sorgen und darum *unsachliche Einwürfe stoppen*. Planen Sie zudem ein, dass bei der inneren Verhärtung, die Konfliktparteien mitbringen, Ihre offene Frage nicht sofort beantwortet wird. Sie müssen gegebenenfalls mehrfach darauf zurückkommen.

Ein solches Vorgehen wird dadurch vereinfacht, dass Sie in der Informationsphase klargemacht haben, dass jede der Parteien zu Wort kommt. Für das Konfliktbewältigungsgespräch zwischen Herrn Schwarz, Herrn Grau und einem Gesprächsleiter könnte das folgendermaßen aussehen:

Gesprächsleiter: *»Wir hatten uns ja darauf geeinigt, erst einmal über diesen Sommer zu reden. Welche Möglichkeiten sehen Sie, Herr Grau?«*

Grau: *»Herr Schwarz hätte sich früher eintragen sollen.«*

Schwarz: *»Das ist doch Quatsch. Es gibt da doch überhaupt keine Festlegung, dass, wer zuerst kommt, auch zuerst mahlt.«*

Gesprächsleiter: *»Entschuldigung, meine Herren. Aber ich wollte jetzt gerne erst einmal von Ihnen, Herr Grau, erfahren, welche Möglichkeiten Sie sehen, wie wir jetzt – bei aller Meinungsverschiedenheit – zu einer Einigung kommen können.«* (Pause, Blickkontakt mit Herrn Grau)

Grau: *»Ich habe jedenfalls das alles schon mit meiner Frau vereinbart.«*

Gesprächsleiter: »*Das verstehe ich. Andererseits verstehen Sie sicher auch den Wunsch von Herrn Schwarz, mit seiner Familie Urlaub zu machen. Haben Sie einen Vorschlag zur Einigung?*« (Pause, Blickkontakt mit Herrn Grau)

Grau: »*Da ist bei mir allerhöchstens eine Verschiebung von zwei Tagen drin. Ich muss doch auch am Karsamstag hier antanzen. Das hat mich schon geärgert.*«

Gesprächsleiter: »*Sie meinen, wenn das anders geregelt wäre, wäre es für Sie eventuell leichter, die Sommerurlaubsplanung noch einmal zu überdenken?*«

Grau: »*Na ja. Das habe ich nicht gesagt, das müsste ich ebenfalls mit meiner Frau noch einmal besprechen.*«

Durch das Nachfragen in Richtung auf eine Problemlösung haben sich immerhin zwei neue Informationen ergeben. Diese sollten Sie aufgreifen und weiterspielen. Sie sollten dabei aber auf jeden Fall »neutral« bleiben und deutlich machen, dass es sich nicht um Ihre Meinung, sondern um Aussagen einer der Konfliktparteien handelt:

Gesprächsleiter: »*Herr Grau hat eben geäußert, dass er seinen Urlaub eventuell um zwei Tage verschieben könnte. Außerdem hat er darüber nachgedacht, über die Regelung für die Osterfeiertage zu einer Einigung zu kommen. Wie sehen Sie das, Herr Schwarz?*«

Schwarz: »*Die zwei Tage nützen mir gar nichts. Was Ostern angeht, das liegt auch daran, dass ich schon seit Jahren hier am Samstagsmorgen vorbeikommen muss, und irgendwann bin ich das auch leid.*«

Grau: »*Das hat keiner von Ihnen verlangt.*«

Schwarz: »*Ja, machen Sie es denn?*«

Grau: »*Mir geht es darum, dass ich dieses Jahr endlich auch einmal am Stück ein bisschen mehr Zeit habe.*«

Gesprächsleiter: »*Herr Schwarz, ich möchte Sie nochmals fragen. Herr Grau hatte ins Gespräch gebracht, dass wir über eine Änderung des Belegungsplans für die Osterfeiertage zu einer Einigung kommen. Wie schätzen Sie das ein?*«

Schwarz:	»*Vielleicht, aber Sie verlangen ganz schön viel von mir.*«
Gesprächsleiter:	»*Welche Möglichkeiten sehen Sie?*«
Schwarz:	»*Geht das denn nicht, dass der Herr Grau vier Wochen später fährt? Ich komme dann dieses Jahr noch einmal an Ostern. Aber das muss auch ein Ende haben.*«
Gesprächsleiter:	»*Herr Grau, Sie haben den Vorschlag von Herrn Schwarz gehört. Was meinen Sie dazu?*«
Grau:	»*Das muss ich mir in Ruhe durch den Kopf gehen lassen.*«

Selbst wenn die Parteien hier zu keiner Einigung kommen, sollten Sie als Diskussionsleiter noch nicht aufgeben. Sie haben die Möglichkeit, Ihre Frage nach einer Problemlösung immer wieder zu stellen. Darum ist auch die vielleicht einfachste Regel für die Leitung eines Konfliktbewältigungsgesprächs die wichtigste: *Haben Sie Geduld.* Menschen, die in einem Konflikt mit anderen stehen, befinden sich häufig in einer inneren Abwehrhaltung. Dies erschwert es, sofort offen zu reden. Zuerst neigt man in einer solchen Situation zu aggressiven Äußerungen, möchte seinen Zorn loswerden oder dem anderen endlich zeigen, wie Recht man hat. Ein solches Verhalten müssen Sie einkalkulieren. Über kurz oder lang gehen aber fast alle Gesprächspartner auf den Vorschlag ein, nach Lösungen zu suchen, denn im Grunde möchte sich keiner auf Dauer als unkooperativ darstellen.

Bei all dem sollten Sie bedenken: Wir sind offene Konfliktbewältigungsgespräche nicht gewohnt. Die Umgangsformen in den meisten Firmen, vielleicht sogar unser gesellschaftliches Wertesystem als Ganzes, zielen eher darauf, bestimmte Meinungen durchzusetzen. Wir brauchen darum *Zeit, um ein freundliches und offenes Gespräch als Chance und nicht als Angriff zu erleben.* Geben Sie den Konfliktparteien diese Zeit.

Natürlich haben auch Sie selbst diese Zeit: Gemeinsam getragene Ergebnisse haben vor allem positive *Langzeitwirkungen.* Deswegen sind selbst kleine Lösungen nicht zu unterschätzen:

Wenn sich Herr Grau und Herr Schwarz darauf einigen, das nächste Mal vor dem Urlaub miteinander zu sprechen, dann mag das gering erscheinen. Aber für die am Konflikt Beteiligten ist es möglicherweise das erste Arbeitsergebnis, das sie gemeinsam erreicht haben.

Wenn Sie dazu beigetragen haben, haben Sie viel getan, denn eine solche Entscheidung bedeutet manchmal eine vollkommene Umorientierung des Erlebens. Man muss also nicht sofort die »große Versöhnung« oder die »Generalaussprache« erreichen. Kleine Schritte, die von beiden Seiten als befriedigend erlebt werden, sind ausreichend. Sie sind für sich schon Anreiz genug, – langsam – weitere Schritte gemeinsam zu gehen.

Aus jeder Mücke einen Elefanten machen? Wann Konfliktbewältigungsgespräche notwendig sind

Viele Führungskräfte scheuen vor Konfliktbewältigungsgesprächen zurück, weil sie befürchten, dass ihre Mitarbeiter heftig reagieren, oder da sie diese Gespräche als zu zeitaufwändig einschätzen. Sie lassen die Dinge dann »ihren Gang« gehen. Häufig lösen sich Konflikte auch so. Mitarbeiter, die Schwierigkeiten miteinander oder mit ihrer Arbeit hatten, gewöhnen sich daran oder lösen sie selbst. Für ein klärendes Konfliktbewältigungsgespräch bestand, im Nachhinein betrachtet, also kein Anlass.

Hieraus ergibt sich für viele Führungskräfte ein gewisser Widerspruch: Die »humanistische Seite in ihrer Brust« sagt ihnen, dass die Konfliktbewältigungsgespräche effektiv und auch »zum Guten« der Mitarbeiter sind, andererseits will man sich nicht dem Verdacht aussetzen, »alles bis ins Letzte analysieren« und »zerreden« zu wollen.

Es ist also wichtig, ein Gefühl dafür zu entwickeln, wann es nötig und aussichtsreich ist, ein Konfliktbewältigungsgespräch zu führen, und wann man sich eher auf die »Selbstheilungskräfte« der Abteilung verlassen kann.

Dazu ist es hilfreich, sich zunächst darüber klar zu werden, dass es unterschiedliche Möglichkeiten gibt, um mit Konflikten umzugehen. Im Einzelnen lassen sich *vier Arten der Konfliktbewältigung* voneinander unterscheiden. Es gibt diverse Vertuschungsstrategien wie

- Totschweigen des Konflikts oder Unterdrücken der eigenen Interessen,
- die Möglichkeit, eine Entscheidung durch Zufall oder höhere Gewalt herbeizuführen,
- die Möglichkeit, Kompromisse einzugehen oder Zugeständnisse zu machen, und
- Versuche, ganz neue gemeinsame Lösungen zu finden, sprich: eine kooperative gemeinsame Form der Konfliktbewältigung, wie dies etwa in einem Konfliktbewältigungsgespräch gesucht wird, auszuprobieren.

Diese Unterteilung mag befremdend wirken, denn einige der genannten Formen der Konfliktbewältigung wie Totschweigen oder Entscheidung durch Zufall werden in der Regel nicht als »wirkliche« Konfliktbewältigung erlebt. Doch all diese Formen der Konfliktregelung werden im Alltag angewandt und haben jeweils spezifische Vor- und Nachteile.

So haben *das Totschweigen* oder *das bewusste oder unbewusste Unterdrücken der eigenen Interessen* in einem Konflikt zunächst den Vorteil, dass das »Tagesgeschäft« weitergehen kann. Dies ist besonders bei kleineren Konflikten ein Argument, denn hier kann es wichtiger sein, eine kleine Ungerechtigkeit auszuhalten, als »dies gleich zu problematisieren«. Für eine solche Form der Konfliktbewältigung sind zudem keine größeren Überlegungen nötig. Man »tut einfach so«, als wäre alles in Ordnung, und manchmal verschwindet daraufhin der Konflikt von selbst.

Natürlich klappt das nicht bei allen Konflikten. Diese Form der Konfliktbewältigung ist zudem langfristig betrachtet meist unbefriedigend. Manchmal reagiert sogar unser Körper negativ auf solche unbewältigten Konflikte und drückt dies in erstaunlich direkter Form aus. Dann kann es vorkommen, dass der Magen rebelliert und es zu einem Geschwür kommt, weil einer »immer alles schlucken«

muss. Wer »sich immer ducken muss«, dessen Nacken wird verspannt sein, und die Kopfschmerzen werden dann deutlich zeigen, wie wichtig es ist, »mit erhobenem Haupt« durch die Welt zu gehen, und wer sich nie getraut hat, »Stärke zu zeigen«, wird dies vielleicht im Bett als Impotenz merken.

Zufallsentscheidungen, bei denen eine Münze geworfen oder – manchmal genau so wenig voraussagbar – der Chef gefragt wird, haben ebenfalls Vor- und Nachteile. Der Hauptvorteil liegt sicher darin, dass ein solches Verfahren relativ schnell vonstatten geht und zu einer klaren Entscheidung führt.

Wenn Herr Grau und Herr Schwarz entscheiden, ihren Urlaubskonflikt durch Münzwurf zu regeln, haben sie in wenigen Sekunden ein klares Resultat, und auch wenn sie ihren Vorgesetzten um eine Regelung bitten, brauchen sie selbst keine weitere Energie zu investieren.

Zudem muss sich im Nachhinein keiner lange Gedanken darüber machen, warum seine Position sich nicht durchsetzen konnte. Manchmal ist das daher die richtige Form der Konfliktbewältigung, besonders wenn es um kleinere Interessenskonflikte geht, bei denen der Zeitaufwand für eine lange Diskussion in keinem Verhältnis zur Bedeutung der Entscheidung steht. Ein weiterer Vorteil dieser Form der Konfliktbewältigung liegt darin, dass sich bei dem Beschluss, den »Zufall entscheiden zu lassen«, beide Konfliktparteien auf eine gemeinsame Form der Konfliktbewältigung festgelegt haben. Natürlich hat eine Zufallsentscheidung für die Konfliktparteien auch Nachteile, da es hierbei immer Gewinner und Verlierer gibt, wodurch neue Konflikte entstehen können. Zudem werden bei diesem Vorgehen die Konfliktursachen in der Regel nicht geklärt.

Vor- und Nachteile gibt es auch bei dem Versuch, einen Konflikt durch *Kompromisse und Zugeständnisse* zu bewältigen.

Bei dem genannten Beispiel könnte ein solcher Kompromiss beispielsweise bedeuten, dass Herr Grau seinen Urlaub etwas nach hinten und Herr Schwarz seinen Urlaub etwas nach vorne verlegt, sodass sich keine Überschneidungen ergeben.

Von Vorteil wäre hier, dass es zu einer Einigung kommt, bei der jeder einen Teil seiner Forderungen durchsetzt. Keiner hat also ganz verloren. Andererseits hat auch keiner ganz gewonnen, und möglicherweise wiegt dieser Nachteil den Vorteil auf.

> Dies ist beispielsweise dann der Fall, wenn zwar beide ihren Urlaub um eine Woche verschieben, aber dennoch nicht ihr Ziel erreichen können, Herr Grau seine gebuchte Reise absagen und Herr Schwarz die Ferien ohne Frau und Kindern verleben muss. Aus solchen Kompromissen resultiert natürlich Unzufriedenheit.

Unzufriedenheit entsteht aber häufig schon dadurch, dass bei einem Kompromiss eine der beiden Seiten »ein bisschen mehr gewinnt«, also beispielsweise ihren Urlaub ohne Unkosten umbuchen kann, während bei der anderen Seite Stornogebühren fällig werden. Auch wenn das nur ein kleiner Betrag ist, tut eine solche Ungerechtigkeit, die nur eine Seite trifft, weh. Um Kleinigkeiten, die manchmal gar nicht im Verhältnis zu den Vorteilen des Kompromisses stehen, werden darum häufig lange Auseinandersetzungen geführt. Hierbei kommt in vielen Fällen die Unzufriedenheit, überhaupt von seinem Wunschziel abrücken zu müssen, zur Wirkung. Wegen dieser grundsätzlichen Unzufriedenheit werden Kompromisse oft frühzeitig aufgekündigt.

Diese Nachteile entfallen bei dem *Versuch, neue gemeinsame Lösungen zu entwickeln*. Bei dieser vierten Form der Konfliktbewältigung wird ein Problem so lange behandelt, bis eine Lösung gefunden ist, die beide Seiten voll befriedigen kann. Es wird somit ein Win-Win-Ergebnis erzielt, das keine Verlierer zurücklässt. Dies ist auch bei gravierenden Interessenskonflikten überraschend oft möglich.

> Im Fall von Herrn Grau und Herrn Schwarz ist die Ausgangslage keinesfalls so unterschiedlich, dass nicht eine für beide Seiten voll zufrieden stellende Einigung möglich wäre. Dazu ist es aber nötig, dass die Konfliktparteien nicht nur an die aktuelle Auseinandersetzung (also das Urlaubsproblem) denken, sondern wei-

tere Aspekte berücksichtigen. So kann sich als Lösung heraus-
kristallisieren, dass einer der beiden gerne seinen Urlaub verschiebt, weil in einem gemeinsamen Gespräch festgestellt wurde,
dass der andere dafür die Schichten zwischen Weihnachten und
Neujahr übernimmt, oder weil dieser sich dafür in Zukunft vermehrt um die Betreuung der Auszubildenden kümmert, eine
Aufgabe, die dem anderen vielleicht schon lange eine Last war. Es
ist auch denkbar, dass einem der beiden Beteiligten in einem offenen und freundlichen Gespräch der Gedanke kommt, dass er
schon lange einmal eine größere Reise im Herbst unternehmen
wollte, was bisher nie möglich war, da in diesem Zeitraum die
Fachmesse ansteht, wofür der andere bisher nie Interesse gezeigt
hat, da auch nie darüber gesprochen wurde.

Die Beispiele zeigen, dass bei einer genauen Betrachtung des Einzel-
falls vieles möglich ist. Entscheidend ist nur, über den Rand des aktuellen Problems hinausschauen zu wollen. Aus diesem Grund ist es
– siehe die Regeln auf Seite 192 ff – für den Leiter eines solchen Konfliktbewältigungsgesprächs auch so wichtig, offene Fragen zu stellen,
die das Denken in unterschiedliche Richtungen zulassen und he-
rausfordern.

Diese Öffnung des Denkens bei einer kooperativen Form der
Konfliktbewältigung kann sich auch positiv auf weitere Konfliktfel-
der auswirken. Wenn ein Beteiligter mitbekommen hat, dass die andere Seite bei der Lösung eines Konflikts ähnliche Wünsche und Bedürfnisse hat wie er selbst, dann wird er in anderen Fällen durchaus
verstehen, dass er es mit einem »Menschen wie du und ich« zu tun
hat, und eher bereit sein, mit diesem zu reden und ihn als Gesprächspartner zu akzeptieren. Im Idealfall lernen so beide Seiten,
konstruktiv zu denken und zusammenzuarbeiten. Kurz: *Vertrauen*
kann sich entwickeln.

Die Mühen, die es kosten kann, in einem Punkt zu einer kooperativen Lösung zu kommen, sind, grundsätzlich betrachtet, daher eher eine Inves-
tition. Sie können als Vorarbeiten für eine faire, offene und leichtere Bewältigung neuer Aufgaben angesehen werden.

Mehr noch: Neues Vertrauen ist vielleicht *der* Schlüssel zur Bewältigung einer komplexen Welt. Darauf hat der Bielefelder Soziologe Niklas Luhmann bereits 1973 in einer sehr interessanten Arbeit über »Vertrauen als grundlegende Dimension des sozialen Lebens« hingewiesen. Weil ein Einzelner gar nicht mehr alle wichtigen Sachverhalte überprüfen kann, ist er darauf angewiesen, viele Informationen einfach zu glauben. Wenn es also gelingt, vertrauenswürdige Mitarbeiter zu gewinnen, ist das ein kaum schätzbarer Vorteil für die gesamte Arbeit, und dies gilt umso mehr, je komplizierter die Arbeitswelt wird.

Diesen Vorteilen und Möglichkeiten einer kooperativen Form der Konfliktbewältigung stehen jedoch auch *Nachteile* gegenüber. So gut sich das entwickeln kann, wenn Konfliktparteien merken, dass sie zusammenarbeiten können, so schwierig kann das bisweilen sein. Der Zeitaufwand ist im Verhältnis zu den anderen genannten Formen der Konfliktbewältigung in der Regel größer. Zudem ist diese Form der Konfliktbewältigung oft ungewohnt. Offene Gespräche gerade mit Menschen, mit denen Interessenskonflikte bestehen, erfordern Geduld und Geschick von allen Beteiligten.

Konfliktbewältigung: Lösungen sind nie garantiert

Vor allem – und dies ist sicher der größte Nachteil – ist auch bei diesem hohen Aufwand eine *Lösung nicht garantiert*. Es ist nun einmal nicht so, dass man durch offene und faire Gespräche stets zu einer

Problemlösung kommt, sondern man geht das Wagnis ein, Zeit und Kraft umsonst investiert zu haben. Dieses Wagnis wird vor allem dann groß, wenn persönliche Gedanken und Wünsche preisgegeben werden.

Stellen Sie sich nur einmal vor, Herr Grau bestünde deshalb so sehr auf seinem Urlaubstermin, weil er bei seiner Frau »unter dem Pantoffel steht«, oder Herr Schwarz hätte sich deshalb zu spät eingetragen, weil er im Moment durch einen Rechtsstreit zu keiner vernünftigen Tagesplanung mehr kommt.

An den Beispielen können Sie übrigens auch erkennen, warum es bei einem Konfliktbewältigungsgespräch so wichtig ist, Fragen, die auf die Lösung des Problems zielen, zu stellen und keine »Ursachenforschung« zu betreiben.

Solche Überlegungen machen deutlich, warum oft die anderen, langfristig sicher ungünstigeren Formen der Konfliktbewältigung angewandt werden. Die fairste und aussichtsreichste Form der Konfliktbewältigung garantiert keine Lösung und stellt zudem die höchsten Anforderungen an die Beteiligten.

Wenn man sich all das vor Augen führt, ist es insgesamt leichter einzuschätzen, wo kooperative Konfliktbewältigung aussichtsreich und notwendig erscheint und wo einfachere Formen vertretbar sind. Konfliktbewältigungsgespräche sind vor allem dann sinnvoll, wenn die Konfliktparteien längere Zeit zusammenarbeiten müssen, wenn sie Zeit haben und bereit sind, sich auf eine Auseinandersetzung einzulassen. Diese Bedingungen sind in überraschend vielen Fällen gegeben, jedenfalls immer dann, wenn die Beteiligten Sie als Führungskraft auffordern, einen Konflikt zu schlichten. In diesem Fall sollten Sie diese Chance wahrnehmen und nicht auf die einfacheren Formen der Konfliktbewältigung ausweichen, denn mit einem »Schiedsrichter« hat diese Form der Konfliktbewältigung die besten Chancen. Die Regeln zur Gestaltung eines Konfliktbewältigungsgesprächs stellen in den meisten Fällen sicher, dass für diese schwerste und anspruchsvollste Form der Auseinandersetzung auch die nötige Sicherheit gegeben ist. Sie geben Raum, die eigenen Gedanken darzustellen und die der anderen Seite anzuhören, sie garantieren, dass jeder zu Wort kommt, und sie helfen, die eigene Vorstellungswelt für neue Ideen zu öffnen.

Vielleicht erkennt man das am deutlichsten an Therapiegesprächen für Paare, bei denen der Einfluss eines Therapeuten, der auf Regeln achtet, dafür sorgt, dass Partnern, die sonst sehr schnell aufeinander losgehen, der nötige Raum und die Sicherheit gegeben werden, ihre Welt darzulegen, und wo diese dann auch den anderen mit ganz anderen Augen sehen können. Das ist bei vielen Konferenzen genauso, für die mittlerweile ebenfalls häufig externe Diskussionsleiter engagiert werden. Im Grunde ist – zumindest dem Anspruch nach – auch ein Parlament Ausdruck einer solchen Form der Konfliktbewältigung: Hier sollen detaillierte Geschäftsordnungen, ein Präsident oder eine Präsidentin und eine Vielzahl von weiteren Regelungen garantieren, dass selbst bei großen Interessengegensätzen wirklich alle Seiten Gehör finden können. All dies garantiert keine Lösung, es kann aber die Wahrscheinlichkeit erhöhen, dass eine Lösung, sollte es überhaupt eine geben, auch gefunden wird. Ob Sie dieses Risiko eingehen, bleibt natürlich immer Ihre Entscheidung. Betrachten Sie es auch als eine Entscheidung, die Sie von Fall zu Fall treffen können. Die folgende Übung soll Ihnen helfen, ein Gefühl für die Kriterien einer solchen Entscheidung zu entwickeln.

Übung zum besseren Verständnis von Konflikten

Denken Sie an einen Konflikt aus den letzten Monaten Ihres Berufslebens:

- Welche Form der Konfliktbewältigung haben Sie – bewusst oder unbewusst – gewählt?
- Welche Vor- und Nachteile hat diese Form der Konfliktbewältigung für Sie gebracht?
- Wäre eventuell eine andere Form der Konfliktbewältigung (also etwa Totschweigen statt Diskussion um einen Kompromiss, Kompromiss statt Zufallsentscheidung, Diskussion mit Schiedsrichter und so weiter) günstiger gewesen? Warum?

Mitarbeiterbesprechungen

Das Thema Mitarbeiterbesprechungen erscheint mir deshalb wichtig, weil Mitarbeiterbesprechungen ein *besonders geeignetes Hilfsmittel* sind, mit den Anforderungen unserer Arbeitswelt umzugehen, denn meist benötigen wir zum Bewältigen beruflicher Anforderungen mehr als individuelle Leistungen. Gefragt ist vielmehr der Sachverstand eines Teams, weil in einem Team Menschen mit unterschiedlichen Fähigkeiten und Sichtweisen zusammenkommen. Oft kann nur diese Vielfalt an Erfahrungen gewährleisten, dass die vielen verschiedenen Aspekte von Problemstellungen hinreichend beachtet werden. Damit diese Vielfalt aber genutzt werden kann, muss eine geordnete Kommunikation dafür sorgen, dass alle Beteiligten am selben Strang und in dieselbe Richtung ziehen. Daher steht die Organisation einer Mitarbeiterbesprechung grundsätzlich vor einem Dilemma: Da die zu bewältigenden Aufgaben meist komplexe Anforderungen darstellen, braucht man unterschiedliche und dabei selbstbewusste Mitarbeiter. Zugleich ist es wichtig, dass diese Mitarbeiter zusammenarbeiten können, man braucht also Strukturen, in die sie sich einordnen können und wollen.

In der Natur hat sich zum Bewältigen von komplexen Anforderungen eine Mischung aus Struktur und Entscheidungsfreiheit bewährt. Im »System Mensch« gibt das Gehirn die Ausrichtung unseres Verhaltens. Das bedeutet jedoch nicht, dass es einzig »von oben nach unten« die Tätigkeiten der einzelnen Organe festlegt. Ganz im Gegenteil hat unser Gehirn nur eine Art Koordinierungsfunktion. Nicht jede Tätigkeit des Herzens oder des Darms wird vom ihm kontrolliert. Vielmehr haben die Organe einen großen Freiraum. Sie entscheiden selbstständig über ihre Tätigkeit, etwa indem sie bestimmte Stoffkonzentrationen feststellen und unmittelbar darauf reagieren. Die Information darüber wird weitergegeben, »oben« realisiert und auch bei der weiteren Planung berücksichtigt, wobei die

Handlungsplanung im Gehirn natürlich auch zu Rückmeldungen und Vorgaben an die anderen Organe führt. Grundsätzlich aber bestimmen alle Organe gemeinsam das Geschehen.

Leider ist eine solche Balance zwischen dem Berücksichtigen unterschiedlicher Interessen und Sichtweisen und der Koordination dieser Vielfalt innerhalb von betrieblichen Organisationen häufig nicht gegeben: Oft gibt es *zu viel vorgegebene Struktur*. Dann resultieren daraus festgelegte, endlose und für Einzelne vielleicht sogar nichts sagende Sitzungen, in denen der einzelne Mensch und seine Ideenfülle, seine Originalität und Begeisterungsfähigkeit übergangen werden. Oder es gibt *zu wenig Struktur*, dann resultieren daraus hitzige, hin- und herwogende Debatten, wo sich Einzelne in Kämpfe verbeißen, viel geredet wird, aber am Ende kaum einer weiß, was das Ganze sollte. Es geht also darum, einen Weg zu finden, in dem jeder zu seinem Recht kommt und zugleich eine gemeinsame Struktur erhalten bleibt.

Zunächst möchte ich Ihnen einige Anregungen geben, wie Sie als *Gesprächsleiter* diese Mischung aus Vorgaben und der Möglichkeit zur Selbstbestimmung gestalten können.

Hilfsmittel für das Leiten von Mitarbeiterbesprechungen

Eine Mitarbeiterbesprechung lässt sich – wie im Grunde jedes Gespräch – dadurch verbessern, dass man sie (a) vorstrukturiert, (b) einige Regeln für die Durchführung beachtet und (c) Notfallroutinen parat hat, die helfen, auch dann harmonisch weiterzuarbeiten, wenn trotz aller Strukturierung unverhoffte Störungen während der Durchführung des Gesprächs auftreten.

Eine Mitarbeiterbesprechung vorbereiten

Wie bei jedem Gespräch, so ist es auch bei einer Mitarbeiterbesprechung sinnvoll, sich vorher darüber im Klaren sein, was Sie nach der Besprechung erreicht haben möchten. Es ist daher sinnvoll, sich eine Checkliste anzulegen, die die folgenden Fragen beantwortet.

Checkliste zur Vorbereitung von Mitarbeiterbesprechungen

- Welche Ziele möchte ich in der Besprechung erreichen?
- Ist die Besprechung/Sitzung/Konferenz überhapt sinnvoll?
- Sind die richtigen Leute eingeladen?
- Gehen alle von der gleichen Diskussionsgrundlage aus?
- In welchem Zeitrahmen möchte ich diese Ziele erreichen?
- In welcher Reihenfolge möchte ich diese Ziele angehen?
- Sind die Räumlichkeiten und die technischen Hilfsmittel geeignet?

Eine *genaue Festlegung der Ziele* ist besonders wichtig: Häufig ist Teilnehmern an einer Besprechung zwar das Thema bekannt, aber sie wissen nicht, worauf »das Ganze hinauslaufen« soll. Irgendwann ist die Sitzung zu Ende, alle sind geschafft, man hat »es« wieder mal gepackt, aber es ist im Grunde nicht klar, welches Ergebnis eigentlich erreicht worden ist. Eindeutige Ziele dagegen ermöglichen festzustellen, ob die Besprechung sie erreicht hat oder nicht. Auch während einer Unterredung ist deutlich erkennbar, ob das Gespräch »aus dem Ruder läuft« oder »auf den Punkt kommt«, wenn man sich Ziele gesetzt hat.

Wie bereits in dem Kapitel über Gesprächsführungstechniken erläutert, ist es wichtig, diese Ziele möglichst präzise zu formulieren, denn je nach Ziel können Gespräche zum gleichen Sachverhalt sehr unterschiedlich aussehen. Hierfür ein Beispiel:

Eine fehleranfällige Produktionslinie soll in einigen Punkten geändert werden. Es wird überlegt, generell ein ganz neues Verfahren einzuführen. Für eine Mitarbeiterbesprechung, die diese Problematik aufgreift, sind ganz unterschiedliche Ziele denkbar:

(a) Die Mitarbeiter sollen über die neue Maßnahme informiert werden.

(b) Die Mitarbeiter sollen ihre jeweilige Meinung zu dieser Neuerung mitteilen.

(c)   Innerhalb des Gesprächs soll es zu einer Mehrheitsentscheidung über die Art der Neuerung kommen.

(d)   Es soll zu einer Entscheidung kommen, die von allen getragen werden kann.

Das Ziel (a) *Information der Mitarbeiter* wird sicher am einfachsten zu erreichen sein. Vielleicht wird dieses Ziel darum oft beim Planen von Neuerungen vergessen. Ein solcher kleiner Zwischenschritt kann aber wichtig sein, denn es ist für die Zusammenarbeit in einer Abteilung immer von Vorteil, wenn die Mitarbeiter einen annähernd gleichen Informationsstand haben. Das Teilziel (b), *die Meinung der Beteiligten und Betroffenen abzurufen*, verlangt schon mehr Zeit. Auch dieses Teilziel wird gern unterschätzt, und es wird gleich in eine »Entscheidungsrunde« übergegangen. Gerade vor wichtigen Neuerungen ist es aber hilfreich, erst einmal die Sichtweise und Meinung aller Beteiligten kennen zu lernen, damit Entscheidungen auf einer breiten Grundlage wachsen und »reifen« können. Die Teilziele (c) und (d) sind auf den ersten Blick ähnlich, erfordern aber unterschiedliches Vorgehen. *Mehrheitsentscheidungen* sind schneller zu erreichen, lassen aber meist Probleme für Einzelne offen. Ein *Konsens*, in den sich jeder eingebunden fühlen kann, erfordert dagegen mehr Zeit, eventuell mehrere Besprechungstermine und auch ein größeres Eingehen auf einzelne Meinungen.

Beim Festlegen der Besprechungsziele sollten Sie sich zudem grundsätzlich die Frage stellen, *ob die Besprechung überhaupt sinnvoll is*t. Viel zu häufig werden Besprechungen zu kurzfristig einberaumt, um darin zu gemeinsamen Entscheidungen kommen zu können. Manchmal besteht auch kein wirklicher Bedarf für eine größere gemeinsame Besprechung, und es wird nur das übliche Ritual durchgeführt. In diesem Fall sollten Sie sich überlegen, ob nicht eine andere Form des Meinungsaustausches in Erwägung zu ziehen ist. Es gibt eine Reihe weiterer Möglichkeiten, wie schriftliche Informationen oder kleinere Treffen mit reduziertem Teilnehmerkreis. In jedem Fall sollten Sie bedenken, dass eine Mitarbeiterbesprechung die Mitarbeiter von anderen Aufgaben abhält und deren Kraft kostet, und dies vor allem dann, wenn sie nur gelangweilt herumsitzen müssen. Sie sollten also *zielbewusst einladen*.

Wenn Sie eine Besprechung einberufen haben, ist es wichtig, die vorhandene Zeit möglichst effektiv zu nutzen. Die Teilnehmer sollten daher schon vor dem Treffen über die Besprechungsinhalte (vorläufige Tagesordnung) und gegebenenfalls über wichtige Einzelheiten informiert werden, damit alle von der gleichen Diskussionsgrundlage ausgehen und Reibungsverluste, die sich aus unterschiedlicher Informationslage ergeben, möglichst eingegrenzt werden.

Für eine zielorientierte Besprechung ist eine *möglichst präzise Zeitplanung* hilfreich. Sie sollten also zunächst die *Dauer* einer Besprechung zuvor festlegen. Hierbei ist zu beachten, dass Besprechungen ab einer bestimmten Dauer zunehmend ineffektiv werden. Als Faustregel kann gelten, dass Besprechungen, die *zwei Stunden* überschreiten, die Aufmerksamkeit der Teilnehmer in aller Regel überfordern, weil die menschliche Informationsverarbeitungskapazität begrenzt ist. Wenn Sie wirklich mehr Zeit brauchen sollten, ist es günstiger, mehrere Besprechungstermine anzuberaumen oder Pausen einzuplanen.

Um den Zeitplan einhalten zu können, ist es weiterhin wichtig, sich Gedanken über die *Reihenfolge*, in der Sie Ihre Ziele erreichen wollen, zu machen. Oft ist es sinnvoll, die wichtigsten Punkte zu Beginn zu besprechen. Hilfreich ist es auch zu überlegen, ob alle Teilnehmer während der gesamten Besprechung anwesend sein müssen. Manchmal bietet es sich an, einzelne Teilnehmer vor Ende einer Besprechung zu verabschieden, wenn danach nur noch Punkte behandelt werden, die für diese nicht mehr interessant sind. Je detaillierter solch ein Zeitplan ist, umso eher können Sie einschätzen, ob er realistisch ist und genügend Raum für alle wichtigen Fragen bietet.

Natürlich sollten auch die Rahmenbedingungen stimmen. Dazu gehört die Auswahl *geeigneter Räumlichkeiten*. Es ist zudem wichtig, *Störungen* (wie das Klingeln von Telefon oder Handy) möglichst schon im Vorfeld *auszuschalten*.

Schließlich ist es hilfreich, sich schon vor der Diskussion Gedanken über die *Form des Informationsaustauschs* zu machen. Redebeiträge verlangen viel Konzentration, da ständig neue Informationen kommen und man nur schwer gedanklich bei einem Punkt verweilen kann. Solche Beiträge werden griffiger und präziser, wenn sie durch sichtbare Information ergänzt werden. Oft erleichtern schon einfache Hilfsmittel, wie Grafiken und Skizzen, das Zuhören und lassen die Sachverhalte plastischer erscheinen. Zudem kann man auf diese im Diskussionsverlauf immer wieder Bezug nehmen, ohne dass der ganze Sachverhalt noch einmal sprachlich erläutert werden muss. Man kann solche Hilfsmittel auch strategisch einsetzen: Eine Information, die schriftlich oder als Grafik vorliegt und damit den Diskussionsteilnehmern die ganze Zeit über präsent ist, wird weniger schnell vergessen und hat daher im Diskussionsverlauf meist größeres Gewicht.

Hilfsmittel zur Durchführung einer Besprechung

Wie jedes andere Gespräch hat auch eine Mitarbeiterbesprechung die im Kapitel über Gesprächsführungstechniken ausführlicher erläuterten *fünf Phasen* (s. S. 96 ff.). Es gibt (1) eine Kontaktaufnahme-, (2) eine Informations-, (3) eine Argumentations-, (4) eine Beschluss- und (5) eine Abschlussphase. Von besonderer Bedeutung bei Mitarbeiterbesprechungen sind die sehr formalen und strukturierenden Phasen (2) und (4), da sie für alle Teilnehmer verbindliche Orientierungen geben. Aber auch in den anderen Phasen können Punkte gemacht werden.

Zunächst verdient eine ernsthafte Besprechung eine freundliche *Begrüßung* der Teilnehmer. Nehmen Sie sich die halbe Minute, die für eine solche *Kontaktaufnahmephase* nötig ist, weil Sie damit die Aufmerksamkeit und manchmal auch schon die Herzen der Teilnehmer gewinnen können. Die *Informationsphase* einer Besprechung ist noch wichtiger und umfangreicher als die eines Zweiergesprächs, weil im Laufe dieser zweiten Phase folgende Punkte mit den Teilnehmern abgeklärt werden sollten:

- Wie lange soll die Besprechung dauern?
- Welche Themen und Ziele haben wir?
- Nach welcher Tagesordnung gehen wir vor?
- Welche Gesprächsform (Referat, Diskussion etc.) wird gewählt?
- Wer protokolliert?
- Wie gehen wir mit Störungen um?

Es ist sinnvoll, diese Punkte auch dann anzusprechen, wenn sie in der Einladung schon dargestellt sind, weil Mitarbeiter nicht immer dazu kommen, die Einladung zu lesen, manchmal auch kurzfristig neue Tagesordnungspunkte wichtig werden oder sich die Informationslage schnell ändern kann. Zudem sollte eine Tagesordnung *gemeinsam* abgestimmt werden: Die Teilnehmer sollen informiert werden, welche Ziele die Besprechung hat und welches Vorgehen geplant ist, aber es sollte auch die Möglichkeit bestehen, dass alle Betroffenen eigene Punkte in die Tagesordnung einbringen können. Gemeinsame Absprachen über Pausen, Umgang mit Störungen, Beginn und Ende der Besprechung sind weitere Hilfsmittel, um die Teilnehmer einzubeziehen und Konflikte im Vorfeld einzugrenzen. Hierzu sind in der Regel nur wenige Sätze nötig:

> *»Wir müssen heute zu einer Wunschliste für die EDV-Abteilung kommen. Ich schlage vor, dass jede Abteilung zu dem Punkt ›neues Datenverarbeitungssystem‹ kurz zu Wort kommt. Vielleicht beginnen wir mit dem Vertrieb, weil Herr Kurt früher weggehen muss, und gehen danach reihum vor. Ich schlage vor, dass zunächst keine Diskussion stattfindet, sondern jeder Gelegenheit hat, erst einmal in Ruhe seine Erfahrungen vorzustellen. Fünf Minuten pro Ressort sollten hierfür ausreichen. Gibt es Einwände oder Ergänzungen hierzu?«*
>
> Oder: *»Wir müssen endlich in die Diskussion über das neue Fertigungsverfahren einsteigen. Heute wird noch kein gemeinsamer Beschluss von uns verlangt, aber wir sollten im Auge behalten, dass von uns spätestens in der nächsten Woche eine Entscheidung erwartet wird. Darum sollten wir mögliche Alternativentscheidungen heute schon festhalten. Vielleicht sollten wir uns erst einmal den Bericht von Frau Ehlers anhören. Könnten Sie das auf zehn Minuten begrenzen, Frau Ehlers, damit genügend Raum für eine Diskussion bleibt? Ich schlage vor, dass Herr Schneider die wichtigsten Punkte mitprotokolliert.«*

Achten Sie darauf, sich bei solchen Festlegungen jeweils der Zustimmung aller Beteiligten zu vergewissern. Hierzu reichen in aller Regel eine kurze Pause und Blickkontakt mit den Betroffenen aus. Gegebenenfalls ist es aber günstiger, direkt die Zustimmung abzurufen. Man kann also nach einer solchen Vorstellung der Vorgehensweise kurz fragen »*Sind Sie damit einverstanden?*« oder »*Gibt es zum Vorgehen Alternativvorschläge?*« Solche Regelungen in der Informationsphase sind Vereinbarungen, auf die sich dann auch während hitziger Debatten in der *Argumentationsphase* einer Besprechung berufen können:

- Wenn Ziele und Themen gemeinsam verabredet sind, können Abschweifungen und Wiederholungen besser erkannt und angesprochen werden. Dann sind, wie das folgende Beispiel zeigt, korrigierende Einwürfe relativ einfach möglich:

  »Wir sind im Moment immer noch dabei, Vorschläge zu sammeln. Wir sollten uns nicht an dem Problem der technischen Umsetzbarkeit des zweiten Vorschlags festbeißen.«

- Wenn Sie vereinbart haben, dass jeder zu Wort kommen kann, haben Sie Raum, auch unkonventionelle und zunächst vielleicht abwegig klingende Vorschläge zu Wort kommen zu lassen.
- Wenn Sie eine bestimmte Reihenfolge vereinbart haben, können Sie als Diskussionsleiter bei »stillen« Gesprächspartnern das ganze Spektrum öffnender Gesprächsführungstechniken (s. S. 138 ff.) einsetzen. Sie können diese Gesprächspartner direkt ansprechen, Nachfragen stellen, rekapitulieren, ohne die Befürchtung haben zu müssen, dass andere Gesprächsteilnehmer sich benachteiligt fühlen. Eine möglichst detaillierte Festlegung der Reihenfolge gibt jedem die Gelegenheit, in Ruhe seine eigene Meinung zu überdenken und gegebenenfalls zu präzisieren.
- Oft lassen sich unterschiedliche Meinungen besser abgrenzen und verstehen, wenn klar wird, dass über unterschiedliche Tagesordnungspunkte gesprochen wird. Beispiel:

  »Herr X, ich merke, Sie betonen vor allem die Mängel, die dem Bereich Arbeitsvorbereitung anzulasten sind. Frau Y, sie beziehen sich im Wesentlichen auf die schlechte Projektierung im Verkauf. Wir hatten vereinbart, die Punkte nacheinander zu diskutieren.«

- Ebenso können Sie bei einer detaillierten Tagesordnung Zwischenergebnisse leichter festhalten und zusammenfassen. Sie sollten allerdings immer nachfragen, ob tatsächlich Konsens vorliegt.

»Verstehe ich Sie richtig, dass wir die Empfehlung der Rechtsabteilung jetzt als Leitlinie für das weitere Vorgehen betrachten sollten?«
»Beim Punkt Kosten-Analyse bestehen noch deutliche Diskrepanzen. Die XY-Abteilung vertritt vor allem die Ansicht, dass die Durchlaufzeiten generell zu lange sind. Die Z-Abteilung meint dagegen, dass bisher nur punktuell Störungen aufgetreten sind, die mit dem Ausfall einzelner Mitarbeiter zusammenhängen. Können wir das erst einmal festhalten?«

An den Beispielen ist deutlich zu erkennen, dass eine Vorstrukturierung in der *Informationsphase* vor allem dazu dient, aus einer großen Menge von Beiträgen und Meinungen, die zufällig aufeinander folgen können, *viele kleine, geordnete Einzelgespräche* zu machen. Als Diskussionsleiter haben Sie während der *Argumentationsphase* dann »nur noch« die Aufgabe, diese einzelnen Beiträge zu koordinieren, jedem seinen Raum zu verschaffen, für Einzelne gegebenenfalls diesen Raum aber auch einzugrenzen, damit wirklich alle Meinungen zur Sprache kommen können.

In der *Beschlussphase* einer Besprechung ist es wichtig, die Ergebnisse, zu denen Sie während der Argumentationsphase gekommen sind, detailliert festzuhalten. Ein solcher gemeinsamer Beschluss könnte nach einer Besprechung beispielsweise folgendermaßen aussehen:

»Ich möchte festhalten, dass wir uns heute endgültig für die X-Fertigungstechnik entschieden haben. Dabei konnten wir uns noch nicht darauf festlegen, für welchen Anbieter wir uns entschließen werden. Herr Maier favorisiert eindeutig die Firma A, und Frau Dr. Schulze und Herr Müller denken, es wäre auf jeden Fall günstiger, noch einmal Informationen von anderen Anbietern einzuholen. Zu einer endgültigen Entscheidung wollen wir jedoch vor Ende des Quartals kommen.«

Aus solchen Beschlüssen folgen häufig Arbeitsanweisungen für einzelne Teilnehmer. Auch diese sollten Sie möglichst deutlich formulieren. Es gibt hier eine einfache Merkhilfe. Sie lautet:

Wer macht was mit wem wie bis wann?

Beispiel: *»Herr Müller hat sich bereit erklärt, das Angebot der Firma A zusammen mit den Kollegen von der Planung noch einmal zu sichten, wobei wir besonderes Gewicht darauf legen wollten, dass wir eine Auswahl zwischen verschiedenen Modellvarianten haben. Er wird mir bis Beginn der nächsten Woche kurz seine Einschätzung mitteilen.«*

Natürlich können auch Arbeitsaufträge an alle Besprechungsteilnehmer formuliert werden.

»Wir können also festhalten, dass jeder sich bis zur nächsten Sitzung in seiner Abteilung noch einmal kundig macht, wie die Erfahrungen mit dem bisherigen Abrechnungssystem waren, damit wir beim nächsten Mal entscheiden können, ob wir wirklich eine Änderung brauchen. Sicher reicht es aus, wenn hierzu die Meinung der Fertigungsmeister eingeholt wird.«

In manchen Unternehmen ist es üblich, in der Beschlussphase bereits das Protokoll gemeinsam abzusegnen. Falls erforderlich, sind in dieser Gesprächsphase auch *weitere Termine* zu präzisieren.

Häufig laufen Besprechungen gegen Ende einfach auseinander. Schöner ist jedoch eine deutliche *Abschlussphase*. Sie vermittelt allen Teilnehmern das Gefühl, »etwas geschafft und abgeschlossen« zu haben, und legt die Grundlage für weitere Gespräche. Dabei muss nicht viel gesagt werden. Einfache Sätze wie

»Wir haben es mal wieder geschafft. Wir sind zwar noch nicht in allen Punkten zu einer Klärung gekommen, aber vielleicht ein Stück weitergekommen. Wir sehen uns am Freitag wieder. Ich bedanke mich.«

betonen, dass man die gemeinsame Anstrengung sieht und anerkennt.

Noch ein Tipp: Wie bei jedem Gespräch sollten Sie auch nach einer Besprechung *für sich selbst eine kurze Bilanz ziehen* und sich überlegen, ob die Ziele erreicht worden sind. Schon ein kurzes Nachdenken über das gerade Erlebte kann Schwachstellen und Fehler aufdecken. Nehmen Sie sich dafür ein bisschen Zeit.

Tipps zum Umgang mit Störungen

Auch wenn eine strukturierte Besprechung einen sicheren Rahmen schafft, jedem genügend Raum zusichert und damit einiges an Konfliktpotenzial entschärft, gibt es in jeder Diskussion eine Vielzahl von Störungen, die nicht vorhersehbar sind und die selbst gut vorbereitete und geleitete Diskussionen in Gefahr bringen können: Einzelne Teilnehmer können unversehens aus der Diskussionsrunde herausgerufen werden, kommen zu spät, reden durcheinander oder werden aus unerfindlichen Gründen unruhig. Sie möchten Kaffee, oder dieser wird genau im falschen Augenblick gebracht.

Vor solchen unvorgesehenen Störungen des Gesprächsablaufs haben viele Diskussionsleiter Angst, weil sie befürchten, dass ihnen im entscheidenden Moment nicht einfällt, wie sie damit umgehen sollen. Dann wird oft die einfachste Form einer »Bewältigung« von Störungen gewählt und die Diskussion – »als sei nichts geschehen« – einfach weitergeführt. Dies ist in vielen Fällen auch ausreichend, denn wir haben natürlich alle eine gewisse Toleranz gegenüber Störungen. In der Regel ist es jedoch *günstiger, Störungen aufzugreifen*. Dies gilt besonders für lang andauernde und schwer wiegende Störungen, denn hier benötigt das Klären in aller Regel weniger Energie, als durch das weitere Ertragen verloren geht. Hierfür möchte ich Ihnen folgenden Dreischritt vorschlagen:

❶ Benennen Sie die Störung.
❷ Unterbreiten Sie einen Vorschlag zur Veränderung.
❸ Rufen Sie Zustimmung zu Ihrem Vorschlag ab.

Das *Benennen der Störung* soll erst einmal klarstellen, dass über dieselbe Sache geredet wird, denn häufig haben einzelne Diskussionsteilnehmer ganz verschiedene Erlebensweisen. Was Sie als Diskussionsleiter beispielsweise für Desinteresse an einem zu langen Redebeitrag halten, kann auch dadurch hervorgerufen sein, dass ein einzelner Teilnehmer auf eine wichtige Information wartet. Da die Einschätzungen hier auseinander gehen können, sollte ein *Vorschlag zum Bewältigen der Störung* erst dann unterbreitet werden, wenn Sie Klarheit über die Art der Störung hergestellt haben. Danach sollten Sie schließlich die *Zustimmung der Teilnehmer* zu Ihrem Vorschlag einholen.

Dieser dritte Punkt ist wichtig, denn er eröffnet Ihnen Freiheit bei der Wahl Ihres Vorschlags und nimmt Ihnen den Druck, unbedingt den »richtigen« Vorschlag finden zu müssen. Sobald die Teilnehmer Ihrem Vorschlag zum Meistern der Störung zugestimmt haben, haben Sie die Verantwortung hierfür auf alle verteilt. So können Sie improvisieren: Es ist im Grunde gleichgültig, ob Sie bei einer Störung eine kurze Zwischenpause vorschlagen oder die Teilnehmer bitten, noch ein paar Minuten »durchzuhalten«, wenn nur die Runde mit Ihrem Vorschlag einverstanden ist. An konkreten Beispielen ist das gut zu erkennen:

> *»Ich merke, es herrscht im Moment große Unruhe. Ich glaube, Herr Maier, Sie möchten unbedingt zu Wort kommen.* (Störung genannt) *Vielleicht können wir Fragen und Anmerkungen aber noch kurz verschieben und Herrn Müller bitten, erst einmal sein Referat abzuschließen.* (Vorschlag unterbreitet) *Sind Sie damit einverstanden?«* (Zustimmung abgerufen)
>
> *»Ich merke, im Moment kommen keine neuen Argumente mehr. Ich habe das Gefühl, unsere Konzentration lässt ziemlich nach.* (Störung genannt) *Vielleicht sollten wir die Runde für eine Viertelstunde unterbrechen.* (Vorschlag unterbreitet) *Sind Sie damit einverstanden?«* (Zustimmung abgerufen)

Diese Vorgehensweise führt in fast allen Fällen zu einer Bewältigung der Störung, weil *der Dreischritt beliebig oft angewandt werden kann*: Stellen Sie sich beispielsweise vor, Sie haben eine Störung angesprochen, einen Vorschlag unterbreitet, und dieser wurde nur mit geteilter Meinung aufgenommen. Einzelne Teilnehmer finden den Vorschlag geeignet, andere widersprechen. In einem solchen Fall haben Sie offensichtlich eine neue Störung des Gesprächsablaufs. Dann verfahren Sie wieder nach dem genannten Dreischritt:

>*Ich merke, zu meinem Vorschlag gibt es unterschiedliche Auffassungen. (Störung genannt) Vielleicht sollten wir ein Meinungsbild herstellen und dementsprechend entscheiden. (Vorschlag unterbreitet) Können wir uns darauf einigen?*« (Zustimmung abgerufen)

Sie können aber auch einen ganz anderen Vorschlag unterbreiten:

>*Ich merke, hier werden verschiedene Vorschläge gleichzeitig angesprochen. (Störung genannt) Wir sollten diese grundlegenden Meinungsunterschiede vielleicht einmal grundsätzlich diskutieren. Ich würde dieses schwierige Thema gerne als ersten Punkt für die nächste Sitzung vorsehen und vorschlagen, dass wir uns heute nur noch mit dem Bericht von Frau Dr. Kuhn über die Neuentwicklung in der Projektplanung befassen. (Vorschlag unterbreitet) Sind Sie damit einverstanden?*« (Zustimmung abgerufen)

Und wenn hier Herr Schulze immer noch darauf besteht, zunächst seinen Punkt anzusprechen, verfahren Sie nach genau dem gleichen Dreischritt noch einmal:

>*Ich sehe, dass Sie es sehr eilig haben, Herr Schulze. Andererseits wartet Frau Dr. Kuhn schon eine ganz Weile darauf, ihren Beitrag abzuschließen. (Störung des Gesprächsablaufs beschrieben) Ich schlage vor, Sie sagen ganz kurz, worum es Ihnen geht, und dann stimmen wir das weitere Vorgehen gemeinsam ab. (Vorschlag unterbreitet) Sind Sie damit einverstanden?*« (Zustimmung abgefragt)

Nach einem solchen Vorgehen erhält man relativ schnell eine tragfähige Entscheidung, weil sich schon nach wenigen Vorschlägen abzeichnet, für welchen eine die Mehrheit besteht.

Diese Erfahrung kann einem grundsätzlich die Angst vor Störungen nehmen. Man kann sogar noch weitergehen: In vielen Lern- und Arbeitsgruppen wird ausdrücklich die Regel »Störungen haben Vorrang« eingeführt, weil sich hinter einer Störung häufig ein wichtiges Problem eines der Teilnehmer verbirgt. So werden Störungen grundsätzlich immer aufgegriffen, und es wird darüber geredet. Ein Beispiel für ein solches konstruktives Aufgreifen gibt Ruth C. Cohn, die diese Methode entwickelt hat (Cohn 1989, S. 43).

> Bei einer Vortragsveranstaltung, die sie zu moderieren hatte, waren zwei Zuhörerinnen von dem Vortrag über ein Thema aus der Finanzwelt offensichtlich gelangweilt, obwohl dieser Vortrag interessant war. Nachdem sie diese Störung aufgegriffen hatte, zeigte sich, dass diese Langeweile dadurch zu erklären war, dass beide Frauen in ihrem Leben keine Möglichkeit sahen, selbst ihre finanzielle Lage zu beeinflussen. Dieser Aspekt wäre den übrigen Teilnehmer ohne das Aufgreifen der Störung nicht bewusst geworden. Die Störung trug folglich dazu bei, dass das Thema insgesamt greifbarer und lebendiger wurde.

Vielleicht gilt allgemein: Störungen sind meistens Ausdruck der Vielfalt individueller Erlebensweisen und Handlungspläne. Sie erst einmal bewusst zu machen (Störung nennen), in die weitere Planung zu integrieren (Vorschlag unterbreiten) und dafür die Mehrheit zu gewinnen (Zustimmung abrufen), eröffnet auch einen Zugang zu dieser Vielfalt.

Sich selbst als Diskussionsteilnehmer leiten

Der Schwerpunkt dieses Kapitels liegt auf dem Thema *Leiten einer Mitarbeiterbesprechung*, da dies für viele Führungskräfte ein großes Problem darstellt. Aber auch als *Teilnehmer an Besprechungen* fühlen sich viele Mitarbeiter verunsichert, weil Sie den Eindruck haben, sie kämen nicht richtig zu Wort oder würden von anderen Gesprächspartnern ausgetrickst. Auch hierzu möchte ich Ihnen daher einige Hilfsmittel vorschlagen. Dabei bin ich mir darüber im Klaren, dass es zu diesem Problem eigentlich keine allgemein gültigen Lösungen geben kann: Die Fähigkeit, sich in einer Mitarbeiterbesprechung zu behaupten, hängt davon ab, inwiefern ein Mensch insgesamt in der Lage ist, sich mit anderen auseinander zu setzen, sich Gehör zu verschaffen und sich durchzusetzen. Dabei spielen natürlich die Erfahrungen, die der Betreffende gemacht hat, eine entscheidende Rolle. Allgemeine Ratschläge sind zudem schwierig, da die Möglichkeiten, sich in eine Besprechung einzubringen, vom Gesprächsführungsstil der jeweiligen Abteilung abhängen. In einer freundlich strukturierten Besprechung ist es relativ einfach, zu Wort zu kommen, weil die Gesprächsleitung hier ausreichend Raum dafür lässt. In sehr reglementierten Besprechungen ist das meist schwieriger, da man nicht die Entscheidungsfreiheit hat, an der Stelle, an der »es am besten passt«, ins Geschehen einzugreifen, und in einer Besprechung, in der gar keine Strukturen vorgegeben sind, ist dies manchmal unmöglich, da ein allgemeiner Kampf aller gegen alle laufen kann.

Dennoch möchte ich ein paar Hinweise zusammenfassen. Die vielleicht wichtigste Regel stammt von Ruth C. Cohn, von der bereits die Rede war. Sie lautet:

Seien Sie Ihre eigene Gesprächsleitung!

Dies bedeutet: *Entscheiden Sie selbst, was Sie in einer Besprechung wollen, und auch, was nicht.* Sie können nicht davon ausgehen, dass der Diskussionsleiter die Verantwortung für die Arbeit der Gruppe übernimmt oder sich um Sie kümmert. Es ist zwar erfreulich, wenn dies passiert, aber – grundsätzlich betrachtet – müssen Sie sich selbst ernst nehmen und die eigenen Themen einbringen, wenn Sie diese für wichtig halten. Es gibt – bildlich gesprochen – häufig keinen allwissenden Vater oder eine fürsorgliche Mutter, die sich für Sie einsetzen, sondern allenfalls Kollegen und Kolleginnen, bei denen Sie Rat und Unterstützung einholen können. Sie müssen selbst die Verantwortung für Ihr Handeln übernehmen. Mit einer solchen »selbst-bewussteren« Haltung kann man dann mit weit größerer Selbstsicherheit an ein Gespräch herangehen.

Ruth C. Cohn kam zu dieser Überzeugung durch ihre Arbeit als Leiterin von Therapiegruppen, in denen es offensichtlich wichtig ist, dass die Teilnehmer lernen, sich selbst ernst zu nehmen. Sie brachte die Schwierigkeit, seine »eigene Gesprächsleitung« zu sein, damit in Zusammenhang, dass wir es in unserer kindlichen Entwicklung häufig erleben müssen, dass die eigenen Wünsche, Hoffnungen und Bedürfnisse missachtet werden. Wir lernen von klein auf viel eher, uns anzupassen, als die eigenen Wünsche zu spüren. Zugleich betonte sie in ihrem Konzept, dass das Voneinanderlernen und damit die Integration von persönlichen Erfahrungen jedes Lernen lebendiger macht: Es ist nicht nur wichtig, worum es geht, sondern, wie sich Einzelne selbst und einander als Teilnehmer einer bestimmten Arbeitsgruppe erleben. Sie stellt darum in der von ihr entwickelten Methode der »Themenzentrierten Interaktion« neben den Lern- oder Diskussionsinhalten die einzelnen Teilnehmer und ihr Verhältnis zueinander in den Mittelpunkt und formulierte eine Reihe von Regeln, deren Beachtung behilflich sein soll, sich selbst ernst zu nehmen. Weil sie immer wieder sehr bewegt war von dem Widerspruch zwischen der »Lebendigkeit, Leidenschaft und dem Enthusiasmus von Selbsterfahrungsgruppen« und der – wie sie schreibt – »Leblosigkeit in den meisten Schulklassen, Mitarbeiterkonferenzen und besonders Hörsälen«, übertrug sie diese Regeln auf die Diskussionskultur in unterschiedlichen Arbeitsfeldern, sodass schließlich eine Reihe von griffigen Vorschlägen resultierte, die in unterschiedlichen Gesprächsumwelten hilfreich sein können. Die wichtigsten Punkte, die sie für Teilnehmer an Besprechungen nennt, sind in der Tabelle auf S. 227 zusammengefasst. Vieles entspricht den Gesprächsführungstechniken, die Sie bereits (s. S. 72ff.) kennen gelernt haben, weil darin Gedanken von Ruth Cohn aufgegriffen und weiterentwickelt wurden.

Die Auflistung zeigt, dass es in einer Besprechung nicht primär darum geht, sich an Regeln zu halten, sondern darum, selbst zu entscheiden, wie man in einer bestimmten Gesprächssituation vorgehen möchte. Zunächst kann man mit mehr Selbstbewusstsein in ein Gespräch hineingehen, wenn man sich überlegt hat, welche *eigenen Wünsche* man in dieser Besprechung verwirklichen will. Je nachdem, ob Sie eine Besprechung nur besuchen, weil Sie müssen oder weil Sie die Meinungen der Kollegen kennen lernen wollen oder ein

---

**Hilfsmittel, die eine selbstbewusste Teilnahme
an Mitarbeiterbesprechungen erleichtern**

- Legen Sie Ihre eigenen Wünsche und Ziele fest.
- Ich-Aussagen sind Überschriften, die Ihnen helfen, sich bei einem bestimmten Thema einzubringen.
- Setzen Sie in der Informationsphase des Gesprächs Ihre eigenen Themenschwerpunkte.
- Halten Sie in der Beschlussphase die für Sie wichtigen Beschlüsse fest.
- Überlegen Sie, wozu Sie etwas sagen sollen, und auch, wozu Sie nichts sagen wollen.
- Achten Sie auf Ihre eigene Haltung und Ihre Körpersignale.
- Bringen Sie zum Ausdruck, wenn Sie etwas stört.
- Sprechen Sie andere Gesprächsteilnehmer »als Person« an.
- Suchen Sie die Meinung Ihrer Gesprächspartner.
- Sie haben das Recht, sich abzugrenzen.

---

bestimmtes Thema auf jeden Fall in ein solches Gespräch einbringen wollen, können Sie andere Schwerpunkte setzen. Indem Sie – ebenso wie eine gute Führungskraft die Interessen der Mitarbeiter berücksichtigt – Ihre eigenen Interessen abwägen, können Sie zu bewussteren Entscheidungen kommen. Hierzu ist in jedem Fall hilfreich, dass Sie sich – wie bereits erläutert – vor einer Besprechung *Ihre eigenen Ziele* setzen. Um diese Ziele zu verwirklichen, können Sie im Grunde alle die Möglichkeiten einsetzen, die Sie beim bisherigen Lesen dieses Buchs kennen gelernt haben. Wenn Sie es wollen, haben Sie die Möglichkeit, sich in ein Gespräch einzubringen. In einem solchen Fall genügen häufig einfache *Ich-Aussagen*:

*»Zu dem Thema ›Entsorgung‹ würde ich gerne auch etwas sagen.«
»Ich finde, wir sollten, bevor wir zum nächsten Punkt kommen, noch einmal über die Aufgabenverteilung in der Abteilung reden.«
»Mir ist der Punkt Entwicklungszeit viel zu kurz gekommen. Ich möchte gerne darüber noch einmal ausführlicher reden.«*

Wie Sie an den Beispielen merken können, sind solche Ich-Aussagen in Besprechungen im Grunde kleine Überschriften, in denen kurz das Thema, um das es Ihnen geht, angesagt wird. So werden in den drei Beispielen die Themen »Entsorgung«, »Aufgabenverteilung«

und »Entwicklungszeit« in einer Art von Überschrift oder Nennung des Themas angekündigt. Solche gesprochenen Überschriften sind effektiv, da sie prägnant sind und so die Aufmerksamkeit auf sich ziehen. Nachdem Sie das Thema angekündigt haben und die anderen Gesprächspartner ungefähr wissen, worum es Ihnen geht, wird Ihnen meistens auch eher Raum gegeben, Ihre Gedanken ausführlicher darzustellen.

Wenn Sie Ihre eigenen Themen kennen, können Sie auch die Phasen des Gesprächs besser ausnutzen. Sie wissen, dass ein Großteil einer Besprechung von den strukturierenden Phasen, der Informations- und der Beschlussphase abhängt. Wenn Sie wollen, können Sie hier Ihre eigenen Schwerpunkte setzen.

> »Wir sollten heute auch über die Schwierigkeiten bei der Entwicklung des Probemodells reden.«
>
> »Wir haben jetzt drei Monate an dem neuen Modell XY gearbeitet, ohne bisher grünes Licht für die Planung der Serienentwicklung zu bekommen. Darüber sollten wir einmal sprechen.«

Sobald Sie eine klare Vorstellung von Ihren Zielen haben, ist es einfacher, in der Beschlussphase nachzuprüfen, ob die Beschlüsse, die getroffen worden sind, wirklich dem Diskussionsverlauf entsprechen, und Sie können die eigenen Schwerpunkte noch einmal deutlich machen:

> »Ich möchte gerne festhalten: Wir sind in der Sitzung zu der Überzeugung gekommen, dass eine Aufteilung unserer Abteilung von der Mehrheit für nicht praktikabel gehalten wird.«
>
> »Können wir als gemeinsame Einschätzung festhalten, dass ein wirklich projektierbarer Entwurf nicht innerhalb der nächsten drei Monate ausgearbeitet werden kann?«

Genauso wichtig wie diese aktive Teilnahme an der Strukturierung von Gesprächen ist die Fähigkeit, bei einer Besprechung *nur dann das Wort zu ergreifen, wenn Sie dies selbst für wichtig halten.* Sie bestimmen, wann Sie sprechen oder schweigen. Ruth C. Cohn betont dementsprechend: »*Versuchen Sie nicht herauszubekommen, was an-*

dere wohl von Ihnen als Redebeitrag erwarten, sondern sagen Sie, was Sie sagen wollen.« Das kann auch heißen, dass Sie zu bestimmten Themen keine Stellungnahme abgeben wollen.

Zu dem Vorsatz, seine eigene Gesprächsleitung zu sein, gehört ebenso, *die Signale des eigenen Körpers ernst zu nehmen und sich für das Recht des eigenen Körpers einzusetzen.* Beobachten Sie einmal selbst, ob Sie in der Besprechung, in der Sie gerade sind, gemütlich und entspannt sitzen. Wenn das nicht so ist, überlegen Sie, was Sie daran ändern können. Wie sitzen Sie und warum? Schauen Sie sich einfach selbst an und spüren Sie, wie es Ihnen in dieser Situation geht. Keiner kann von Ihnen verlangen, dass Sie verspannt sind, keiner kann von Ihnen erwarten, dass Sie unbequem sitzen, weil Ihnen auch niemand die Schmerzen abnimmt, die das über kurz oder lang mit sich bringt. Wenn Sie einen Bezug zu Ihrem körperlichen Befinden haben und damit die eigene Person spüren, fällt es meist leichter, zum Ausdruck zu bringen, wenn Sie sich verärgert, verletzt, ängstlich, gelangweilt oder unkonzentriert fühlen. Sie haben das *Recht, diese Störungen ernst zu nehmen und sich um Abhilfe zu bemühen.* Dies geschieht ebenfalls am besten in Form einer Ich-Aussage:

»*Ich merke, es fällt mir schwer, mich auf die Ausführungen von Frau Merck zu konzentrieren, weil wir schon seit zwei Stunden über denselben Punkt reden.*«
»*Ich merke, ich werde langsam ärgerlich, da die Frage, die ich zu Beginn gestellt habe, immer noch unbeantwortet im Raum steht.*«

Ein solches Äußern der eigenen Gefühle als Ich-Aussage ist für viele Besprechungsteilnehmer ungewohnt und daher nicht einfach. Es ist sicher dann besonders schwierig, wenn man in einer Besprechung mit einem oder gar mehreren Vorgesetzten sitzt. Sie müssen sich in einer solchen Situation nicht zum eigenen Wortbeitrag zwingen, denn manchmal ist der Stress, die eigene Meinung zu vertreten, wirklich unverhältnismäßig groß. Aber grundsätzlich betrachtet, können Sie sich nur dann wohl fühlen, wenn Sie es nach Ihren eigenen Maßstäben sind. Darum müssen Sie diese ernst nehmen. Zudem wirkt ausgesprochen souverän, wenn Sie es schaffen, ein solches persönliches Empfinden anzusprechen. Oft finden sich dann auch Partner, die sich durch dieselbe Sache gestört fühlen. Je mehr Sie bei einer solchen Ausführung Ihren eigenen Standpunkt vertreten, umso eher können Sie die Unterstützung, die Sie von anderen erfahren, schätzen. Der stärkere Bezug auf die eigenen Wünsche macht es zudem leichter, *andere zu akzeptieren.* Jeder erlebt im Grunde ebenso wie Sie, wie schwierig es sein kann, sich in einem Gespräch auszudrücken und seine eigenen Vorstellungen zu verwirklichen. Wenn Sie ein Gefühl dafür haben, können Sie dieses Verständnis für die Besonderheit des Gesprächspartners auch in der Form Ihrer Diskussionsbeiträge zum Ausdruck bringen. Ausdruck dieses Verständnisses und der damit verbundenen Achtung ist es, *den jeweiligen Gesprächspartner als Person ansprechen und sich konkret auf ihn und seine Meinung zu beziehen.* Wieder ein Beispiel:

> *»Ich möchte gerne noch etwas zu dem Wortbeitrag von Herrn Maier sagen. Grundsätzlich finde ich die Kritik, die Frau Schulz geübt hat, berechtigt. Ich möchte aber einen Punkt unterstützen: ...«*

Durch solche Wortbeiträge wird klar, wem Sie zustimmen und wem Sie widersprechen. Es ist dadurch für alle einfacher, Sie und Ihre Meinung einzuordnen. Dadurch wiederum können sich die Personen, die Ihnen zustimmen, auf Sie beziehen, und diejenigen, die eine andere Auffassung vertreten, Kritik üben. Insgesamt werden Sie dadurch greifbarer.

Auch bei Rückmeldungen sollte diese *Achtung vor der Besonderheit des Gesprächspartners* zum Ausdruck kommen. Darum ist es wichtig, dass Ihre Einschätzung so ankommt, wie sie gemeint ist, nämlich als Ihre persönliche Stellungnahme. Dies geht vor allem durch *wertneutral formulierte Rückmeldungen*, die nicht interpretieren, sondern das eigene Erleben in den Vordergrund stellen. Vergleichen Sie noch einmal:

> *»Sie sind wohl so aggressiv, weil Sie mit Ihrem Vorschlag auf Widerstand gestoßen sind!«* (Interpretationen und Urteil)
> *»Ich fühle mich im Moment unbehaglich, weil Sie mir schon zum zweiten Mal ins Wort fallen.«* (Auf die eigene Person bezogene und nachvollziehbare Rückmeldung)

Wenn man ein Gefühl dafür entwickelt hat, dass man »im Grunde für sich selbst verantwortlich ist«, ist es schließlich auch leichter, den anderen als Partner zu akzeptieren und dessen Unterstützung zu suchen. Wenn Sie sich also unsicher fühlen und Bestätigung brauchen oder wünschen, dann *suchen Sie die Meinung der anderen* und überprüfen Sie, ob die anderen Ihnen zustimmen. Das ist besser, als einfach davon auszugehen oder vage darauf zu hoffen. Wieder ein Beispiel dafür, wie einfach das sein kann.

> *»Ich habe den Eindruck, wir haken uns an einem Punkt fest. Oder wie sehen Sie das?«*

Wenn Sie das möchten – und alles hängt ja von Ihnen als Ihrer persönlichen Gesprächsleitung ab –, können Sie während einer Besprechung dann auch detailliertere Angaben von Ihrem Gesprächspartner abrufen. Dabei helfen alle »Techniken«, die zum aktiven Zuhören gezählt werden, also offene Fragen stellen, Rekapitulieren und das Anwenden von Türöffnern (s. S. 105 ff.):

> *»Ich würde gerne von Ihnen wissen, wie Sie sich diese Neuerung konkret vorstellen. Wie betrifft das unsere Abteilung?«* (Pause, Blickkontakt) (Ich-Aussage mit offener Frage)
> *»Sie haben eben über Aufstiegsmöglichkeiten gesprochen. Was meinen Sie damit?«* (Pause, Blickkontakt) (Rückmeldung mit offener Frage)

Damit solche Fragen greifbarer werden, ist es gerade in einer Besprechung, wo unterschiedliche Teilnehmer auseinander gehende Meinungen vertreten können, hilfreich, kurz zu erklären, warum man eine Frage stellt.

> *»Ich bin insgesamt mit Ihren Vorstellungen einverstanden. Mir ist nur nicht klar, wie sich das im Detail auf unsere Abteilung auswirkt. Wohin gehen denn Ihre Vorstellungen in diesem Punkt?«*

Und schließlich können Sie auch *selbst bestimmen, wann Sie sich abgrenzen, ein Thema oder auch ein Gespräch beenden wollen.* Hierbei

sind die Techniken zum Selbstschutz in Gesprächen und zum Been-
digen von Gesprächen (s. S. 134 ff.) nützlich. Sie haben das Recht,
persönliche Attacken zu übergehen und durch Ich-Aussagen zu Ihrem Thema zurückzukommen, und Sie haben ebenso das Recht, ein
Thema zu beenden, wenn Sie das möchten:

A: *»Sie haben immer noch die alten idealistischen Vorstellungen.«*
     (Angriff durch eine wertende Interpretation und zudem ein
     verallgemeinernder Distraktor)

B: (Pause) *»Darum geht es mir jetzt nicht. Ich möchte gerne noch
     einmal detailliert meinen Finanzierungsvorschlag erläutern.«*
     (Ich-Aussage und Rückführung auf das Thema, das B in die-
     sem Moment wichtig ist)

Die eigene Gesprächsleitung zu sein ist nicht immer einfach und
verlangt häufig ein Umorientieren des ganzen Erlebens. Sie sollten
daher geduldig mit sich selbst sein. Es ist eine besondere Leistung, in
einer Besprechung ein für Sie wichtiges Thema einzubringen, wenn
Sie das noch nie so gemacht haben, oder auch zu einem Thema
nichts zu sagen, wenn das etwas Neues für Sie ist. Vielleicht hilft es
Ihnen, den einen oder anderen Satz auszuprobieren oder sich einmal anders hinzusetzen als sonst, wenn Sie dabei daran denken, dass
wir in einer Welt leben, in der die Initiative und das Engagement von
selbstbewussten Mitarbeitern gefragt ist. Zudem werden Gesprächsbeiträge, die sich an den genannten Regeln orientieren, von anderen
Gesprächsteilnehmern meist als fair und dennoch selbst bestimmt
erlebt. Auch wenn nicht davon ausgegangen werden kann, dass alle
Diskussionsteilnehmer »gleich mitziehen«, hat die klare und freundliche Form der Diskussionsbeiträge, die nach diesen Regeln formuliert sind, gute Chancen, sich langfristig durchzusetzen, weil sie einfach vernünftiger ist. Damit haben Sie diese Chance.

Und wenn Sie für ein solches selbst bestimmtes Handeln überhaupt keinen Platz sehen, ist es manchmal hilfreich, sich – ebenfalls
vorsichtig und langsam – zu überlegen, ob Sie an diesem Arbeitsplatz wirklich Ihre Lebenszeit verbringen wollen. Auch in diesem
Fall kann das Bewusstwerden einer Störung Ansatz für eine Neu-
orientierung sein.

Übungen zur eigenen Gesprächsleitung

- Überlegen Sie Ihre Ziele für die nächste Besprechung, die Ihnen bevorsteht. (Schauen Sie gegebenenfalls noch einmal auf Seite 78 nach den drei Merkmalen, die jedes Ziel haben sollte.)
- Denken Sie kurz zurück: Wie haben Sie in der letzten Besprechung gesessen? Warum? Was könnten Sie beim nächsten Mal gegebenenfalls anders machen?
- Hat Sie bei Ihrer letzten Mitarbeiterbesprechung etwas gestört? Wenn ja, wie hätten Sie das (beispielsweise durch eine Ich-Aussage) ansprechen können?

Führung und Gesprächsführung

Der letzte Teil dieses Buches behandelt ausführlich das Thema »Führung und Gesprächsführung«, da auf diesem Gebiet viel Verunsicherung besteht: Führungskräfte wissen oft nicht, wie ihr Führungsstil ankommt, ob sie »zu straff« oder »zu lax« führen. Diese Unsicherheit beeinflusst natürlich auch das Gesprächsführungsverhalten. Im Folgenden werde ich daher Anregungen zur Beantwortung solcher Fragen geben. Dabei möchte ich mit ein paar Anmerkungen darüber beginnen, warum Führung ein so wichtiges und gleichzeitig so schwieriges Thema ist.

Führung als Aufgabe. Warum Führung so wichtig und so schwierig ist

Führungsaufgaben sind häufig unbeliebt, aber sie sind notwendig, weil die Fertigungs- und Verteilungsprozesse, mit denen wir es in unserer Industriegesellschaft zu tun haben, eine hochgradige Spezialisierung mit sich bringen. Für einen Fertigungsspezialisten beispielsweise ist es meist kaum möglich, die Kalkulation seines Produkts zu übernehmen oder seine Marktchancen im Export einzuschätzen. Diese Aufgaben müssen an andere delegiert werden, von denen wiederum nicht erwartet werden kann, dass sie die Details der Herstellungsweise verstehen. Es ist offensichtlich, dass zur Koordination dieser Prozesse und der Interessen der Beteiligten wiederum andere Spezialisten notwendig sind, die zwar die Details der Einzelaufgaben nicht mehr überschauen, sie aber in Einklang bringen. Diese *Koordinierungsleistung* ist – zunächst sehr vereinfacht ausgedrückt – die zentrale Aufgabe von Führungskräften.

Hieraus wird verständlich, warum Führungsaufgaben so schwierige Aufgaben sind. Der Begriff »Führung« klingt zwar nach Entscheidungsfreiheit, ja sogar nach Macht, im Grunde handelt es sich aber um eine große Anforderung: Man muss unterschiedliche Köpfe unter einen Hut bringen, hat dabei mit deren Eigensinn umzugehen und ist – obwohl man die entsprechende Tätigkeit selbst nicht durchgeführt hat, manchmal nicht einmal genau überblicken kann – zudem noch den eigenen Vorgesetzten gegenüber für die Ausführung und das Ergebnis verantwortlich. Natürlich gibt es bei einer Führungsaufgabe Entscheidungsfreiheit, die Möglichkeit, eigene Vorstellungen zu entwickeln und umzusetzen, aber diese Freiheit ist der Freiraum zum Gestalten dieser grundsätzlichen Koordinierungsaufgabe.

Ein Unternehmen lässt sich in dieser Hinsicht mit dem menschlichen Organismus vergleichen. Das Gehirn hat als »oberste Führungsinstanz« eine ganz besondere Rolle: Hier werden die Pläne gemacht, und die Beine haben den Körper dahin zu tragen, wohin der Kopf das bestimmt, die Hände haben auszuführen, was er festgelegt hat. Aber schon bei einem Organismus gilt dieses Prinzip keinesfalls uneingeschränkt: Wenn beispielsweise der Magen oder die Leber belastet oder erkrankt sind, sollte der Kopf darauf Acht geben. Gleiches gilt, wenn die Beine müde sind. Zudem werden viele Steuerungsfunktionen gar nicht »zentral« durch das Bewusstsein »kopfgesteuert«, sondern verlaufen relativ unabhängig davon: Das »autonome« Nervensystem, das beispielsweise die Geschwindigkeit des Herzschlags oder die Darmtätigkeit kontrolliert, ist von einer willentlichen »zentralen« Steuerung relativ unabhängig. Es findet also keinesfalls nur eine Führung »von oben nach unten« statt, sondern unterschiedliche Teilsysteme, die alle wichtig sind, müssen miteinander koordiniert werden. Viele Beispiele in der Natur zeigen, dass solche »heterarchischen« Systeme (vom griechischen Wort »heteros« = »verschieden« und »archein« = »herrschen«, bei denen also Herrschaft beziehungsweise Steuerung an verschiedenen Orten oder durch unterschiedliche Instanzen stattfindet) den hierarchischen (in denen eine Herrschaft allein von oben nach unten stattfindet) überlegen sind.

Die konkreten Anforderungen, die aus einem solchen Verständnis von Führungsaufgaben erwachsen, fasste Wolfgang Jeserich (1989) in fünf Dimensionen zusammen:

Die fünf Dimensionen von Führungsaufgaben

❶ Ziele und Konzepte entwickeln und organisieren

❷ Handlungs- und Entscheidungsspielraum schaffen

❸ Mitarbeiter unterstützen

❹ Mitarbeiter in gemeinsame Entscheidungen einbinden

❺ Kontrollieren und auf Leistung orientieren

(1) Eine Führungskraft muss *neue Ziele und Konzepte entwickeln und organisieren.* Das setzt zum einen Sachkenntnis voraus, zum anderen die Fähigkeit, die einzelnen Mitarbeiter in diese Planung zu integrieren, da neue Konzepte sich meistens dann als gut erweisen, wenn die Mitarbeiter wissen, warum sie entwickelt worden sind und welche Rolle ihnen innerhalb neu gestalteter Abläufe zukommt.

(2) Eine Führungskraft muss weiterhin darauf achten, dass die ihr anvertrauten Mitarbeiter unter möglichst guten Bedingungen arbeiten können. Dazu gehört, ihnen *einen angemessenen Handlungs- und Entscheidungsspielraum* zu schaffen, ihnen eindeutige Kompetenzen zuzuweisen und ihnen dabei auch den Rücken freizuhalten. Eine gute Führungskraft erkennt man daran, dass sie ihren Mitarbeitern solche Handlungsspielräume eröffnet, dass sie mit gutem Gefühl viel »nach unten« delegieren kann (was natürlich nicht ausschließt, dass sie den Rahmen für Einzelentscheidungen der Mitarbeiter festlegen muss).

(3) Weiterhin muss eine Führungskraft ihre *Mitarbeiter unterstützen,* ihnen helfen, erfolgreich zu sein. Sie muss den Rahmen schaffen, in dem die Mitarbeiter ihre Fähigkeiten entfalten können.

(4) In der Summe bedeutet dies, *aus einer Abteilung »ein zusammenarbeitendes Ganzes«* zu machen. Dies bedeutet, Zusammenarbeit und Verständnis der Mitarbeiter untereinander zu fördern und für gemeinsam akzeptierte Spielregeln zu sorgen, geht aber auch über die Abteilung hinaus: Als »Bindeglied« zwischen den Mitarbeitern und dem eigenen Vorgesetzten gehört es zu den Aufga-

ben einer Führungskraft, die Qualifikationen, die einzelne Mitarbeiter einbringen, und das Engagement, mit dem sie ihre Aufgaben erledigen, nach außen sichtbar zu machen. Es ist offensichtlich, dass Mitarbeiter motiviert sind, sich für eine Führungskraft einzusetzen, die ihnen den Rücken freihält und stärkt.

(5) Für all diese Aufgaben ist es wichtig, den Mitarbeitern *deutliche Orientierung hinsichtlich ihrer Leistungsstärken und -schwächen* zu geben. Auch hier wird aus einer Führungskraft kein Herrscher. Mitarbeiter sollen auch bei einer negativen Leistungsbeurteilung nicht zu »Verlierern« werden, sondern es geht darum, ihre Schwierigkeiten und besonderen Interessen zu erkennen, zu berücksichtigen und zu versuchen, sie mit den Zielen der Abteilung in Einklang zu bringen.

Es ist klar, dass die beschriebenen Punkte eine ideale Führungskraft charakterisieren. Unterschiedliche Menschen verwirklichen diesen Anspruch in unterschiedlichem Umfang, sie bleiben auch als Führungskräfte Menschen mit Stärken und Schwächen. Dennoch sollte sich ein Vorgesetzter zumindest darum bemühen, diese Aufgaben auszufüllen: Weil eine Führungskraft eine so wichtige und komplizierte Koordinierungsfunktion übernimmt, weil sie einzelne Mitarbeiter informieren, fördern und schützen muss, weil sie Anweisungen, die von oben kommen, erst für das Leben der eigenen Abteilung umsetzen muss, wird sie besser bezahlt, genießt gewisse Privilegien, und dazu ist sie in aller Regel auch besser ausgebildet. Nicht aber, weil sie zu kommandieren hätte.

Viele Führungskräfte haben Schwierigkeiten mit dieser Aufgabe. Dies vor allem aus zwei Gründen: *Oft sind die Führungsaufgabe und die Entscheidungskompetenz der Führungskraft nicht genau beschrieben.* In vielen Fällen entwickeln sich die konkreten Aufgaben einer Führungskraft allmählich mit wechselnder Auftragslage, mit Umstrukturierungen und mit personellen Veränderungen in der Firma. Meist stimmt dann auch die Arbeitsplatzbeschreibung mit den realen Aufgaben und Entscheidungsmöglichkeiten nicht mehr überein. Diese Diskrepanz zwischen realer Aufgabe und Arbeitsplatzbeschreibung bietet für selbstbewusste Führungskräfte Möglichkeiten, ist jedoch für zurückhaltende Führungskräfte eher ein Problem, vor allem da die mangelnde Festlegung der Kompetenzen nicht selten dazu führt, dass Führungskräfte besonders zu Beginn ihrer Tätigkeit regelrecht »ausgetestet« werden. Oft ist die Ursache für eine solche Fehlentwicklung die Tatsache, dass die Führungskraft selbst nicht gut geführt wird. In diesem Fall ist es wichtig, dass sie von den jeweiligen Vorgesetzten selbst Klarheit über ihre Aufgabenstellung einfordert.

Erschwert werden Führungsaufgaben weiterhin dadurch, dass *Führungskräfte für ihre Aufgabe häufig nur unzureichend ausgebildet sind.* Fast jede berufliche Ausbildung zielt in erster Linie darauf, Fachwissen zu vermitteln. Die Fähigkeit, die beschriebenen Führungsaufgaben auszuführen, ist dagegen nur selten Bestandteil von Ausbildungsgängen. Dies fällt besonders gravierend ins Gewicht, da es einen eindeutigen *Zusammenhang gibt zwischen dem Anteil an Führungsaufgaben,* die ein Mitarbeiter zu erledigen hat, und der *Position,* die er in seiner *beruflichen Entwicklung* einnimmt. Dieser ist in der folgenden Abbildung grafisch dargestellt.

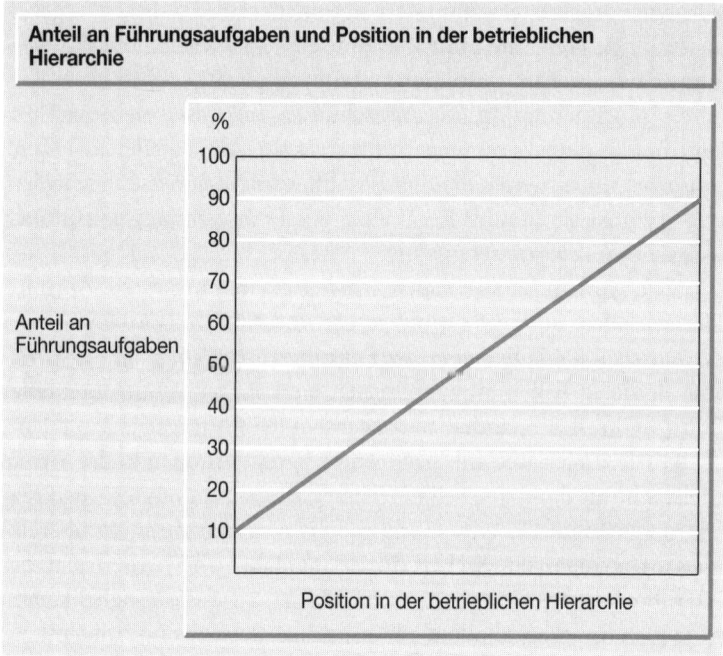

Diese Abbildung zeigt, dass der Anteil an Führungsaufgaben zunächst gering ist, dann immer weiter zunimmt und für Positionen, die weit oben in der betrieblichen Hierarchie angesiedelt sind, schließlich den überwiegenden Anteil der Arbeitszeit beansprucht.

Selbstverständlich ist ein solches Schaubild vereinfachend: Es gibt eine Reihe von Unternehmen (beispielsweise Kleinbetriebe), in denen auch auf der »obersten Führungsebene« Sachaufgaben einen Großteil des beruflichen Alltags bestimmen. Zudem spielen für Mitarbeiter in Stabsstellen Führungsaufgaben häufig keine besondere Rolle, obwohl diese in der Betriebshierarchie meist relativ weit oben angesiedelt sind. Als Faustregel genommen, lässt diese Abbildung jedoch eine Reihe von Sachverhalten deutlich werden: Zunächst ist zu erkennen, dass *auch auf der untersten Ebene wenigstens ein gewisser Anteil an Führungsaufgaben* zu leisten ist: Auch hier müssen Mitarbeiter selbstständig Aufgaben definieren, an andere delegieren und das Ergebnis kontrollieren. So muss sich beispielsweise eine Schreibkraft gelegentlich überlegen, wie sie den Mitarbeiter aus der Nachbarabteilung dazu bringt, ihr die neue Datenbank zu erklären, und für einen Auszubildenden kann es eine schwierige Führungsaufgabe darstellen, dem Hausmeister klarzumachen, dass er an einem bestimmten Wochentag ein bisschen später abzuschließen hat. Dies ist natürlich nur eine einfache Form von Führung, aber sie beinhaltet ganz eindeutig die erste und mit Abstrichen die fünfte Dimension von Führungsaufgaben, die Jeserich (1989) beschreibt. Dies verdeutlicht übrigens, dass Führungsseminare keine Sache sein sollten, die für die »Chefetage« reserviert sind, vielmehr geht es um Kompetenzen, die für alle Mitarbeiter wichtig sind.

Die Abbildung verdeutlicht weiterhin, dass die Probleme, die Führungskräfte häufig mit Führungsaufgaben haben, kein Zufall sind: Ein Großteil der schulischen und beruflichen Ausbildung fördert die Fähigkeit, mit klar überschaubaren Sachaufgaben umzugehen. *Mit dem beruflichen Aufstieg wächst aber in aller Regel der Anteil an Führungsaufgaben.* Ab einer bestimmten Führungsebene sind Mitarbeiter sogar im Wesentlichen für das Durchführen von Führungsaufgaben zuständig. Für diese Aufgaben stehen einem Mitarbeiter dann oft nur die persönlichen Erfahrungen, die er im Laufe seines Lebens gewonnen hat, zur Verfügung, aber keine solide Ausbildung. Aus *Fachprofis* werden dann leicht *Führungsamateure*. Daher treten relativ häufig zwei Formen von Fehlentwicklungen auf:

- Häufig kleben Führungskräfte an Sachaufgaben und nehmen ihre Führungsaufgaben nicht wahr.
- Führungskräfte übernehmen in großem Umfang Sachaufgaben und versuchen außerdem, ihren Führungsaufgaben gerecht zu werden.

Beide Phänomene sind im Grunde verständlich, denn wir machen gerne das, was wir gut können. Mitarbeiter steigen im Beruf meistens wegen der guten Erledigung von Sachaufgaben auf. Diese werden dann gerne beibehalten, da die Mitarbeiter sie beherrschen und weil Führungsaufgaben eher als diffus empfunden werden und sich ihre gute Erledigung zudem manchmal erst langfristig auszahlt. Das traurige Ergebnis einer solchen Entwicklung ist in vielen Fällen der Vorgesetzte, der bei Sachaufgaben alles noch ein bisschen besser weiß, da dies die Qualifikation war, die ihn in die Führungsposition gebracht hat, der aber leicht den Überblick verliert, sich dann nicht selten um klare Entscheidungen drückt oder andere Führungsaufgaben wie das Fördern selbstbewusster Mitarbeiter zu Gunsten von Sachaufgaben vernachlässigt. Wenn Führungskräfte jedoch beides tun, sowohl alte Sachaufgaben behalten wie ihre neuen Führungsaufgaben ernst nehmen, resultiert leicht die zweite Form der Fehlentwicklung, der zu »150 Prozent« ausgelastete Vorgesetzte, der sich redlich bemüht, sich aber auch leicht verschleißt. Für ihn ist es wichtig, Sachaufgaben soweit irgend möglich loszulassen.

Aus der Abbildung ist weiterhin erkennbar, dass der *Anteil an Führungsaufgaben auf der obersten Führungsebene am größten* ist. Dieser sollte jedoch weniger als 100 Prozent betragen. Vielmehr ist es günstig, wenn Führungskräfte auch auf dieser Ebene noch einen Rest an Sachaufgaben erledigen, denn dies erinnert sie an die Bedeutung von Details und an den Aufwand, den die Kleinarbeit für den einzelnen Mitarbeiter ausmacht, und verhindert so, dass sie den Bezug zur Arbeit ihrer Mitarbeiter verlieren. Selbstverständlich ist Vorsicht dann geboten, wenn diese Arbeiten von den eigentlichen Führungsaufgaben zu sehr ablenken. Daher ist es auch Firmenpolitik vieler Unternehmen, Mitarbeiter auf der obersten Ebene in gewissen Zeiträumen auszutauschen, damit diese sich nicht zu sehr in Details verlieren und dadurch den Anschluss an neue Entwicklungen verpassen. Die Führungskraft, die aber bloß führend »über allen Wassern schwebt«, kann ihrer Aufgabe jedoch oft ebenso wenig gerecht werden.

Die Notwendigkeit, sich mit jeder Entwicklungsstufe ganz bewusst von Sachaufgaben zu verabschieden und die neuen Führungsaufgaben in den Mittelpunkt zu stellen, scheint grundlegend für den Führungserfolg zu sein. Dies wird sogar an der Entwicklungsgeschichte von Unternehmen erkennbar: Bei Firmenneugründungen sind auf der obersten Führungsebene häufig lange Zeit die »Männer oder Frauen der ersten Stunde« die Vorgesetzten. Diese haben noch »von der Pike auf« alle Sachaufgaben gelernt, kennen in der Produktion noch jede Maschine bis ins Kleinste und legen dann »natürlich« auch Firmenentscheidungen gerne bis ins Detail fest. Solche Vorgesetzten sind vor allem in der Aufbauphase wichtig. Ab einer gewissen Größe der Firma häufen sich jedoch die Beispiele, wo der Chef, der noch alles aus eigener Erfahrung kennt und überall bestimmen will, zum Hemmnis für neue Entwicklungen wird. Diese Entwicklung lässt sich anhand der vorangegangenen Abbildung folgendermaßen darstellen: Hier erreicht auch die oberste Führungsebene einer Firma nur eine Mittelposition in dem Diagramm, in der Sach- und Führungsaufgaben in etwa gleiches Gewicht einnehmen. Diese Unternehmen werden dann oft von größeren Firmen übernommen. Diese Entwicklung vervollständigt im Grunde nur das Schaubild: Die Übernahme sorgt dafür, dass eine oberste Führungsebene entsteht, die sich von Detailproblemen befreit, sich ausschließlich konzeptionellen Entscheidungen widmet und Sachaufgaben weit gehend delegiert.

Mangelnde Vorbereitung und das Unterschätzen der Bedeutung von Führungsaufgaben sind jedoch nur ein Teil der »Führungskrise«, die häufig beklagt wird. Vielfach stellen Führungskräfte sich auch selbst die Frage, ob sie eine »richtige Führungspersönlichkeit« abgeben. Solche Selbstzweifel sind natürlich gerade bei solch unklaren Anforderungen, wie Führungsaufgaben sie darstellen, hinderlich. Daher möchte ich nun auf die Frage eingehen, inwieweit man

eine »Führungspersönlichkeit« sein sollte und wie wichtig bestimmte Persönlichkeitsmerkmale für die Übernahme von Führungsaufgaben sind.

Der Mythos von der Führungspersönlichkeit – und was daran wahr ist

Vorneweg: Dass Führungskräfte unsicher beim Beurteilen ihrer Fähigkeit zur Führung sind, ist im Grunde nicht verwunderlich, da
Führung, wie erläutert, ein komplexes Aufgabengebiet ist, bei dem
unterschiedlichen Anforderungen entsprochen werden muss. Da
das Erledigen dieser Aufgaben zudem nur selten unterrichtet wird,
müssen sich die meisten Führungskräfte beim Beurteilen ihrer Führungsfähigkeit meist einzig auf ihr eigenes Gefühl verlassen. Von
Mitarbeitern und Kollegen bekommt man zudem nur selten Rückmeldung, wie der eigene Führungsstil ankommt, und wenn, dann
meistens indirekt oder in Form negativer Kritik. Es ist verständlich,
dass daher wenig Klarheit darüber besteht, wie es dazu kommt, dass
manche Führungskräfte gut mit ihren Aufgaben zurechtkommen
und andere nicht.

Wie oft bei komplizierten Fragestellungen und unklaren Informationen werden darum auch bei dieser Problematik einfache Antworten gesucht. Bei der Einschätzung, was eine gute Führungskraft
ausmacht, wird häufig davon ausgegangen, dass »manche es haben«
und andere nicht, sprich: dass die Fähigkeit zur Führung eine *Persönlichkeitseigenschaft* ist, die manchen Personen zu Eigen ist und
anderen eben nicht. Diese Annahme wird in vielen Publikationen
aufgegriffen. Immer wieder liest man von erstaunlichen Persönlichkeiten, die als Führungskräfte hervorgetreten sind und kraft ihrer
besonderen Eigenschaften andere »mitgerissen« und so eine Organisation zum Erfolg geführt haben. Auch in wissenschaftlichen Untersuchungen war die *Great-man-theory*, wonach einzelne überlegene
Persönlichkeiten besonders geeignet sind, Führungsaufgaben zu
übernehmen, eine Zeit lang intensiv diskutiert worden.

Zu dieser Auffassung gibt es natürlich Gegenpositionen, die –
wie der Arbeitspsychologe Oswald Neuberger diese Sichtweise poin-

tiert zusammenfasst – davon ausgehen, dass die einzelne Führungskraft »nur Spielball der Wellen sei, die sie emporheben, im nächsten Moment aber auch in die Tiefe stürzen lassen können, eine Marionette der gesellschaftlichen Kräfte – was ganz besonders deutlich wird in Zeiten der Instabilität, in denen beim Ausbleiben von Erfolg eine rasche Sukzession von Führern zu beobachten ist«. Die Auffassung, dass es bestimmte Persönlichkeitstypen gäbe, die als Führungskräfte besonders erfolgreich sind, sei also »in den Bereich der Erfolgslegenden und Sozialmärchen zu verweisen« (Neuberger 1976, S. 20).

Antworten auf die Frage nach der Bedeutung von Persönlichkeitsmerkmalen für die Fähigkeit, Führungsaufgaben zu übernehmen, sind selbstverständlich komplexer. Sie sind auch gar nicht so einfach zu finden. Das hängt vor allem damit zusammen, dass *Persönlichkeitseigenschaften* nicht wie kleine Preisschildchen oder Kleidungsetiketten an den Menschen festgemacht und für jeden sofort zu erkennen sind, sondern irgendwie *beurteilt oder gemessen werden müssen*. »Wissenschaftlich« formuliert heißt das, dass Persönlichkeitseigenschaften Merkmale sind, die einer Person zugeschrieben werden, wenn sie in ihrem Verhalten bestimmte Regelmäßigkeiten aufweist. Oswald Neuberger (1977, S. 87) beschreibt diesen Sachverhalt sehr plastisch:

> *Wer bei Problemen mehr und bessere Lösungen anbietet, ›hat Intelligenz‹, wer angesichts unüberwindlicher Schwierigkeiten dennoch nicht resigniert, ›hat Ausdauer‹, wer andere zu seinem Vorteil ausnutzt, ›hat Egoismus‹.«

Dieser Gedankengang verdeutlicht, dass eine genaue Beschreibung der Rolle von Persönlichkeitsmerkmalen für die Führungsfähigkeit schwierig ist, da die Merkmale, die einer Person zugeschrieben werden können, von der Situation und den Anforderungen abhängen, die in dieser Situation gestellt werden. Entscheidungsfähigkeit kann eben nur dann gezeigt werden, wenn eine Person überhaupt entscheiden darf. So gesehen ist es kein Wunder, wenn erfolgreichen Führungskräften Entscheidungsfähigkeit zugeschrieben wird, weil sie ja auch viel häufiger entscheiden können.

Ein weiterer Gesichtspunkt, der die Beantwortung der Frage, ob und wie Persönlichkeitsmerkmale die Führungsfähigkeit beeinflussen, erschwert, liegt an der Tatsache, dass ein und dasselbe Verhalten ganz unterschiedlich gedeutet werden kann. Wieder formuliert Neuberger (1977, S. 88) diesen Sachverhalt sehr prägnant:

> »*Was zuerst als ›Ehrgeiz‹ erscheint, kann bei näherer Betrachtung ›Angst‹, ›Aggressivität‹, ›Machthunger‹, ›Eitelkeit‹, ›Fürsorglichkeit‹ sein.*«

Dieses Phänomen nennt man in der Sprache psychologischer Theorien Etikettierung oder Labeling (vom englischen »label« = »Etikett, Aufkleber, Bezeichnung«): Ein bestimmtes Verhalten kann auf unterschiedliche Persönlichkeitsmerkmale zurückgeführt werden. Man kann sich also den Führungserfolg einer Person durch »Machthunger« ebenso wie durch »Ausdauer« erklären. Natürlich finden solche Zuschreibungen nicht beliebig statt: Bei einem notorischen Neinsager wird man nicht unbedingt große Kooperationsbereitschaft als Erklärung für seinen Führungserfolg oder Misserfolg annehmen. Ebenso wird eine sehr bedächtige Person nicht unbedingt als entscheidungswillig zu kennzeichnen sein, obwohl – und das zeigt, wie schwierig all diese Etikettierungsprozesse zu beurteilen sind – man hier auch argumentieren könnte, dass gerade in der Ruhe die besondere Entscheidungskraft liege. Bei solchen Zuordnungen gibt es jedoch insgesamt die Tendenz, erfolgreichen Personen genau solche Eigenschaften zuzuschreiben, die in irgendeiner Weise positiv sind. Es überrascht also nicht, dass bei der Suche nach Führungseigenschaften fast alle sozial hoch bewerteten Eigenschaften zur engeren Wahl gehören: Energie, Initiative, Einfühlungs- und Durchsetzungsvermögen, Verantwortungsbewusstsein, Kontaktbereitschaft, Intelligenz, Takt, Stressresistenz, Anpassungsfähigkeit.

Vieles von der Attraktivität von Führungstheorien, die die Persönlichkeit in den Mittelpunkt der Überlegungen stellen, lässt sich also dadurch erklären, dass sie widerspruchsfrei klingen, da die Zuschreibungen so schön zum Führungserfolg passen.

Andererseits ist unbestreitbar, dass manche Menschen mit bestimmten Aufgaben besser zurechtkommen als andere. Ganz beliebig können solche Zuordnungen daher nicht sein. Es gibt eine Reihe von empirischen Untersuchungen, in denen versucht wurde, bei dieser Frage größere Klarheit zu schaffen. Man hat dabei – vereinfacht gesagt – versucht, Persönlichkeitsmerkmale von Führungskräften mit Hilfe von Fragebögen oder Tests zu messen und dann in Beziehung zu ihren Führungsqualitäten oder zu ihrem beruflichen Erfolg zu stellen. Eine Reihe solcher Studien hat Owald Neuberger in seinem Buch »Führen und führen lassen« (2002) zusammengetragen. Als Resümee hält er fest, dass Persönlichkeit allein nicht ausreicht, um den Führungserfolg zu erklären. Allerdings verbessern gewisse personale Daten die Erfolgsprognose.

Bestimmte Persönlichkeitseigenschaften wie Intelligenz und Entschlossenheit, aber auch soziale Kompetenzen wie Einfühlungsvermögen, die Fähigkeit zuhören zu können, eine gewisse Menschenkenntnis und Sachlichkeit auch in schwierigen Gesprächen scheinen also zumindest von Vorteil zu sein. Darüber hinaus besteht jedoch offensichtlich ein großer Spielraum: Ob es effektiver ist, dass eine Führungskraft ihre Arbeit dadurch erledigt, dass sie mit großem Fleiß einzelne Aufgaben angeht und diese ernst nimmt, oder ob sie sich auf einzelne Mitarbeiter verlässt und sich Verbündete schafft und so Führungsqualitäten beweist, ist ungeklärt. *Es gibt anscheinend ganz unterschiedliche Wege, Führungserfolg zu erlangen.* Welcher Weg der »kürzeste« oder beste ist, hängt von einer Vielzahl von Faktoren ab. Oswald Neuberger formuliert (1977, S. 90) sehr griffig:

> *»Es scheint eine Reihe von Strukturmerkmalen zu geben, die allen Führungssituationen gemeinsam sind und für deren Bewältigung eine Reihe von Persönlichkeitsmerkmalen nützlich ist. Darüber hinaus aber ist jede konkrete Führungssituation durch eine große Zahl weiterer Bedingungen charakterisiert, die je spezielle Fähigkeiten erfordern, bzw. die überhaupt nicht durch die Person des Führers beeinflusst werden (zum Beispiel die Fähigkeit der Geführten, die Kapitalausstattung eines Unternehmens, die Konjunkturlage einer Branche).«*

Man kann sogar noch weitergehen und argumentieren, dass die Führungsaufgabe dadurch geprägt wird, welche Eigenschaften eine

Führungskraft mitbringt: So wird eine sehr kooperative Führungskraft über kurz oder lang ihre Abteilung so organisieren, dass Mitarbeiter zum Zuge kommen, die ebenfalls an Teamarbeit interessiert
sind, und weniger kooperationsfreudige Mitarbeiter werden sich an
diesen Stil gewöhnen. In diesem Fall ist die Kooperationsbereitschaft, über die die Führungskraft verfügt, der »Schlüssel zum Erfolg«. Eine Führungskraft, die einsame Entschlüsse liebt, wird mit
dieser Abteilung dagegen wahrscheinlich Schwierigkeiten haben.
Unter Umständen versammelt sie jedoch Mitarbeiter um sich, die
froh – und effektiv – sind, wenn sie nicht allzu viel selbst entscheiden müssen. Hier ist also die Entscheidungskraft, vielleicht sogar die
Selbstbezogenheit dieser Person das Erfolgsrezept.

Welcher Persönlichkeitstyp für eine Führungskraft generell am
effektivsten ist, kann offensichtlich also gar nicht allgemein entschieden werden. Ein gewisser »Grundstock« an Fähigkeiten ist hilfreich, ansonsten aber gibt es offensichtlich große Freiheiten für die
Gestaltung einer Führungsaufgabe.

Diese »Antwort« ist sicher unbefriedigend, wenn man Fakten
sucht. Andererseits eröffnet sie Perspektiven: Auch mit ganz unterschiedlichen Persönlichkeitseigenschaften kann man zum Führungserfolg kommen.

Es gibt nicht die eine und einzige Richtschnur, der man zu genügen hat, sondern Führungsaufgaben kann man mit unterschiedlichen Voraussetzungen erledigen. Es ist jedoch sicher wichtig, ein Gefühl dafür zu haben, wo beim Erledigen von Führungsaufgaben Möglichkeiten zur Verbesserung liegen. Hierzu gibt es ein einfaches Modell, das ich Ihnen im Folgenden vorstellen möchte.

Die drei Bestandteile individueller Autorität. Ein Hilfsmittel Ihre Führungssituation zu beurteilen

Führung scheint immer dann leichter zu sein, wenn man mit einer gewissen Autorität an die Sache gehen kann. Aber Autorität ist ein unscharfer Begriff. Autorität »strahlt man aus« oder »hat« man, man kann eine »Autorität (auf einem bestimmten Fachgebiet) sein« oder auch autoritär sein. Wenn man versucht, diese Facetten von Autorität zu systematisieren, kann man drei Bestandteile relativ deutlich voneinander unterscheiden:

- formale,
- funktionale und
- personale Autorität.

Zur *formalen Autorität* gehören die Einflussmöglichkeiten, über die eine Person auf Grund ihrer Stellenbeschreibung, ihrer betrieblichen Rechte oder der ihr übertragenen Entscheidungsmöglichkeiten verfügt. Manchmal wird daher auch der Begriff »Amtsautorität« benutzt. Ein Offizier oder der Inhaber einer Firma, in der Arbeitnehmerrechte nicht allzu groß geschrieben werden, hat dieser Definition zufolge große formale Autorität, ein freier Mitarbeiter in einer Firma demgegenüber relativ geringe.

Funktionale Autorität ist ein anderes Wort für Sachautorität: Dazu gehören die Einflussmöglichkeiten, die eine Person dank ihrer Sachkenntnis und ihrer Erfahrung hat. Spezialisten für bestimmte betriebliche Abläufe oder »altbewährte« Mitarbeiter, die sofort wissen, warum bei einer bestimmten Produktionsentscheidung in grauer Firmenvorzeit ein bestimmtes Verfahren gewählt worden ist und mit wem bei der Zulieferfirma am besten verhandelt werden kann, haben dieser Festlegung gemäß große funktionale Autorität, ein neuer Mitarbeiter, der wenig Sachkenntnis mitbringt, geringe.

Zur *personalen Autorität* gehört alles, was eine Person an persönlichen Eigenschaften ausstrahlt, also Freundlichkeit, Entscheidungsfreudigkeit, Verantwortungsbewusstsein, sicheres Auftreten, Kommunikationsfähigkeit, Verbindlichkeit, Selbstbewusstsein und vieles andere mehr.

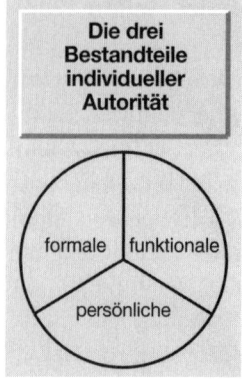

Zur Beschreibung der jeweiligen »Autoritätszusammensetzung«, die ein konkreter Mitarbeiter aufweist, ist die neben stehende Abbildung hilfreich. In ihr sind in Form eines Kreisdiagramms die unterschiedlichen Formen von Autorität zusammengefasst: 100 Prozent ist die Autorität, die eine Person maximal erreichen kann, wenn sie über »absolute« formale, funktionale und personale Autorität verfügt. Erreicht eine Person in einem bestimmten Bereich diesen Maximalwert nicht, so werden die Prozentzahlen entsprechend geringer. Um nun die eigene Führungssituation bewerten zu können, gibt es eine Faustregel. Sie besteht aus zwei Teilen.

- Die erste Regel lautet: In dem Modell ist jeder der drei Bestandteile gleich wichtig. Jeder Bestandteil kann also maximal 33,3 Prozent erreichen.
- Der zweite lautet: Damit eine Person genügend Autorität für Führungsaufgaben aufweist, sollte sie auf insgesamt mindestens 50 Prozent kommen.

Aus beiden Annahmen folgt, dass man »seine 50 Prozent« durch unterschiedliche Kombinationen der drei beschriebenen Komponenten individueller Autorität erreichen kann, aber dass es nicht ausreichend ist, auf nur einem Gebiet über Autorität zu verfügen, weil das nur maximal 33,3 Prozent bringt. Man muss in zwei, besser noch in drei Bereichen eine gewisse Autorität aufweisen. Daher gibt es verschiedene Wege, ausreichende Führungsautorität zu erlangen:

- Es ist möglich, auf zwei Gebieten Autorität zu entwickeln.
- Man kann versuchen, in allen drei Bereichen Autorität zu erlangen.

Nicht ausreichend ist es jedoch, wenn Autorität in nur einem Bereich vorliegt. Es gibt viele Beispiele, die das Scheitern dieses Versuchs belegen: Führungskräfte werden oft trotz großer Amtsautorität »unterlaufen«, wenn sie nicht wenigstens ein bisschen Sachkenntnis oder eine persönlich gewinnende Art haben. Dies kennt man aus autoritär geführten Betrieben oder Organisationen, bei der auch die enorme Macht einzelner Führungskräfte nicht dazu führt, dass diese ihre Vorstellungen durchsetzen können. Ebenso scheitern kompetente Spezialisten häufig trotz überlegener Sachkenntnis, wenn sie nicht eine gewisse persönliche Ausstrahlung oder genügend Positionsmacht mitbringen. Und schließlich kann ein sehr gewinnender Mensch auf Dauer ohne Sachkenntnis und ohne Kompetenzen keine geeignete Führungskraft darstellen.

Sicherer ist es allemal, auf *zwei Gebieten* Autorität auszustrahlen. Drei erfolgreiche »Zweierkombinationen« können unterschieden werden:

- Es gibt erfolgreiche Führungskräfte, die hohen Sachverstand (funktionale Autorität) und eine gewisse Amtsmacht (formale Autorität) haben. Diese Paarung reicht in vielen Fällen sogar dann aus, wenn die entsprechende Führungskraft wenig persönliche Ausstrahlung hat oder vollkommen unnahbar ist.
- Ebenso können sich Vorgesetzte durchsetzen, wenn sie keine Spezialisten auf dem jeweiligen Sachgebiet sind, wenn sie genügend persönliche Ausstrahlung und die Sicherheit einer Position haben. Ein besonders prägnantes Beispiel für diesen zweiten Fall sind Leiter von Behörden oder Ministerien, die häufig von einem Ressort ins andere wechseln. Die Sachkenntnis wird immer eingeschränkt sein. Die Autorität, die sich aus formal vorgegebenen Kompetenzen und durch die Ausstrahlung der Persönlichkeit er-

gibt, kann jedoch ausreichend sein. Häufig wird diese Kombination sogar favorisiert, weil solche Führungskräfte – auf der Grundlage ihrer persönlichen und formalen Autorität – meist gut delegieren können und daher (wie im letzten Kapitel erläutert) nicht so gefährdet sind, sich durch Details eines Sachgebiets zu sehr von ihren Führungsaufgaben ablenken zu lassen.

- Schließlich können Fachleute (hohe funktionale Autorität), die persönlich gewinnend sind (hohe persönliche Autorität), sich häufig auch dann behaupten, wenn sie nicht in Amt und Würden stehen (geringe formale Autorität).

Am sichersten ist es natürlich, in *allen drei Bereichen* gut vertreten zu sein, also Sachkompetenz vorweisen zu können, sich um Positionsmacht zu kümmern und auch persönlich gewinnend zu sein. Das ist aber ein Ideal. Das Modell zeigt, dass diese Kombination nicht zwingend notwendig ist, und erklärt somit ganz gut, warum sich unterschiedliche Personen als Führungskraft behaupten können.

Darüber hinaus kann man erkennen, *wie am ehesten ein Zugewinn an Autorität und Durchsetzungskraft* möglich ist. Zunächst ein Hinweis auf einen häufig begangenen Fehler: Um Fortschritte zu machen, versuchen wir meist, uns auf dem Gebiet, auf dem wir ohnehin gut sind, zu verbessern. Dieses Verhalten ist verständlich, weil – wie der sowjetische Lernpsychologe Lem Semënowič Vygotskij schon in den Dreißigerjahren des letzten Jahrhunderts gezeigt hat – ein Großteil menschlichen Lernens in einer Verbesserung vorliegender Kompetenzen besteht (Neuauflage seines Buches »Denken und Sprechen« 2002). Bei dem Versuch, mehr Autorität zu erlangen, muss man sich jedoch vor Fehlentwicklungen schützen, die aus dieser Tendenz folgen können:

- So versuchen Führungskräfte, die von der Sache ohnehin viel verstehen (hohe funktionale Autorität), häufig zusätzliche Autorität zu erlangen, indem sie sich noch mehr Wissen aneignen.
- Genauso bekannt sind die Fälle, in denen Menschen, die ohnehin über viel Macht verfügen (hohe formale Autorität), ihre Autorität zu vergrößern suchen, indem sie noch mehr Macht oder Entscheidungskompetenzen erlangen wollen.

- Und drittens gibt es Menschen, die eine gewinnende persönliche Art haben (hohe persönliche Autorität) und die ihr Autoritätsdefizit dadurch auszugleichen suchen, dass sie noch umgänglicher, freundlicher oder überzeugender mit anderen umgehen.

In der Regel scheitern diese Versuche: »Fachidioten« (hohe funktionale Autorität) bleiben bloße Fachidioten, auch dann, wenn sie noch mehr wissen, »Autoritätsbolzen« (hohe formale Autorität) werden auch dann unterlaufen, wenn sie noch mehr Macht auf sich vereinen, und sehr nette Menschen, die sonst nichts aufzuweisen haben, werden sich nicht durchsetzen, auch wenn sie noch ein bisschen freundlicher sind. Das Modell legt vielmehr nahe, *die Schwachpunkte in dem oben skizzierten Kreisdiagramm zu suchen und sich da zu verbessern*: Größere Autorität erlangt man dadurch, dass man »einen neuen Sektor« erobert. Für einen ausgesprochenen Spezialisten bedeutet das, dass er versuchen sollte, seine persönliche Wirkung zu verbessern, oder aber auch, sich um formale Kompetenzen zu bemühen. Ein Mitarbeiter, der über große formale Entscheidungsmöglichkeiten verfügt, wird Autorität am ehesten dadurch erlangen, dass er sich sachkundig macht oder seine persönlichen Fähigkeiten im Umgang mit den Mitarbeitern erweitert. Und drittens kann eine Führungskraft, die ihre Stärken im Umgang mit den Mitarbeitern sieht, ihre Autorität am ehesten dadurch vergrößern, dass sie sich sachkundig macht oder sich um größere formale Kompetenzen kümmert.

Vielleicht werfen Sie jetzt ein, dass man gerade formale Autorität wohl kaum selbst gewinnen könne, schließlich werden einem bestimmte Kompetenzen »verliehen« oder »übertragen«. Diese Einschätzung gilt jedoch nur bedingt, vor allem da Kompetenzen einzelner Mitarbeiter häufig keinesfalls eindeutig festgelegt sind. In vielen und vor allem in problematischen Fällen haben sich bestimmte Entscheidungswege einfach »eingeschliffen«. So ist oft nicht geklärt, wer welche Weisungsbefugnisse hat oder wer wann über welche Betriebsmittel verfügen kann. Manchmal haben verschiedene Abteilungen hierzu auch unterschiedliche Auffassungen. Indem man solche Kompetenz abklärt und Entscheidungswege eindeutig festlegen lässt, gewinnt man formale Autorität. Das ist sogar dann der Fall,

wenn einem nach einem solchen Klärungsschritt eine entsprechende Kompetenz nicht übertragen wird, weil man sich dann auch
nicht mehr an einer unklar definierten Aufgabe aufreiben muss.

Natürlich ist dieses Modell – wie jedes Modell – vereinfachend
und nicht immer ganz eindeutig. So können die genauen Zahlenwerte für die jeweiligen Autoritätsanteile nur dem groben Eindruck
nach geschätzt werden. Es erklärt aber, warum Autorität ganz unterschiedlich ausgeübt werden kann. Es zeigt, warum manchmal auch
Leute, die wenig ausstrahlen (also geringe personale Autorität aufweisen), ihre Führungsaufgaben dennoch befriedigend ausfüllen
können. Klar wird ebenso, warum das einfacher ist, wenn eine gewisse Persönlichkeitsstruktur dazukommt. Der Mythos, der meist
um die Rolle von »Führungspersönlichkeiten« verbreitet wird, wird
dadurch deutlich relativiert und durch ein realistischeres Bild er-
setzt. Sicher hilft das Modell auch Ihnen, Ihre eigene Lage genauer
einzuschätzen. Dazu die nächste Übung:

Übung zur Bestimmung der eigenen Führungssituation

Überlegen Sie bitte:

- Wo liegen nach dem Kreisdiagramm auf Seite 248 die Schwerpunkte
  Ihrer Autorität?
- Welche Möglichkeiten zur Erweiterung Ihrer Autorität ergeben sich
  daher?
- Wie könnten konkrete Schritte in diese Richtung aussehen?

Wie viel Kontrolle braucht der Mensch? Ein Modell zur situationsangepassten strategischen Führung

Für viele Führungskräfte gehören Zweifel an der eigenen Art zu führen zu den größten Problemen ihrer Tätigkeit. Fragen wie »Wie weit
und wie häufig darf ich kontrollieren?«, »Wie weit soll ich lenkend
und steuernd eingreifen, wenn Mitarbeiter Probleme haben?«,
»Wann ist es wichtig zu kritisieren?« oder »Sollte ich mehr auf einer
persönlichen Schiene auf einen Mitarbeiter zugehen?« bereiten vie-

len Führungskräften Schwierigkeiten. Auch diese Unsicherheit beeinflusst natürlich das Gesprächsführungsverhalten, denn es scheint auf den ersten Blick keine Patentrezepte zur Beantwortung dieser Fragen zu geben.

Offensichtlich ist, dass Führung auf verschiedene Art stattfinden kann, dass es unterschiedliche *Führungsstile* gibt. Gleichzeitig sind die Alltagserfahrungen über die Effektivität von unterschiedlichen Führungsstilen widersprüchlich: Viele Menschen berichten, wie sehr sie schon unter harten Vorgesetzten gelitten und sich in ihren Entfaltungsmöglichkeiten eingeschränkt gesehen haben. Aber ebenso häufig hört man die Geschichte von der Führungskraft, deren »harte Schule« einem, im Nachhinein betrachtet, doch ganz gut getan hat. Ähnlich ist ein »lascher Chef« manchmal erfreulich, weil pflegeleicht, aber bisweilen auch schwierig, weil kaum zu greifen. Natürlich ist in einer ganzen Reihe von Untersuchungen versucht worden, solchen Widersprüchen auf den Grund zu gehen und herauszufinden, welcher Führungsstil am effektivsten ist.

Diese Forschungen begannen schon in den Dreißigerjahren und wurden im Wesentlichen durch die Experimente von Kurt Lewin und seinen Mitarbeitern geprägt. Kurt Lewin war einer der produktivsten Sozialpsychologen seiner Zeit. Begriffe wie *Gruppendynamik* (ein Sammelbegriff für Veränderungen in der Beziehung, die sich ergeben, wenn Menschen über einen bestimmten Zeitraum zusammen sind, und die Gesetzmäßigkeiten, nach denen diese Prozesse ablaufen) oder *Selbsterfahrungsgruppen* (Trainingsgruppen, in denen soziale Fähigkeiten erfahren und geübt werden können), die heute zum Alltagsgebrauch gehören, gehen auf die Arbeiten seines Untersuchungsteams zurück. Besonders spannend an diesen Arbeiten war, dass er immer wieder soziale Konflikte seiner Zeit wie Rassen- und Standeskonflikte aufgriff. Darüber hinaus bezog er die Arbeitsweise seiner eigenen Arbeitsgruppe und die Erfahrungen, die hier im Umgang miteinander gewonnen wurden, in die Entwicklung seiner Theorien mit ein. Einige Autoren sehen seine theoretischen Arbeiten, in denen er versuchte, Gruppen als selbstständige »Einheiten« zu sehen, als Vorläufer der modernen Systemtheorien. (Einen interessanten Überblick über sein Werk und seine Lebensgeschichte gibt das Buch von Alfred J. Marrow 2002.)

Seine Untersuchungen waren auch wichtige Schritte in der Entwicklung von Führungskonzepten. Vom Vorgehen her waren sie – dem Wissensstand seiner Zeit entsprechend – recht einfach: Kurt Lewin unterschied zwischen dem *autoritären* Führungsstil, bei dem ein Führer das Sagen hatte, dem *demokratischen*, bei dem alle ihre Interessen und Vorstellungen einbringen konnten, und dem *Laisser-faire-Führungsstil* (vom französischen Wort »laisser-faire« = »laufen lassen«), bei dem gar keine Führung stattfand, weil alle Beteiligten machen konnten, was sie wollten.

In den Experimenten wurde beobachtet, wie Menschen, die sich vor dem Versuch noch nicht kannten, gemeinsam mit vorgegebenen Problemen umgingen. Hierbei wurden den verschiedenen Experimentalgruppen unterschiedliche Instruktionen gegeben, wodurch künstlich die genannten Führungsstile in das Gruppengeschehen eingeführt wurden: So konnte das Recht, Entscheidungen über das weitere Vorgehen zu treffen, bei einem Gruppenleiter allein oder bei der Gruppe liegen. Gruppenleiter wurden zudem unterschiedlich instruiert: Manchmal sollten sie zurückhaltend, manchmal engagiert auftreten, bei einigen Gruppen sollten sie durch Lob und Belohnung, in anderen Fällen durch Kritik und Strafen motivieren.

Die Ergebnisse dieser Untersuchungen sind, im Nachhinein betrachtet, nicht besonders überraschend: Wenn es darum ging, innerhalb der Gruppe durch Meinungsaustausch zu gemeinsam vertretbaren Entscheidungen zu kommen, erwies sich der Tendenz nach ein demokratischer Führungsstil als wirksamer. Bei Gruppen, die bestimmte Leistungen erbringen sollten, erwies sich manchmal der autoritäre und in anderen Fällen der demokratische Führungsstil als überlegen. Der Laisser-faire-Führungsstil schnitt im Grunde immer schlecht ab. Aber es gab keine Tendenz, die eindeutig für einen der beiden anderen Führungsstile sprach.

Man hat daher in weiteren Untersuchungen die Bedingungen erforscht, unter welchen bestimmte Führungsstile besonders effektiv sind. Hier wurde eine Vielzahl von Einflussgrößen berücksichtigt: Für wichtig hielt man Unterschiede in der Qualifikation der Mitarbeiter, der Größe der Arbeitsgruppe, der menschlichen Beziehung zwischen Mitarbeitern und Vorgesetzten oder der Art des Abhängigkeitsverhältnisses zwischen beiden Seiten. Es wurde zudem davon ausgegangen, dass unterschiedliche Führungsstile je nach Art der zu bewältigenden Aufgabe unterschiedlich effektiv sind, also Routinetätigkeiten beispielsweise weniger Einbezug der Mitarbeiter als neue Aufgaben benötigen oder dass einfache Aufgaben eher durch Vorgaben und einen entsprechend autoritären Führungsstil angegangen werden können.

Auch zu solchen *situativen Führungsmodellen* gibt es eine Reihe von Untersuchungen. Beispielsweise galt lange Zeit das Modell von Fred E. Fiedler (1967) als wegweisend. Fiedler ging davon aus, dass Personen, die sich auf andere einlassen und sie daher genau und differenziert beurteilen können, effektivere Führungspersönlichkeiten sind. Da sich dieser Zusammenhang jedoch nur in einigen seiner Untersuchungen zeigte, berücksichtigte er in seinem »Modell situativen Führens« eine Reihe von weiteren Einflussgrößen. Ob solche »differenziert beurteilenden Personen« besonders effektive Führungskräfte sind, hängt seiner Ansicht nach davon ab, ob

- die Beziehung zwischen Führungskraft und Mitarbeitern und damit die ganze »Gruppenatmosphäre« gut ist,
- die jeweilige Aufgabenstellung sehr strukturiert oder eher unstrukturiert ist und
- die Führungskraft genügend »Positionsmacht«, also Einflussmöglichkeiten, hat.

Trotz eines so komplexen Modells mit seiner Vielzahl von Einzelüberlegungen waren jedoch auch die Ergebnisse dieses Modells keinesfalls eindeutig.

Man kann sich nun fragen, warum es nicht möglich war, allgemeine Regeln zu formulieren, die erklären, warum in bestimmten Situationen auf eine bestimmte Art zu führen ist. Eine der wesentlichen Ursachen hierfür liegt wohl darin, dass es nicht nur darauf ankommt, welches Führungsverhalten eine Führungskraft zeigt, sondern vor allem darauf, *welche Erwartungen die Mitarbeiter an ihre Führungskraft haben.* Entscheidend ist also nicht der Führungsstil, den eine bestimmte Führungskraft hat, sondern ob dieser Stil mit dem harmonisiert, was die Mitarbeiter erwarten. Führungskräfte sollten sich also vor allem Gedanken darüber machen, *welche Art und welchen Grad an Kontrolle ihre Mitarbeiter erwarten.* Das ist aber nicht einfach, denn die Erwartungen der Mitarbeiter hängen von einer ganzen Reihe von Einflussfaktoren ab. Hierzu gehören vor allem die Erfahrungen, die Mitarbeiter bisher mit Führungskräften gemacht haben, die Neigung, manchmal sogar der Wunsch, geführt zu werden, und das Verständnis der Aufgabe, mit der es die Mitarbeiter und die Abteilung zu tun haben. Dabei entsprechen gängige Vorstellungen, was den Punkt Führungserwartung betrifft, nicht immer dem jeweiligen Einzelfall. So ist beispielsweise aus Untersuchungen im therapeutischen Bereich bekannt, dass viele Beziehungskonflikte darin ihre Ursache haben, dass zwei Partner sich nicht darauf einigen können, wer die Rolle des Geführten (!) übernehmen darf. Sätze wie »Dann entscheide eben du« oder »du setzt dich doch sowieso durch« bringen das zum Ausdruck. Dieser Wunsch nach Orientierung macht auch vor dem Berufsleben nicht halt, und eine Führungskraft, die stark auf den Beteiligungswunsch der Mitarbeiter setzt, kann darum mit manchen Mitarbeitern Probleme haben. Diese werden noch dadurch erschwert, dass Mitarbeiter, die Führung erwarten, dieses Bedürfnis von sich aus kaum aussprechen, da gerade dies eine gewisse Selbstständigkeit erfordern würde.

Ich möchte Ihnen daher ein relativ einfaches Instrument vorstellen, mit dessen Hilfe Sie solche Erwartungen grob einschätzen können. Hierbei handelt es sich um eine Erweiterung eines Führungsmodells, das Robert V. Blake und Jane Srygley Mouton (1986) vorgeschlagen haben. Blake und Mouton gingen davon aus, dass jedes Führungsverhalten hinsichtlich zweier unterschiedlicher Eigenschaften eingeschätzt werden kann:

- Es kann zum einen beurteilt werden, inwieweit sich eine Führungskraft um die einzelnen Mitarbeiter kümmert, und
- zum anderen, inwiefern sie sich dafür engagiert, dass die Aufgaben der Abteilung erfüllt werden.

Der erstgenannte Aspekt wird in deutschsprachigen Untersuchungen meistens *Mitarbeiterorientierung* genannt. Hohe Mitarbeiterorientierung beschreibt demnach einen Verhaltensstil, der »auf gegenseitiges Vertrauen, Achtung und eine gewisse Wärme und Enge der Beziehungen zwischen dem Vorgesetzten und seiner Gruppe hinweist«. Hier geht es nicht um ein oberflächliches Verhalten von der Art des »Auf-die-Schulter-Klopfens«, »Beim-Vornamen-Nennens«. Hohe Mitarbeiterorientierung bedeutet vielmehr ein »tiefer gehendes Bemühen um die Bedürfnisse der Gruppenmitglieder« und beinhaltet Verhaltensweisen wie etwa mehr »Mitbeteiligung der Untergebenen« bei Entscheidungen und die »Förderung von wechselseitiger Kommunikation«.

Die zweite Führungseigenschaft, die Blake und Mouton für genauso wichtig halten, wird meistens *Aufgabenorientierung* genannt. Sie beschreibt, inwieweit eine Führungskraft das Verhalten, das sie von jedem Mitarbeiter erwartet, im Detail festlegt, in welchem Umfang sie also Aufgaben zuweist, vorausplant, die Arbeitsausführung selbst bestimmt und auf Einhaltung der Produktionsziele drängt. Bei der Aufgabenorientierung stehen also nicht das Wohl und die Entfaltungsmöglichkeiten von Mitarbeitern im Vordergrund, sondern es geht darum, was ein Vorgesetzter tut, um vorgegebene Produktionsziele zu erreichen.

Man kann nun das Verhalten jeder Führungskraft hinsichtlich dieser beiden Eigenschaften einschätzen. Blake und Mouton haben vorgeschlagen, hierfür eine Punkteskala zu benutzen, die von 1 bis 9 reicht. Die Ziffer 1 drückt hierbei den niedrigsten Punktwert aus, den eine Führungskraft erreichen kann, und 9 ist der höchste Punktwert, der dann vergeben wird, wenn jemand in überzeugender Weise der obigen Beschreibung eines Führungsstils entspricht. Da jeweils hinsichtlich beider Merkmale charakterisiert wird, entsteht ein zweidimensionales »Verhaltensgitter« – oft wird auch die englische Bezeichnung, »Management grid«, benutzt –, in dem jede Führungskraft eingeordnet werden kann. Ein solches Verhaltensgitter ist in der Abbildung auf der nächsten Seite zu sehen.

Innerhalb des durch die beiden Dimensionen gebildeten Verhaltensgitters lassen sich unterschiedliche Führungstypen einordnen: Wenn man beide Skalen oder »Führungsdimensionen« in zwei Hälften aufteilt, ergeben sich hierfür vier Felder oder »Quadranten«. Diese sind in der Abbildung mit I, II, III und IV bezeichnet.

Eine Führungskraft, die sich sehr um die Aufgaben kümmert (also hohe Aufgabenorientierung zeigt), der die Belange der Mitarbeiter aber nicht so wichtig sind (niedrige Mitarbeiterorientierung), ist dann im Quadranten I einzuordnen, eine andere, der sowohl die Mitarbeiter wie auch die Aufgabe wichtig sind, gehört in den zweiten Quadranten, eine, die im Wesentlichen auf die Belange der Mitarbeiter achtet, die aber die Erledigung der Aufgaben nicht oder nur selten korrigiert oder festlegt, ist im dritten Quadranten zu lokalisieren, und eine, der die Aufgabe und die Mitarbeiter weitgehend egal sind, ist schließlich im vierten Teilfeld einzuordnen.

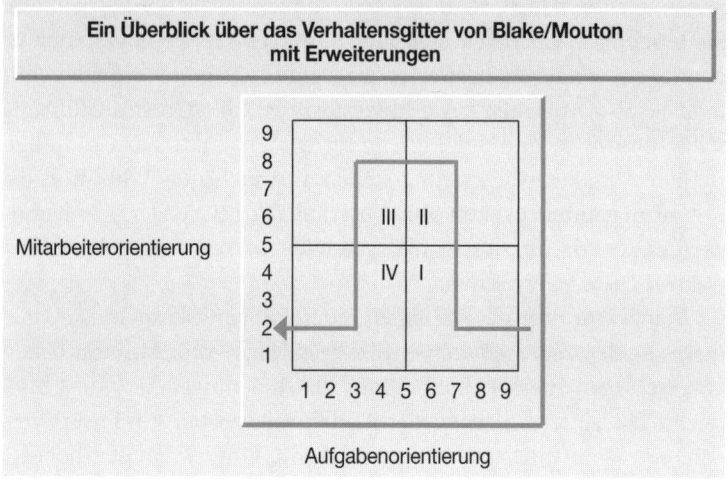

Durch diese Aufteilung ist es möglich, Führungsstile genauer zu beschreiben, als dies durch umgangssprachliche Formulierungen wie »lasch«, »freundlich« oder »engagiert« möglich ist. Unter anderem lassen sich die Führungsstile, die schon Lewin in seinen ersten Untersuchungen unterschieden hat, genauer einordnen: Der erste Quadrant beschreibt demnach den von Lewin »autoritär« genannten Führungsstil, in dem die Aufgaben stark vorstrukturiert werden und die Ideen der Mitarbeiter nicht so gefragt sind. Der Führungsstil im zweiten Feld ließe sich als »demokratisch« (nach der Bezeichnung bei Lewin) oder vielleicht besser noch als »kooperativ« bezeichnen. Im vierten Feld liegt der Führungsstil, den Lewin »Laisserfaire-Führungsstil« genannt hat. Für den Führungsstil im dritten Feld, für den sich sonst keine allgemein gebräuchliche Bezeichnung eingebürgert hat, wäre vielleicht die Charakterisierung »sozialer Führungsstil« angebracht. In manchen Seminaren redet man auch – etwas verkürzend – vom »Frühstücksdirektor«, der sich im Wesentlichen um das gute Klima in der Abteilung kümmert.

Mit Hilfe dieses Schemas lassen sich nicht nur einzelne Führungskräfte einordnen, sondern man kann auch verdeutlichen, *welche Erwartungen Mitarbeiter in der Regel an den Führungsstil ihrer Vorgesetzten haben.* Erste Überlegungen dazu stammen von den Führungskräftetrainern Hersey und Blanchard (s. Hersey 1986; Hersey/Blanchard 1977). Sie gingen davon aus, dass die genannten vier Führungsstile für verschiedene Aufgabentypen und je nach Qualifikation der Mitarbeiter unterschiedlich effektiv sind.

Ein *Anfänger* benötigt als Mitarbeiter in erster Linie Unterstützung, um mit seinem neuen Aufgabengebiet klarzukommen. Dazu braucht er Informationen darüber, was er richtig oder falsch macht, und das möglichst bald nach Durchführung der Aufgabe. Dies entspricht auch den meisten Befunden aus lernpsychologischen Experimenten: Beim Erlernen einer neuen Fähigkeit ist es wichtig, frühzeitige Rückmeldung darüber zu erhalten, ob das Verhalten in Ordnung war oder nicht. Verspätete Rückmeldung verzögert die Lerngeschwindigkeit erheblich. Für einen solchen Mitarbeiter ist also eine hohe Aufgabenorientierung wichtig, denn bei diesem Führungsstil werden die Arbeitsausführung und das Einhalten einzelner Ziele vom Vorgesetzten detailliert festgelegt und exakt nachgeprüft. Die deutliche Anlehnung an die Aufgabe kann Orientierung und Sicherheit geben.

Für einen Anfänger ist sicher auch von Bedeutung, einen guten persönlichen »Draht« zu seinem Vorgesetzten zu haben. Er ist aber in der Regel sehr mit dem Kennenlernen seines neuen Aufgabenfeldes beschäftigt, sodass ein Zuviel an Orientierung auf seine Person und seine persönlichen Bedürfnisse eher hinderlich erscheint. Der erwartete Umfang an Mitarbeiterorientierung wird also eher gering sein. Wichtige Ziele wie ein »tiefer gehendes Bemühen um die Bedürfnisse der Gruppenmitglieder«, eine »Beteiligung bei Entscheidungen« und das »Fördern von wechselseitiger Kommunikation«, die bei hoher Mitarbeiterorientierung von Bedeutung sind, können einen Anfänger leicht überfordern.

Der *Führungsstil im ersten Quadranten* kann also in gewisser Weise als *Führungsstil für den Anfänger* angesehen werden. Das bedeutet natürlich nicht, dass die Führungskraft mit einem Anfänger »nach Belieben« umspringen kann. Ich habe deswegen den ungenauen Begriff »autoritärer Führungsstil« vermieden. Nur zu kommandieren ist überhaupt kein Führungsverhalten. Vielmehr geht es darum, dass bei einem Anfänger die Kontrolle von relativ genau geplanten und festgelegten Arbeitsergebnissen von Bedeutung ist.

Jedes Entfernen vom Anfängerstatus vergrößert den Wunsch nach freier Gestaltung der Aufgabe. Für einen *fortgeschrittenen Anfänger* werden die mögliche Beteiligung an Entscheidungen und der Wunsch, die eigenen Vorstellungen bei der Arbeitsplanung einbringen zu können, wichtiger. Diese Erwartungen kann eine Führungskraft mit höherer Mitarbeiterorientierung erfüllen. Gleichzeitig kann davon ausgegangen werden, dass es dennoch günstig ist, wenn die Durchführung der Aufgabe kontrolliert wird und wenn auch ein fortgeschrittener Anfänger eindeutige Aufgaben zugewiesen bekommt. Er braucht also meist ebenfalls noch eine hohe Aufgabenorientierung. Beides zusammen bedeutet, dass ein *fortgeschrittener Anfänger* wohl in aller Regel einen *kooperativen Führungsstil* (Quadrant II) erwartet und davon auch am meisten profitiert.

Diese Erwartungshaltung ändert sich wiederum, sobald aus fortgeschrittenen Mitarbeitern *Spezialisten* werden. Solche Mitarbeiter können ihre Aufgaben meist selbst strukturieren und Arbeitsfortschritte selbstständig kontrollieren. Häufig sind sie dabei in Detailkenntnissen ihrem Vorgesetzten sogar überlegen. Auf dieser Stufe kann die Führungskraft daher kaum noch das Vorgehen ihrer Mitarbeiter festlegen. Gegenüber Spezialisten wird die Aufgabenorientierung darum in den Hintergrund der Führungstätigkeit treten. Wichtig bleibt aber eine hohe Mitarbeiterorientierung: Spezialisten brauchen zwar von der Aufgabe her von ihrer Führungskraft nur wenig Orientierung, aber die menschliche Seite von Führung ist nach wie vor von Bedeutung. Dazu gehört die Möglichkeit, sich mit eigenen Interessen in Entscheidungen einbringen zu können, der persönliche Kontakt zur Führungskraft und die Wertschätzung, die ein Mitarbeiter erfährt. Gerade bei sehr selbstständig arbeitenden Mitarbeitern ist es zudem notwendig, diese Arbeit gegenüber anderen Abteilungen positiv darzustellen und gegebenenfalls gegen Rivalitäten durchzusetzen. Die Schutzfunktion des Vorgesetzten hat hier also eine ganz überragende Bedeutung.

Beide Merkmale beschreiben den Führungsstil im Quadranten III, also den *sozialen Führungsstil*, bei dem eine Führungskraft Sicherheit, Wärme und Vertrauen ausstrahlt, die Mitarbeiter ansonsten aber in Ruhe lässt. Ein solcher Führungsstil wird von *Spezialisten* in der Regel als angenehm empfunden. Dies deckt sich im Übrigen mit den Befunden im Bereich der Mitarbeitermotivation: Wie vor allem in Maslows Motivationsmodell (s. S. 176 ff.) betont wurde, werden ab einer gewissen Entwicklungsstufe die Anerkennung der Umgebung und die Möglichkeit zur eigenständigen Gestaltung des Arbeitslebens die entscheidenden Antriebskräfte, die einen Mitarbeiter motivieren.

Dieses Modell lässt sich noch weiter denken: Irgendwann wird aus einem Spezialisten ein *Mitarbeiter*, der so qualifiziert ist, dass er sich sinnvollerweise einen *neuen Aufgabenbereich sucht*. Etwas pointiert ausgedrückt wäre für einen solchen Mitarbeiter der *Laisser-faire-Führungsstil* (Quadrant IV) der geeignete: Die Führungskraft sollte ihren Mitarbeiter in einem solchen Stadium im Wesentlichen in Ruhe lassen, also weder auf die Erfüllung neuer Aufgaben drängen (niedrige Aufgabenorientierung) noch ihn durch persönliche Kontakte und die Möglichkeit zu gestaltendem Engagement neu zu binden versuchen (niedrige Mitarbeiterorientierung). Der Laisser-faire-Führungsstil lässt sich daher vielleicht am besten dadurch charakterisieren, dass bei ihm »alles auseinander läuft«. Das haben schon die Untersuchungen von Kurt Lewin gezeigt, bei denen die Gruppenteilnehmer bei diesem Führungsstil nach einiger Zeit oft so unzufrieden waren, dass sie die Gruppe schließlich verlassen wollten. Umgekehrt ist dieser Führungsstil für Mitarbeiter, die eine Abteilung ohnehin verlassen wollen, durchaus vertretbar. Die Unterscheidung zwischen drittem und viertem Quadranten macht deutlich, wie wichtig Mitarbeiterorientierung für das Führungsverhalten ist: Hohe Mitarbeiterorientierung im dritten Quadranten kann sogar Spezialisten halten und motivieren, geringe Mitarbeiterorientierung im vierten ist dagegen typisch für den Abbruch beruflicher Zusammenarbeit.

Die gezeigte Aufteilung gilt im Großen wie im Kleinen: Ein und derselbe Mitarbeiter kann *bei verschiedenen Aufgaben unterschiedliche Führungsstile* gebrauchen, je nachdem ob er sich im Stadium eines Anfängers oder eines Spezialisten befindet. Sobald ein neues Aufgabenfeld angegangen wird, sollten Sie also auch einem »alten Hasen« Zwischentermine geben und Rückfragen stellen, kurz: ihm die Sicherheit geben, die mit dem strukturierenden Führungsstil für Anfänger verbunden ist. Ebenso können Sie einem Berufsanfänger, sobald er sich bei einer Aufgabe eingearbeitet hat, die gefühlsmäßige Unterstützung und das Vertrauen des Führungsstils für Spezialisten vermitteln.

Dieses Modell erklärt zudem eine Reihe von *Alltagserfahrungen:* Es lässt verständlich werden, warum manchmal eine harte Hand und große Kontrolle nicht unbedingt als unangenehm erlebt werden. Der strenge Lehrer (vorzugsweise in den unteren Schulklassen), der einem, im Nachhinein betrachtet, gut getan hat, war denn wohl auch der Mensch, der den richtigen Führungsstil für einen »Lern- und Lebensanfänger« gefunden hatte. Freiräume zum Gestalten des eigenen Alltags und der Berufswelt braucht man dagegen, je mehr man sich entwickelt hat und sich auf dem Weg zum Spezialisten befindet. Dass eine »vorzeitige« Gewährung von Freiräumen in der Tat oft als unangenehm empfunden wird, zeigen unter anderem die Erfahrungen in Seminaren, Lern- und Diskussionsgruppen: Ohne ausreichende Sachkenntnisse der Teilnehmer werden solche unstrukturierten Gruppen schnell langweilig. Die Teilnehmer brauchen offenbar auch hier zunächst eine Orientierung in der Sache. Erst später wird der Wunsch nach eigener Gestaltung des Lernstoffs und nach eigenbestimmter Diskussion zunehmen. Dann ist es wichtig, diesen Frei- und Spielraum zu geben.

Insgesamt ist sicher unstrittig, dass man mit einem kooperativen Führungsstil, der in der Mitte zwischen dem deutlich aufgabenorientierten für den Anfänger und dem mitarbeiterorientierten für den Spezialisten liegt, in aller Regel am besten fährt. Ganz grundsätzlich formuliert, sind wir bei fast allen Aufgaben »fortgeschrittene Anfänger«, wissen etwas, aber sind selten ausgesprochene Fachleute. Es sollte jedoch zugleich nicht übersehen werden, dass dieser Führungsstil derjenige ist, der die Führungskraft am meisten fordert: Sie muss sowohl die Aufgabe wie die Anliegen der Mitarbeiter im Blick behalten. Bei den oft unklaren Anforderungen, die eine Führungsrolle ohnehin mit sich bringt, ist dies nicht immer einfach. Daher ist auch verständlich, warum Führungskräfte ohne ausreichende Vorbereitung und in Krisenzeiten gerne in die Richtung anderer Führungsstile »abdriften«, also entweder zu Dauerkontrolleuren (Betonung des ersten Quadranten) werden oder alles laufen lassen (vierter Quadrant), auch wenn sie wissen, dass das langfristig das Verhältnis zu ihren Mitarbeitern verschlechtert.

Aus dem Modell wird schließlich auch verständlich, warum in den letzten Jahrzehnten ein deutlicher Trend in Richtung auf die weniger autoritären Führungsstile II und III schon aus der Qualifikation der Mitarbeiter folgt. Die zunehmende Qualifikation einzelner Mitarbeiter lässt diese immer mehr zu Spezialisten werden, die Freiräume bei der Gestaltung ihrer Aufgaben fordern und brauchen. Dennoch sollte nicht unterschätzt werden, dass es auch hierbei wichtig sein kann, starke Orientierung zu geben. Eine deutlich aufgabenorientierte Komponente und die Sicherheit, die damit verbunden ist, verliert zumindest für die Anlaufzeit der Zusammenarbeit keinesfalls ihre Bedeutung.

Noch eine Anmerkung: Von keiner Führungskraft kann verlangt werden, dass sie sich wie ein Chamäleon den Rollenerwartungen der Mitarbeiter anpasst, selbst wenn diese berechtigt und verständlich sind. Das ist auch gar nicht möglich, denn der individuelle Führungsstil entwickelt sich wie jede Persönlichkeitseigenschaft langsam und auf Grund von vielen Erfahrungen, kann also gar nicht beliebig in eine bestimmte Richtung »umgeschaltet« werden. Die Orientierung auf die jeweiligen Bedürfnisse der Geführten, die in dem Modell angesprochen worden ist, soll eher Akzentverschiebungen nahe legen als dauernd neues Umorientieren. Es ist manchmal einfach wichtig, sich Gedanken darüber zu machen, was die Mitarbeiter wohl erwarten könnten, und dies bei der eigenen Handlungsplanung mit zu berücksichtigen. Dies ist auch gemeint, wenn in Managementbüchern von *situationsangepasstem strategischem Führungsstil* die Rede ist. Der individuell vorherrschende Führungsstil wird dadurch sicher nur geringfügig verändert, denn die jeweilige Grundtendenz im Führungsstil ist auch *Ausdruck des Menschenbil-*

des, das eine Führungskraft von ihren Mitarbeitern hat. Die Art, wie eine Person führt, lässt erkennen, ob sie sie grundsätzlich formuliert als »führungsbedürftige Anfänger« (Führungsstil liegt im Quadrant I), als »entwicklungsfähig« (Quadrant II), als »überlegene Spezialisten« (Quadrant III) oder als Menschen betrachtet, die sich am besten einen anderen Arbeitsplatz suchen sollten (Quadrant IV). Den Führungsstil seines Vorgesetzten (und auch den eigenen) einmal unter diesem Gesichtspunkt anzuschauen ist darum ein Hilfsmittel, um sich über dessen Weltbild ein bisschen klarer zu werden (selbstverständlich ebenso über das eigene).

Übung zum Bestimmen der Angemessenheit von Führungsstilen

- Versuchen Sie, das Verhalten Ihres Vorgesetzten in dem zweidimensionalen Verhaltensgitter von Blake und Mouton einzuordnen.
- Schätzen Sie sich selbst kurz ein: Sind Sie in Ihrem aktuellen Aufgabengebiet eher (a) Anfänger, (b) fortgeschrittener Mitarbeiter, (c) Experte oder (d) schon auf dem Weg zu einem anderen Aufgabenfeld?
- Passt nach diesen Einschätzungen das Führungsverhalten Ihres Vorgesetzten zu Ihrem Qualifikationsgrad, oder macht Ihr Chef etwas falsch? Was meinen Sie, warum?

Schlussbemerkungen

Sie haben sich jetzt durch ein dickes Buch gearbeitet. Ich hoffe, Sie haben einige Anregungen bekommen und das Gefühl, einiges davon in Ihrem beruflichen Alltag umsetzen zu können. Zum Abschluss möchte ich noch zwei Punkte betonen.

Jede Veränderung menschlicher Verhaltensgewohnheiten geht langsam vor sich.

Es braucht Zeit, bis man sich an einen neuen Gedanken gewöhnt hat, bis man anfängt, diesen Gedanken mit seiner eigenen Erlebenswelt in Verbindung zu bringen, und es braucht wiederum Zeit, bis man daraufhin sein Verhalten ändert. Noch mehr Zeit ist schließlich notwendig, bis aus einer einmaligen und vielleicht kurzfristigen Verhaltensänderung eine dauerhafte Änderung des Verhaltensstils geworden ist, denn jedes neue Verhalten muss erst in den persönlichen Stil, der sich in vielen Jahren entwickelt hat, eingepasst werden.

Der Arbeits- und Sozialpsychologe Kurt Lewin beschreibt den Verlauf jeder seelischen Veränderung dementsprechend als Durchlaufen von drei Phasen: *Auftauen, Verändern und Einfrieren.* Zuerst müssen die eingeübten, verfestigten und in gewisser Weise auch bewährten alten Strukturen und Verhaltensmuster in Frage gestellt, »aufgetaut« werden. Dann erst kann der eigentliche Veränderungsprozess stattfinden. Schließlich muss diese neue Sicht der Dinge oder das neue Verhalten noch zur Gewohnheit, stabilisiert, in dem bisherigen Verhaltensmuster verankert, also wieder »eingefroren« werden (Lewin 1963). All das braucht Zeit und Geduld. Lassen Sie sich diese Zeit. Weiterhin scheint mir wichtig zu betonen:

Veränderungen führen nie zu einem vollkommenen Neuanfang, sondern verändern das Vorliegende.

Hier zeigt sich ein in der Natur vorkommendes Prinzip: Beim Entstehen neuer Moleküle oder der Entwicklung neuer Arten in der Evolution wird nicht alles immer wieder neu aufgebaut, sondern das Vorliegende wird modifiziert. Keine tierische oder pflanzliche Gattung ist vollkommen neu entstanden, sondern jede ist das Ergebnis von geringfügigen Änderungen älterer und meistens einfacherer Strukturen. Der Chemiker und Grundlagenforscher Peter Schuster beschreibt diese Vorgänge folgendermaßen:

> *»Es wird nicht neu konstruiert, sondern die schon bestehenden und bewährten Strukturen werden modifiziert und neu kombiniert. ...* (Dieses Verfahren, T.G.) *ist viel einfacher, viel rascher und weniger störanfällig als jeweilige Neukonstruktionen (...)«* (Schuster 1987, S. 62)

Menschen mit ihren Verhaltensgewohnheiten sind ebenfalls Systeme, deren Verhaltensorganisation aus vielen zwar anpassungsfähigen, aber manchmal auch überraschend stabilen Verhaltenseinheiten besteht. Hier wäre es ebenso unzweckmäßig, eine neue Ausrichtung des Verhaltens dadurch anzustreben, dass sich »alles wenden« muss und Sie »alles anders machen«. Vieles wird das Alte bleiben. Das ist auch gut so, denn das Alte und Vertraute gibt die Sicherheit, die wir brauchen. Dennoch: Kleine Veränderungen in chemischen oder biologischen Strukturen führen in der Natur dazu, dass manchmal überraschend neue und vielgestaltige Entwicklungen folgen. Im Vergleich zu dem, was bleibt, sind diese Veränderungen winzig. Aber die Entwicklungen, die sich hieraus ergeben, sind oft faszinierend.

Das gilt auch für kleine Verhaltensänderungen: Schon ein Blickkontakt, den Sie zuvor vermieden haben, kann neue Freunde schaffen, eine kleine Pause in einem Verhandlungsgespräch den Partner dazu bringen, neue Informationen zu liefern, eine offene Frage die lange gesuchte Klärung bringen, und eine Ich-Aussage kann das Vertrauen herstellen, das zuvor schmerzlich vermisst wurde.

Ich würde mich freuen, den einen oder anderen Anstoß zu einer solchen Veränderung gegeben zu haben. Mehr ist bei einem Buch ohnehin kaum möglich: Ich habe beim Schreiben an viele Menschen gedacht, die und deren beruflichen Alltag ich in den letzten Jahren kennen gelernt habe. Aber ich habe für Menschen geschrieben, deren Entwicklungen und Verwicklungen ich nicht kenne. Ich habe dennoch versucht, Ihnen einiges »mitzugeben« für den langen Weg einer Verhaltensänderung. Einiges werden Sie auf dieser Strecke vielleicht als Ballast empfinden und abwerfen, einiges vielleicht auch wie in einem Rucksack für eine Rast mit sich tragen und davon Gebrauch machen, wenn sich der Appetit dafür regt. Aber in jedem Fall wird es Ihr Weg sein, den Sie gehen. Lassen Sie es sich gut gehen dabei.

Literaturverzeichnis

Argyle, M./McHenry, R.: Do spectacles really affect judgements of intelligence? In: British Journal of Social and Clinical Psychology, 10. Jg. 1971, S. 27–29

Axline, V.M.: Kinderspieltherapie im nicht-direktiven Verfahren. Reinhardt, München, 10. Auflage 2002

Barker, R.G. (Ed.): The stream of behavior. Appleton-Century-Crofts, New York 1963

Barker, R.G./Wright, H.F.: One Boy's Day. Harper & Row, New York 1951

Barker, R.G./Wright, H.F.: Midwest and its children. Harper, New York 1955

Beck, U./Beck-Gernsheim, E.: Das ganz normale Chaos der Liebe. Suhrkamp, Frankfurt 1990

Bierhoff, H.W.: Personenwahrnehmung. Vom ersten Eindruck zur sozialen Interaktion. Springer, Berlin, Heidelberg, New York, Tokyo 1986

Blake, R.V./Mouton, J.S.: Verhaltenspsychologie im Betrieb. Der Schlüssel zur Spitzenleistung. Das neue Grid-Management-Konzept. Econ, Düsseldorf 1986

Brecht, B.: Geschichten. Suhrkamp, Frankfurt 1977

Bühler, K.: Sprachtheorie. Die Darstellungsfunktion der Sprache. Lucius & Lucius, Stuttgart, 3. Auflage 1999 (ungekürzter Nachdruck der Ausgabe von 1934)

Cohn, R.C.: Es geht ums Anteilnehmen ... Perspektiven der Persönlichkeitsentfaltung in der Gesellschaft der Jahrtausendwende. Herder, Freiburg, Basel, Wien 1989

Cohn, R.C.: Von der Psychoanalyse zur Themenzentrierten Interaktion. Von der Behandlung einzelner zu einer Pädagogik für alle. Klett-Cotta, Stuttgart, 15. Auflage 2004

Cranach, M.v./Kalbermatten, U./Indermühle, K./Gugler, B.: Zielgerichtetes Handeln. Hans Huber, Bern, Stuttgart, Wien 1980

Darwin, C.R.: The Expression of Emotions in Men and Animals. University Press, Oxford, 3. Auflage 2002 (Neuausgabe von 1872)

Dörner, D.: Die Logik des Misslingens. Strategisches Denken in komplexen Situationen. Rowohlt, Reinbek, 4. Auflage 2003

Dörner, D./Kreuzig, H.W./Reither, F./Stäudel, T. (Hrsg.): Lohhausen: Vom Umgang mit Unbestimmtheit und Komplexität. Huber, Bern, 2. Auflage 1994

Dörner, D./Kaminski, G.: Handeln, Problemlösen, Entscheiden. In: K. Immelmann u.a. (Hrsg.): Psychobiologie. Grundlagen des Verhaltens. Psychologie Verlags Union, Weinheim, München 1988

Dunette, M.D./Hakel, M.D./Campbell, J.P.: Factors contributing to job satisfaction and job dissatisfaction in six occupational groups. Organizational Behavior and Human Performance, 2, 1967, S. 143–174

Ekman, P./Friesen, W.V.: Nonverbal leakage and clues to deception. Psychiatry, 32, 1969, S. 88–105

Ekman, P.: Gefühle lesen. Wie Sie Emotionen erkennen und richtig interpretieren. Spektrum Akademischer Verlag, Heidelberg 2004

Feldstein, S./Welkowitz, J.: Gesprächschronographie – Die objektive Bestimmung zeitlicher Parameter in verbalen Interaktionen. In: K.R. Scherer (Hrsg.): Vokale Kommunikation. Nonverbale Aspekte des Sprachverhaltens. Beltz, Weinheim, Basel 1982

Festinger, L.: Theorie der kognitiven Dissonanz. Huber, Bern 1978 (Engl. Original: A theory of cognitive dissonance. Stanford University Press, Stanford 1957)

Festinger, L./Carlsmith, J.M.: Cognitive consequences of forced compliance. In: Journal of Abnormal and Social Psychology, 58. Jg. 1959, S. 203–210 (Dt.: in Irle, M. (Hrsg.): Texte aus der experimentellen Sozialpsychologie. Luchterhand, Neuwied 1969)

Fiedler, F.E.: A theory of leadership effectiveness. McGraw Hill, New York 1967

Fischer, R./Gehm, T.: Persönlichkeitsänderung durch Training von Psychotechniken? Einige Thesen zu Möglichkeiten und Anspruch von betrieblichen Trainingsprogrammen. In: S. Höfling/W. Butollo (Hrsg.): Psychologie für Menschenwürde und Lebensqualität, Bd.2. Deutscher Psychologen Verlag, Bonn 1990, S. 177–186

Freedman, N./Blass, T./Rifkin, A./Quitkin, F.: Handbewegungen und die verbale Enkodierung aggressiver Affekte. In: K.R. Scherer/H.G. Wallbott (Hrsg.): Nonverbale Kommunikation. Beltz, Weinheim und Basel 1984, S. 108–123

Freud, S.: Drei Abhandlungen zur Sexualtheorie. Gesammelte Werke, Band 5 (Nachdruck der Ausgabe von 1905). Fischer, Frankfurt 1972

Frey, S.: Die nonverbale Kommunikation. SEL-Stiftungsreihe 1. (Hrsg.: SEL-Stiftung für technische und wirtschaftliche Kommunikationsforschung) Stuttgart 1984

Gehm, T.: Emotionale Verhaltensregulierung. Ein Versuch über eine einfache Form der Informationsverarbeitung in einer komplexen Umwelt. Psychologie Verlags Union, Weinheim, München 1991

Gehm, T.: Gruppen als informationsverarbeitende Organismen. In: L. Montada (Hrsg.): Bericht über den 38. Kongress der Deutschen Gesellschaft für Psychologie an der Universität Trier. Hogrefe, Göttingen 1993

Gehm, T./Appel, J./Apsel, D.: Slight manipulations with great effects. On the suggestive impact of vocal parameter change. In: V.A. Gheorghiu/P. Netter/H.J. Eysenck/R. Rosenthal (Eds.): Suggestion and Suggestibility. Theory and Research. Springer, Berlin, Heidelberg, New York 1989, S. 351–360

Giles, H.: Interpersonale Akkomodation in der vokalen Kommunikation. In: K.R. Scherer (Hrsg.): Vokale Kommunikation. Beltz, Weinheim, Basel 1982, S. 253–278

Hammerstein, P./Bierhoff, H.W.: Kooperation und Konflikt. In: K. Immelmann/K.R. Scherer/C. Vogel/P. Schmook (Hrsg.): Psychobiologie. Grundlagen des Verhaltens. Psychologie Verlags Union, Weinheim, München 1988, S. 525–563

Hall, E.T.: Die Sprache des Raumes. Cornelsen, Berlin 1994 (Engl. Original: The silent language. Anchor Books, Peterborough 1990)

Heider, F.: The psychology of interpersonal relations. Wiley, New York 1958

Hersey, P.: Situatives Führen, die anderen 59 Minuten. Moderne Industrie, Landsberg am Lech 1986

Hersey, P./Blanchard, K.H.: Management of Organizational Behavior: Utilizing Human Resources. Englewood Cliffs, New Jersey 1977

Herzberg, F.: Work and the nature of man. Cleveland 1966

Herzberg, F./Mausner, B.M./Snyderman, B.B.: The motivation to work. Wiley, New York 1959, Reprint: Transaction Publishers 1993)

Hinterhuber, H.H./Hopp, W.-W.: Woran erkennt man Strategen – Anleitung zu einem Bewertungsprofil. In: Management-Zeitschrift, 7. Jg. 1988, S. 57

House, R.J./Wigdor, L.A.: Herzberg's dual factor theory of job satisfaction and motivation: A review of the evidence and a criticism. In: Personnel Psychology, 20. Jg., 1967, S. 369–389

Humble, J.: MBO-Fibel. Herder, Frankfurt, New York 1973

Jeserich, W.: Top-Aufgabe Führung. Die Entwicklung von Organisationen und menschlichen Ressourcen (Handbuch der Weiterbildung für die Praxis in Wirtschaft und Verwaltung, Band 8). Hanser, München, Wien 1989

Jeserich, W./Fennekels, G.: Führungsstilanalyse (FSA). Ein Instrument zur Verbesserung der Führungsleistung des Vorgesetzten. IfA-80-Institut für Andragogik, Bergisch-Gladbach 1988

Kelley, H.H./Stahelski, A.J.: Errors in perception of intentions in a mixed-motive game. In: Journal of Experimental Social Psychology, 6. Jg., 1970, S. 379–400

Kenrick, D.T./Johnson, G.A.: Interpersonal attraction in aversive environments: A problem for the classical conditioning paradigma?. In: Journal of Personality and Social Psychology, 37. Jg., 1979, S. 572–579

Knapp, M.L.: Nonverbale Kommunikation im Klassenzimmer. In K.R. Scherer/H.G. Wallbott (Hrsg.): Nonverbale Kommunikation. Forschungsberichte zum Interaktionsverhalten. Beltz, Weinheim, Basel 1979

Lewin, K.: Die Feldtheorie in den Sozialwissenschaften. Huber, Bern, Stuttgart 1963

Luchins, A.S.: Experimental Attempts to Minimize the Impact of First Impression. In: C. Hovland e.a.: The order of presentation in persuasion. Yale University Press, New Haven 1957, S. 62–75

Luhmann, N.: Funktionen und Folgen formaler Organisation. Duncker & Humblot, Berlin, 5. Auflage 1999

Luhmann, N.: Vertrauen. Enke, Stuttgart 1973

Luhmann, N.: Soziale Systeme. Suhrkamp, Frankfurt am Main, 11. Auflage 2003

March, J.G./Simon, H.A.: Organizations. Wiley, New York 1958

Marquez, G.G.: Hundert Jahre Einsamkeit. Deutscher Taschenbuch Verlag, München 1984

Marrow, A. J.: Kurt Lewin – Leben und Werk. Beltz, Weinheim und Basel 2002

Maslow, A.: Motivation und Persönlichkeit. Rowohlt, Reinbek, 10. Auflage 2005

McArthur, L.Z./Post, D.L.: Figural emphasis and person perception. In: Journal of Experimental Social Psychology, 13. Jg., 1977, S. 520–530

Merton, R.K.: The self-fulfilling-prophecy. In: Antioch Review, 1948, S. 193–201

Miller, G. A./Galanter, E./Pribram, K.H.: Plans and the Structure of Behavior. Holt, New York 1960 (Dt.: Strategien des Handelns. Pläne und Strukturen des Verhaltens. Klett-Cotta, Stuttgart, 2. Auflage 1991)

Neuberger, O.: Theorien der Arbeitszufriedenheit. Kohlhammer, Stuttgart 1974

Neuberger, O.: Führungsverhalten und Führungserfolg. Duncker & Humblot, Berlin 1976

Neuberger, O.: Organisation und Führung. Kohlhammer, Stuttgart, Berlin, Köln, Mainz 1977

Neuberger, O.: Führung: Ideologie, Struktur, Verhalten (Basistexte Personalwesen, Band 3). Enke, Stuttgart 1984

Neumann, R.: Zielwirksam reden. Informieren, argumentieren, repräsentieren. Expert, Zürich, 6. Auflage 1995

Nibel, H./Gehm, T.: Macht der Computer doch nicht krank? Eine Analyse der Zusammenhänge zwischen unterschiedlichen Komponenten von Verwaltungstätigkeiten und körperlichen Beschwerden. In: Zeitschrift für Arbeits- und Organisationspsychologie, 33. Jg., Heft 4, 1990, S. 192–198

Radtke, M.: Emotion und Entscheidung. Eine theoretische Aufbereitung und Umsetzung in ein Simulationsmodell. Peter Lang, Frankfurt, Bern, New York, Paris 1988

Riedmann, W.: Führen durch Management by … Moderne Industrie, München 1979

Rogers, C.: Die nicht-direktive Beratung. Kindler, München, 10. Auflage 1999

Rosenthal, R./Jacobson, L.: Pygmalion in the classroom: Teacher expectation and pupil's intellectual development. Holt, Rinehart & Winston, New York 1968

Scheflen, A.E.: Die Bedeutung der Körperhaltung in Kommunikationssystemen. In: K.R. Scherer/H.G. Wallbott (Hrsg.): Nonverbale Kommunikation. Beltz, Weinheim, Basel 1979, S. 151–175

Scherer, K.R. (Hrsg.): Vokale Kommunikation. Beltz, Weinheim, Basel 1982

Schulz von Thun, F.: Miteinander reden 1: Störungen und Klärungen. Allgemeine Psychologie der Kommunikation. Rowohlt, Reinbek 1981

Schulz von Thun, F.: Miteinander reden 2: Stile, Werte und Persönlichkeitsentwicklung. Differentielle Psychologie der Kommunikation. Rowohlt, Reinbek, 25. Auflage 2005

Schulz von Thun, F.: Miteinander reden 3: Das »Innere Team« und situationsgerechte Kommunikation. Rowohlt, Reinbek, 14. Auflage 2005

Schuster, P.: Molekulare Evolution und Ursprung des Lebens. In: B.-O. Küppers (Hrsg.): Ordnung aus dem Chaos. Prinzipien der Selbstorganisation und Evolution des Lebens. Piper, München, Zürich, 1987

Shannon, C.E./Weaver, W.: The Mathematical Theory of Communication. University of Illinois Press, Urbana, Illinois 1949

Sherif, M.: Group conflict and cooperation. Routledge & Kegan Paul, London 1967

Simon, H.A.: Motivational and emotional controls of cognition. In: Psychological Review, 74. Jg., Heft 1, 1967, S. 29–39

Simon, H.A.: Homo Rationalis. Die Vernunft im menschlichen Leben. Campus, Frankfurt 1993

Spitznagel, A./Schmidt-Atzert, L. (Hrsg.): Sprechen und Schweigen. Huber, Bern 1986

Stroebe, W.: Vorurteile. In: K. Immelmann/K.R. Scherer/C. Vogel/P. Schmook (Hrsg.): Psychobiologie. Grundlagen des Verhaltens. Psychologie Verlags Union, Weinheim, München 1988, S. 487–525

Vester, F.: Neuland des Denkens. Vom technokratischen zum kybernetischen Zeitalter. Deutscher Taschenbuch Verlag, München 4. Auflage 1997

Vygotskij, L.S.: Denken und Sprechen. Beltz, Weinheim und Basel 2002

Watzlawick, P./Beavin, J.H./Jackson, D.D.: Menschliche Kommunikation. Huber, Bern 1969 (Nachdruck 2003)

Wahren, H.-K.: Zwischenmenschliche Kommunikation und Interaktion in Unternehmen. Grundlagen, Probleme und Ansätze zur Lösung. Walter de Gruyter, Berlin, New York 1989

Weinert, A.B.: Organisations- und Personalpsychologie. Beltz PVU, Weinheim, 5. Auflage 2004

Word, C.O./Zanna, M.P./Cooper, J.: The nonverbal mediation of self-fulfilling prophecies in interracial interaction. In: Journal of Experimental Social Psychology, 10. Jg. 1974, S. 109–120

Bildnachweis

S. 19   Thomas Hoepner, Agentur Anne Hamann, München
S. 35   Aus: Psychologie Heute, Weinheim 1/1980
S. 48   Theo Gehm, Eschenburg-Roth
S. 74/75   Rattelschneck: Große Aktion! Kranke besuchen Gesunde. Lappan Verlag, Oldenburg 1993
S. 92   Richard Haus, Berlin
S. 151   Ernst Haas, New York
S. 154   Richard Kalvar/Magnum/Focus
S. 157   Bill Brandt, Agence Rapho, Paris
S. 184   Roger Richman Agency, Beverly Hills
S. 191   Aus: Psychologie Heute, Weinheim 7/1979
S. 194   Aus: Billy Wilder. Seine Filme – sein Leben. Heyne Filmbibliothek, München 1991
S. 208   Manon: Das Doppelzimmer (II), Zürich
S. 246   Comstock, Berlin
S. 267   Jean Gaumy, London

Herausforderung Teamarbeit

Franz Will

Was bremst mein Team?

Weiterbildung

20 Situationen und ihre Lösungen

BELTZ
Taschenbuch

Solange Teams an einem Strang ziehen und gerne zusammenarbeiten, klappt die Arbeit hervorragend. Was aber, wenn dem nicht so ist?

Vielleicht haben auch Sie den »weißen Raben«, den »Rolltreppenblockierer« oder den »Wohl-Täter« in ihrer Gruppe? Oder es stören »Teamflüchter«, »Minimalist« und »Schneewittchen«? – Die kennen Sie nicht? Möglicherweise doch!

Franz Will hat die unterschiedlichsten »Teambremsen« zusammengestellt. Anhand von 20 Situationen zeigt er, wo Störungsursachen liegen und wie Sie damit umgehen können. Den einen oder anderen Aha-Effekt werden Sie sicher erleben. Auf den Problembereich Mobbing geht der Autor gesondert ein. Eine Checkliste für die Teamdiagnose rundet das Buch ab. Optimieren Sie Ihr Team, indem Sie Störungsursachen erkennen und vermeiden. Lösen Sie die Bremse! Ihr Team hat es verdient.

Franz Will
Was bremst mein Team?
20 Situationen und ihre Lösungen.
Beltz Taschenbuch 611, 141 Seiten
ISBN 3 407 22611 X

BELTZ
Taschenbuch